Economia Circular

CB126315

Economia Circular

Uma rota para a sustentabilidade

2022

ORGANIZADORES:
Daniel Jugend
Barbara Stolte Bezerra
Ricardo Gabbay de Souza

ACTUAL

ECONOMIA CIRCULAR
UMA ROTA PARA A SUSTENTABILIDADE
© Almedina, 2022
ORGANIZADORES: Daniel Jugend, Barbara Stolte Bezerra e Ricardo Gabbay de Souza

DIRETOR DA ALMEDINA BRASIL: Rodrigo Mentz
EDITOR DE CIÊNCIAS SOCIAIS E HUMANAS E LITERATURA: Marco Pace
ASSISTENTES EDITORIAIS: Isabela Leite e Larissa Nogueira
ESTAGIÁRIA DE PRODUÇÃO: Laura Roberti

REVISÃO: Alex Fernandes e Elcio Carvalho
DIAGRAMAÇÃO: Almedina
DESIGN DE CAPA: Roberta Bassanetto

ISBN: 9786587019482
Novembro, 2022

Dados Internacionais de Catalogação na Publicação (CIP)
(Câmara Brasileira do Livro, SP, Brasil)

Economia circular : uma rota para a sustentabilidade / organizadores
Daniel Jugend, Barbara Stolte Bezerra, Ricardo Gabbay de
Souza. -- São Paulo, SP : Actual, 2022.

Vários autores.
Bibliografia.
ISBN 978-65-87019-48-2

1. Desenvolvimento sustentável 2. Economia circular 3. Estratégia
4. Gestão de negócios 5. Logística 6. Meio ambiente - Proteção
7. Sustentabilidade I. Jugend, Daniel. II. Bezerra,
Barbara Stolte. III. Souza, Ricardo Gabbay de.

22-125927 CDD-658.7

Índices para catálogo sistemático:

1. Negócios sustentáveis : Economia circular : Administração 658.7

Eliete Marques da Silva - Bibliotecária - CRB-8/9380

Este livro segue as regras do novo Acordo Ortográfico da Língua Portuguesa (1990).

Todos os direitos reservados. Nenhuma parte deste livro, protegido por copyright, pode ser reproduzida, armazenada ou transmitida de alguma forma ou por algum meio, seja eletrônico ou mecânico, inclusive fotocópia, gravação ou qualquer sistema de armazenagem de informações, sem a permissão expressa e por escrito da editora.

EDITORA: Almedina Brasil
Rua José Maria Lisboa, 860, Conj.131 e 132, Jardim Paulista | 01423-001 São Paulo | Brasil
www.almedina.com.br

Sobre os Organizadores

Daniel Jugend

Professor associado da Faculdade de Engenharia de Bauru da Universidade Estadual Paulista (FEB/UNESP). Possui graduação em Administração pela UNESP, mestrado e doutorado em Engenharia de Produção pela Universidade Federal de São Carlos (UFSCar), e pós-doutorado no Departamento de Engenharia e Gestão no Instituto Superior Técnico da Universidade de Lisboa. Coordena o grupo de pesquisa Inovação em Sustentabilidade (Conselho Nacional de Desenvolvimento Científico e Tecnológico – CNPq) na UNESP. Orientador do Programa de Pós-Graduação em Engenharia de Produção da FEB – UNESP, onde desenvolve pesquisas nas áreas de economia circular e desenvolvimento de produtos para a economia circular.

Barbara Stolte Bezerra

Professora associada da Faculdade de Engenharia de Bauru da Universidade Estadual Paulista (FEB/UNESP). Possui graduação em Engenharia Civil pela Escola de Engenharia de São Carlos da Universidade de São Paulo (EESC/USP), mestrado em Arquitetura e Urbanismo pela Universidade Federal da Bahia (UFBA), doutorado em Engenharia de Transportes e pós-doutorado no Departamento de Transporte pela EESC/USP. Orientadora do Programa de Pós-Graduação em Engenharia de Produção da FEB – UNESP, onde desenvolve pesquisas nas áreas de transporte, sustentabilidade e cidades sustentáveis.

Ricardo Gabbay de Souza

Professor do Instituto de Ciência e Tecnologia da Universidade Estadual Paulista (ICT-UNESP). Engenheiro Civil formado pela Universidade da Amazônia (UNAMA); Mestre em Engenharia Urbana pela Universidade Federal de São Carlos; e Doutor em Engenharia de Produção com ênfase em Pesquisa Operacional pela Universidade Federal do Rio de Janeiro (COPPE/UFRJ), com período na *London School of Economics* (Inglaterra) e na *University of Natural Resources and Applied Life Sciences* - BOKU (Áustria). Foi Pesquisador de pós-doutorado no Programa de Sistemas de Gestão Sustentáveis da Universidade Federal Fluminense (UFF) (2014-2015), e no Programa de Engenharia de Produção da COPPE/Universidade Federal do Rio de Janeiro (UFRJ) (2015-2016). Atua no curso de graduação em Engenharia Ambiental e nos programas de mestrado e doutorado em Engenharia de Produção e de Engenharia Civil e Ambiental da UNESP. No campo acadêmico, atua principalmente nos temas: Gestão de Resíduos Sólidos; Logística Reversa; Avaliação da Sustentabilidade do Ciclo de Vida; Resíduos de Equipamentos Eletroeletrônicos; e Pesquisa Operacional aplicada à Sustentabilidade.

Sobre os Autores

Adriano Alves Teixeira

Professor adjunto da Universidade Federal do Mato Grosso do Sul (UFMS) e Professor permanente do curso de pós-graduação em Engenharia de Produção da Universidade Estadual Paulista de Bauru (FEB/ /UNESP). Possui mestrado em Engenharia de Produção pela Universidade Estadual Paulista de Bauru (FEB/UNESP), doutorado em Administração de Organizações pela Universidade de São Paulo (FEARP/USP) e pós-doutorado em Engenharia de Produção (FEB/UNESP) e em Administração de Organizações (FEARP-USP). Possui experiência corporativa (inclusive em consultorias) de mais de 15 anos na área da Qualidade, Produtividade e Sistemas de gestão baseados na norma ISO. Coordena o grupo de pesquisa GEPAS - Gestão de Pessoas, Gestão Ambiental, Sustentabilidade e Economia Circular - UFMS e é membro do grupo de pesquisa Inovação em Sustentabilidade (CNPq) na UNESP. Orientador do Programa de Pós-Graduação em Engenharia de Produção da FEB – UNESP onde desenvolve pesquisas nas áreas de Gestão da Cadeia de Suprimentos Verde, Sustentabilidade, Qualidade, Gestão de Recursos Humanos Verde, *Lean Manufacturing*, Economia Circular Desenvolvimento Sustentável e Objetivos de Desenvolvimento Sustentável da Organização das Nações Unidas (ONU).

Aline Gabriela Ferrari

Engenheira de Planejamento na EMBRAER (Empresa Brasileira de Aeronáutica SA), atuando na montagem de painéis dos jatos executivos. Possui mestrado em Engenharia de Produção pela Faculdade de Engenharia de Bauru (FEB/UNESP), com pesquisa na área de ecossistemas circulares e economia circular. Na graduação foi bolsista de iniciação científica pela Fundação de Amparo à Pesquisa do Estado de São Paulo (FAPESP) estudando o tema de inovação aberta. É membro do grupo de pesquisa da UNESP: Inovação em Sustentabilidade (CNPq). Desenvolve pesquisas nas áreas de inovação aberta, sustentabilidade, economia circular e ecossistemas circulares.

Ana Mariele Domingues

Possui graduação em Administração pela Universidade do Sagrado Coração (USC/Bauru) e mestrado em Engenharia de Produção pelo Programa de Pós-Graduação em Engenharia de Produção, Faculdade de Engenharia de Bauru (FEB/UNESP). Atualmente é doutoranda em Engenharia de Produção pela Faculdade de Engenharia de Bauru (FEB/UNESP). Membro dos grupos de pesquisa da UNESP: Inovação em Sustentabilidade (CNPq), Sustentabilidade do Ciclo de Vida de Resíduos (CNPq) e Saneamento e Meio Ambiente (CNPq). Embaixadora de Saúde Planetária pelo Programa de Embaixadores de Saúde Planetária 2022 do Grupo de Estudos em Saúde Planetária vinculado ao Instituto de Estudos Avançados (IEA/USP). Desenvolve pesquisas nas áreas de avaliação do ciclo de vida, economia circular e indicadores de sustentabilidade.

Camila Raymundi Ortiz

Possui graduação em Engenharia de Produção pelo Centro Universitário Eurípedes de Marília (UNIVEM) e mestrado em Engenharia de Produção pela Faculdade de Engenharia de Bauru da Universidade Estadual Paulista (FEB/UNESP). Atualmente é doutoranda em Engenharia de Produção pela Faculdade de Engenharia de Bauru da Universidade Estadual Paulista (FEB/UNESP) e trabalha em empresa do segmento alimentício com cadeias de suprimentos. Desenvolve pesquisas nas áreas de gestão de operações, sustentabilidade e economia circular.

Fernanda Camila Martinez Delgado

Possui graduação em Direito pela Instituição Toledo de Ensino de Bauru (2005), graduação em Administração de Empresas em andamento pela Faculdades Integradas de Bauru. Mestrado em Engenharia de Produção pela Universidade Estadual Paulista Júlio de Mesquita Filho (UNESP/Bauru). Atualmente é doutoranda em Engenharia de Produção pela Universidade Estadual Paulista Júlio de Mesquita Filho (UNESP/Bauru). Membro dos grupos de pesquisa: NET Núcleo de Estudos em Transportes e Inovação em Sustentabilidade (CNPq), ambos da UNESP. Desenvolve pesquisas nas áreas de transporte, sustentabilidade e cidades sustentáveis.

Gessica Mina Kim Jesus

Professora do Ensino Básico Técnico e Tecnológico do Instituto Federal do Norte de Minas Gerais (IFNMG) - *campus* Araçuaí. Possui graduação em Engenharia de Produção pela Universidade Federal de Uberlândia (UFU) e mestrado em Engenharia de Produção pela Universidade Estadual Paulista (UNESP/Bauru). Atualmente é doutoranda em Engenharia de Produção pela Universidade Estadual Paulista (UNESP/Bauru) e membro do grupo de pesquisa da UNESP: Inovação em Sustentabilidade (CNPq). Desenvolve pesquisas nas áreas de economia circular, inovação aberta e indústria 4.0.

Hermes Moretti Ribeiro da Silva

Professor assistente da Faculdade de Engenharia de Bauru da Universidade Estadual Paulista (FEB/UNESP). Possui graduação em Administração pela Instituição Toledo de Ensino (ITE), mestrado em Administração pela Universidade de São Paulo (USP) e doutorado em Administração pela Fundação Getulio Vargas (FGV-SP). Editor-Chefe da Revista Gepros – Gestão da Produção, Operações e Sistemas.

Orientador do Programa de Pós-Graduação em Engenharia de Produção da FEB/UNESP e do Programa de Pós-Graduação em Administração da ESALQ/USP, onde desenvolve pesquisas nas áreas de *marketing*, consumo, economia circular e desenvolvimento sustentável.

Janaina Aparecida Alves Scaliza
Professora do eixo de engenharias e gestão das Faculdades Gran e Galileu. Doutora e mestre em Engenharia de Produção, pela Universidade Estadual Paulista Júlio de Mesquita Filho. Pesquisadora nas áreas de inovação aberta, indústria 4.0, economia circular, desenvolvimento de novos produtos e as suas influências sobre os fatores ESG. Experiência corporativa nas áreas de suprimentos, logística e comércio internacional. Formação nas áreas de gestão, comunicação, engenharia e educação.

Luis Alberto Bertolucci Paes
Candidato a Doutorado direto em Engenharia de Produção pela Universidade do Estado de São Paulo (UNESP) e membro do grupo de pesquisa em Inovação em Sustentabilidade (CNPq). Possui MBA em Gestão de Projetos pela Fundação Getúlio Vargas (FGV) e especialização em Engenharia de Segurança do Trabalho (POLI/USP). Os seus interesses atuais de pesquisa incluem ecossistemas urbanos, modelo de negócios circulares e bioeconomia circular.

Marco Antonio Paula Pinheiro
Doutor e mestre em Engenharia de Produção pela Universidade Estadual Paulista (UNESP), com estágio de pesquisa na *École Polytechnique Montréal* do Canadá. Possui MBA em Gestão de Operações pela Universidade de São Paulo (USP) e graduação em Marketing pela Universidade Metodista de São Paulo. É professor de Gestão de Mercadológica na Faculdade de Agudos (FAAG), e com mais de 15 anos de ambiente corporativo atua em empresas globais e *startups* em projetos para o desenvolvimento de novos produtos e serviços, e transformação digital para cadeia de suprimentos.

Marina Fernandes Aguiar

Possui mestrado em Engenharia de Produção pela Universidade Estadual Paulista (UNESP) – *campus* Bauru, com pesquisa na área de desenvolvimento de produtos e economia circular. Graduou-se com mérito acadêmico em Engenharia de Produção, também pela Universidade Estadual Paulista (UNESP) – *campus* de Bauru. Atualmente, é doutoranda no Programa de Pós-Graduação em Engenharia de Produção da Universidade de São Paulo (EESC/USP) e membro do Grupo de Engenharia Integrada do Núcleo de Manufatura Avançada (NUMA), EESC/USP. Possui interesse em pesquisas aplicadas aos seguintes temas: sustentabilidade, gestão de operações sustentáveis, engenharia do produto, gestão da inovação e economia circular.

Paula de Camargo Fiorini

Professora assistente da Faculdade de Engenharia de Bauru da Universidade Estadual Paulista (FEB/UNESP). Possui graduação em Sistemas de Informação e doutorado em Engenharia de Produção pela Universidade Estadual Paulista (UNESP) – *campus* Bauru. Atualmente, é docente do Programa de Pós-Graduação em Administração (PPGA-UFSCar) e desenvolve pesquisas nas áreas de gestão de operações sustentáveis, tecnologia e sistemas de informação, economia circular e cadeias de suprimentos sustentáveis.

Pedro Augusto Bertucci Lima

Doutorando direto no Programa de Pós-Graduação em Engenharia de Produção, Faculdade de Engenharia de Bauru (FEB/UNESP). Graduado em Engenharia de Produção pela Faculdade de Engenharia de Bauru (FEB/UNESP). Membro dos grupos de pesquisa: Sustentabilidade e Desenvolvimento Humano e Inovação em Sustentabilidade (CNPq), ambos da UNESP; e da *Asociación Científica para la Evaluación y Medición de los Valores Humanos (AEVA)*, da Espanha. Desenvolve pesquisas nas áreas de desenvolvimento humano, sustentabilidade, economia circular, marketing e educação.

Rafael Mattos de Deus

Professor nas Faculdades Integradas de Jahu (FIJ) – Jaú/SP. Possui graduação em Biologia, Administração e Engenharia de Produção. É mestre e doutor em Engenharia de Produção pela Universidade Estadual Paulista (UNESP) – *campus* de Bauru/SP. Desenvolve pesquisas nas áreas de gestão de resíduos sólidos, sustentabilidade e economia circular.

Sanderson César Macêdo Barbalho

Graduado em Engenharia Elétrica e mestre em Engenharia Mecânica pela Universidade Federal do Rio Grande do Norte (UFRN), doutor em Engenharia Mecânica pela Universidade de São Paulo. Trabalhou entre 2003 e 2008 como engenheiro sênior de desenvolvimento e gerente de projetos de produtos médicos e aeroespaciais. De 2008 a 2012 trabalhou como gerente do escritório de projetos da OPTO Eletrônica S.A., atualmente grupo SAAB. Tem experiência nas áreas de engenharia eletrônica, processos de fabricação, gestão de produção e desenvolvimento de produtos. Foi diretor do Centro de Apoio ao Desenvolvimento Tecnológico (CDT), Agência de Inovação da UnB, no período de 2016 e 2018. Realizou missões na China, Vale do Silício, Portugal, Seattle, Dallas e San Diego com enfoque no ecossistema de inovação desses lugares. Atualmente é professor associado do Departamento de Engenharia de Produção e do doutorado em Sistemas Mecatrônicos da Universidade de Brasília, coordenador do Grupo de Pesquisa em Inovação, Projetos e Processos (GPIPP) e bolsista de produtividade em Desenvolvimento Tecnológico e Extensão Inovadora pelo CNPq.

Talita Borges Teixeira

Mestranda em Engenharia de Produção pela Universidade Estadual Paulista de Bauru (FEB/UNESP), graduada em Administração pela Faculdade de Tecnologia de Birigui (FATEB) e em Pedagogia pelo Centro Universitário Claretiano. Possui experiência corporativa de mais de 20 anos nas áreas de qualidade e produtividade, meio ambiente, saúde e segurança e sustentabilidade. É membro do grupo de pesquisa da

UNESP: Inovação em Sustentabilidade (CNPq). Desenvolve pesquisas nas áreas de gestão de cadeia de suprimentos verde, sustentabilidade, economia circular, gestão de recursos humanos verde, objetivos de desenvolvimento sustentável da ONU e desenvolvimento sustentável.

Talles Silva do Nascimento

Possui graduação em Administração pela Escola Superior de Agricultura "Luiz de Queiroz" (ESALQ) – Universidade de São Paulo (USP). Atualmente é mestrando no Programa de Pós-Graduação em Administração (PPGA) da ESALQ/USP.

Prefácio

Economia Circular é um novo conceito no campo da economia que orienta e concretiza esforços no rumo do Desenvolvimento Sustentável. Sua principal característica é propiciar uma abordagem integrada do desenvolvimento econômico, sempre associado a um melhor uso dos recursos naturais. Sua abrangência é enorme e inclui não apenas práticas dos setores público e empresarial, mas também o envolvimento dos consumidores de bens e serviços e da sociedade em geral.

No que tange ao setor empresarial, esse novo conceito reforça uma tendência considerada irreversível, sintetizada na sigla ESG, *Environmental, Social and Coorporate Governance* (Governança ambiental, Social e Corporativa). O ESG propõe que as empresas assumam em seu modelo de negócios essas dimensões com o propósito de incorporar em todas as suas atividades os impactos ambientais e sociais, com transparência e possibilidade de verificação por atores independentes. Com isso as empresas passam a assumir responsabilidade pelos impactos decorrentes de sua atuação, transformando-se em agentes da sustentabilidade *lato sensu*, respondendo até mesmo por eventuais ações de não sustentáveis perante seus "*stakeholders*". Vale a pena registrar que essa atuação passou a ser um critério essencial de avaliação por parte de investidores, acionistas e consumidores de modo geral.

Nesse cenário a avaliação das empresas no contexto da Economia Circular, em termos objetivos de riscos e oportunidades, será cada vez mais estratégica. Em outras palavras, quanto mais preparada estiver a empresa para se inserir nesse contexto, maior potencial de geração de benefícios e minimização de perdas poderá ser atingido.

O conceito de Economia Circular responde, ainda, aos desafios da crise climática que vivemos e que a cada momento se manifesta com mais intensidade nos eventos extremos espalhados pelo mundo: calor sufocante nas cidades europeias, inundações e enchentes no Paquistão e Índia, incêndios florestais em Portugal e Espanha, entre outros, comprometendo a vida cotidiana em vários aspectos. No Brasil, a agricultura, a geração de energia e o abastecimento de água são alguns dos setores mais atingidos, haja vista as recentes alterações do regime de chuvas. Paralelamente à urgência da crise climática, relatórios científicos atestam a preocupante perda da vida e da biodiversidade em todo o planeta, especialmente nos países megabiodiversos dentre os quais nos colocamos.

A publicação "Economia Circular - Uma rota para a Sustentabilidade", organizado pelos professores Daniel Jugend, Bárbara Stolte Bezerra e Ricardo Gabbay de Souza é, portanto, e coloca-se de forma destacada dentre as importantes iniciativas em direção à sustentabilidade. Demonstra ainda, pela qualidade e densidade de seu conteúdo, que é possível superarmos os desafios conjunturais, através de iniciativas de aperfeiçoamento de políticas públicas inspiradas em seus conceitos e práticas.

Recentemente tive a oportunidade de conhecer a experiência portuguesa na gestão de resíduos sólidos, num evento promovido pelo Tribunal de Contas de Portugal. Este e vários congêneres europeus promoveram auditorias nos seus respectivos países sobre a implementação das normas da União Europeia sobre resíduos sólidos em termos das metas estabelecidas. Tais iniciativas adotam uma mesma metodologia com o claro propósito de permitir que se comparem os relatórios e com isso sejam partilhadas as experiências dos vários países. No entanto, o que mais me surpreendeu foi a importância conferida à Economia Circular por parte da União Europeia, o que mostra efetividade, não apenas em termos conceituais, mas sobretudo na operacionalização das políticas por parte dos atores envolvidos. A virtual finalização do Acordo da União Europeia com o Mercosul inexoravelmente facilitará a inclusão da Economia Circular na agenda nacional.

Entendo, portanto, que o conteúdo dessa publicação será indispensável na elaboração de uma "Política Brasileira de Economia Circular", a ser oportunamente transformada numa legislação nacional contemporânea e abrangente. Com isso daremos um passo importante na direção do tão desejado Desenvolvimento Sustentável, enfrentando a urgência climática, a crise da biodiversidade e combatendo simultaneamente a pobreza e as desigualdades sociais.

Fábio Feldmann

Introdução

Nos últimos anos, a economia circular tem sido amplamente debatida e divulgada, não apenas no Brasil, mas em todo o mundo, como um conceito com potencial para ajudar a humanidade em direção ao desenvolvimento sustentável. A adoção da economia circular pelas organizações, estimulada por governos e pelos mercados consumidores, possui grande potencial para diminuir problemas ambientais com os quais temos convivido e que podem se agravar, tais como aqueles decorrentes das mudanças climáticas, perda de biodiversidade, diminuição significativa dos recursos naturais e poluição da água, ar e solo.

Além disso, por indicar um caminho potencialmente atrativo em termos econômicos e de inovação em direção à sustentabilidade, a economia circular tem chamado a atenção não apenas de empresas – com o intuito de melhorar o seu desempenho em dimensões como a operacional, ambiental, social e de mercado – mas também da grande imprensa. Hoje em dia é comum lermos ou assistirmos reportagens em diferentes plataformas (televisão, *internet*, jornais, revistas) relacionadas à economia circular, que abrangem seu conceito, suas formas de operacionalização, seus desafios e benefícios.

Na área acadêmica não tem sido diferente. Nos últimos anos, tem se intensificado a quantidade de pesquisas e publicações em diferentes áreas de conhecimento, como as mais diversas engenharias, administração, biologia e química, por exemplo, tentando aumentar a compreensão sobre o que é economia circular e em como desenvolvê-la e aplicá-la em situações práticas. Estas pesquisas e os seus resultados têm se tornado cada vez mais importantes para caminharmos nesta transição da economia linear para a circular, pois podem revelar formas sobre como aplicá-la de maneira bem-sucedida. Este conjunto de pesquisas e construção de conhecimentos sobre como desenvolver e aplicar a economia circular certamente será transferido a profissionais que trabalham ou visam trabalhar – direta ou indiretamente – com a implantação ou melhoria da desse modelo de economia nas mais diferentes organizações e instituições.

É importante pontuar, no entanto, o modelo linear de produção ainda é o que predomina economicamente. Esse modelo tem se desenvolvido desde a Revolução Industrial e tomou impulso com o modelo fordista de produção. O modelo linear é baseado, grosso modo, nas atividades de desenvolvimento de novos produtos, extração de matérias virgens da natureza, fabricação, distribuição, uso, descarte e geração de resíduos – os quais, muitas vezes, são destinados sem maiores cuidados aos aterros sanitários. Além dos problemas ambientais decorrentes desse sistema, a humanidade tem descartado e perdido muitos materiais valiosos e que poderiam ser aproveitados, utilizados e reutilizados nos sistemas econômicos. Cabe o destaque, por outro lado, de que no passado não havia esta demasiada atenção com a finitude dos recursos naturais do planeta, e a preocupação com os efeitos e impactos da poluição provenientes do modelo linear de produção como ocorre no período atual.

Ao mesmo tempo em que a humanidade, especialmente nos últimos cem anos, conseguiu ser bem mais produtiva e melhorar significativamente a qualidade de vida de grande parte das pessoas, a evolução de sistemas produtivos ambientalmente mais amigáveis tem sido um grande desafio. Ao mesmo tempo em que a humanidade avança em direção ao progresso econômico e social, deve, paralelamente, preservar o meio ambiente. Assim, novas tecnologias, conceitos e formas de gestão para a sustentabilidade ambiental têm sido desenvolvidas e aprimoradas em prol dessa finalidade.

Os próprios encontros internacionais que visam propor soluções globais para mitigar os problemas ambientais são sinais destas preocupações por parte de grande parte dos países. Por exemplo, no início da década de 90, houve no Brasil a Conferência das Nações Unidas sobre o Meio Ambiente e o Desenvolvimento (Eco-92) que contou com a participação de mais de 150 países com o objetivo de se encontrarem medidas para conter a degradação ambiental. No final da década de 1990, foi assinado o Protocolo de Kyoto, acordado por diversas nações, as quais se comprometeram a reduzir a emissão de gás carbônico. Recentemente, com o agravamento dos problemas ambientais, esses encontros internacionais têm se intensificado. No final de 2015, o acordo de Paris (França), discutido por 195 países, teve por objetivo reduzir as emissões de gases estufa e limitar o aumento da temperatura global. No final de 2021, houve a Conferência das Nações Unidas sobre Mudança do Clima (COP26) em Glasgow na Escócia, chegando-se a um novo acordo climático que também demonstrou a intenção de promover o abandono gradativo do uso de energias fósseis, inclusive, solicitando que os países signatários apresentassem, no curto prazo, compromissos para o corte de suas emissões de gases de efeito estufa.

Neste contexto, está ocorrendo o desenvolvimento e a disseminação do conceito da economia circular. Afinal, a sua adoção compreende um conjunto de conhecimentos, práticas, métodos e ferramentas, muitos dos quais abordados neste livro, que podem auxiliar países, regiões, empresas e consumidores a atuarem de maneira mais integrada em direção a um mundo mais sustentável, especialmente sob o ponto de vista ambiental. Mas, o que é economia circular?

Primeiramente e antes de definir o seu conceito, é importante destacar que o desenvolvimento da economia circular tem se baseado principalmente em outras áreas e teorias da sustentabilidade ambiental, tais como a ecologia industrial, o *cradle-to-cradle* ("berço-a-berço"), *cleaner production* (produção mais limpa), biomimética, *blue economy*, capitalismo natural, economia de performance, entre outras (Homrich *et al.* 2018). Assim, análises mais aprofundadas das origens da economia circular devem levar em conta essas áreas e teorias da sustentabilidade ambiental. Por exemplo, a inspiração pela natureza para se gerar inovações em ciclos fechados tem sido abordada há algum tempo pela biomimética. A utilização de resíduos de uma indústria como *input* por outra é tema que tem sido explorado pela ecologia industrial. O capítulo 2 deste livro, que trata da gestão de resíduos, detalha as influências dessas áreas e teorias da sustentabilidade para o desenvolvimento da economia circular.

Com o esforço de tentar chegar a uma definição completa da economia circular, ao analisarem mais de cem definições publicadas sobre o tema, Kircherr e colegas definiram economia circular da seguinte forma:

> Um modelo de negócio que visa substituir o conceito de "fim de vida" por meio da redução, reutilização, reciclagem e recuperação de produtos e materiais - sejam nos processos de produção, distribuição e consumo, operando nos níveis micro (produtos, empresas, consumidores), meso (ecoparques) e macro (cidades, regiões e nações), com o objetivo de alcançar o desenvolvimento sustentável, o que implica a geração de qualidade ambiental, prosperidade econômica e equidade social, em benefício das gerações atuais e futuras. (Kircherr et al., 2017, p. 224, tradução nossa).

Outras definições de economia circular são alinhadas a esta apresentada acima. Por exemplo, os princípios da economia circular devem privilegiar a recirculação de recursos e energia com a minimização de demanda de recursos e recuperação de valor (Prieto-Sandoval *et al.*, 2018). A própria Fundação Ellen MacArthur, talvez a instituição que mais tem divulgado a economia circular no mundo, destaca que o conceito de economia circular é baseado em três fundamentos: projetar a partir de resíduos, manter os bens em uso e reviver os sistemas naturais (Ellen MacArthur Foundation, 2015).

Ao se analisar essas definições, observa-se que a adoção de modelos de negócios circulares visa evitar o 'fim de vida' de produtos, de modo a mantê-los no sistema econômico, bem como componentes e materiais. Isso exige a adoção de práticas que vão desde o *design* de produtos que privilegiem elementos como a redução, reuso, compartilhamento, remanufatura, reciclagem de produtos, componentes e materiais; até a pressão de consumidores por empresas que adotem posturas coerentes com os princípios da economia circular.

Assim, quando se considera a transição dos modelos de negócios lineares para os circulares é importante observar também como as empresas criam, geram, entregam e capturam valor aos seus diferentes *stakeholders* (Hofmann, 2019). De maneira geral, as dimensões dos modelos de negócios circulares que devem ser analisadas são as seguintes:

- Proposição de valor: refere-se ao posicionamento da empresa, de modo a oferecer portfólio de produtos e serviços que estejam alinhados aos princípios da economia circular;
- Criação de valor: visa o desenvolvimento de produtos, serviços e de tecnologias alinhados aos princípios da economia circular;
- Entrega de valor: foca na comunicação entre parceiros da cadeia de suprimentos e clientes para a entrega de propostas de valor que atendam aos princípios da economia circular;
- Captura de valor: refere-se às receitas, lucros obtidos em decorrência da adoção dos modelos de negócios circulares.

De modo geral, para viabilizar a adoção dos modelos de negócios em economia circular, Bocken *et al.* (2016) propõem as seguintes estratégias de ciclos de recursos e que podem abranger os ciclos técnicos e biológicos: (i) *slowing*, a qual visa prolongar o ciclo de vida de produtos – o que pode ocorrer por meio de projetos que garantam maior durabilidade física e emocional dos produtos e permitam maior facilidade de reparo, remanufatura e manutenção, por exemplo; (ii) *closing*, tem por objetivo fechar o ciclo de vida de produtos – tal como ocorre com a reciclagem; (iii) *narrowing*, que busca utilizar menor quantidade de recursos ao longo do ciclo de vida dos produtos, o *design* de produtos de menor peso e a otimização do uso de recursos na produção podem ser utilizados para alcançar essa estratégia. Recentemente, Konietzko *et al.* (2020) propuseram também a estratégia 'informar' para se somar às três acima mencionadas, visando utilizar as tecnologias de informação para impulsionar a adoção da economia circular – a utilização da *internet* das coisas e sensores pode ser útil, por exemplo, para o desenvolvimento dos produtos inteligentes (*smart products)*, que podem ser, por exemplo, mais facilmente rastreáveis ao longo de seu ciclo de vida e, também, mais facilmente compartilhados entre diferentes usuários.

É importante observar, no entanto, que a adoção destas estratégias não depende apenas de uma empresa atuando isoladamente, mas também de fatores externos a elas, tais como: políticas públicas, leis e regulamentações que estimulem a adoção da economia circular; cadeia de suprimentos que esteja preparada para atender aos princípios da economia circular; parceria entre empresas, institutos de pesquisa e universidades, por exemplo, para o desenvolvimento de soluções tecnológicas alinhadas com os princípios da economia circular; e consumidores que pressionem as empresas a desenvolverem e fornecerem produtos e serviços compatíveis aos conceito da economia circular.

Isto é, a adoção bem-sucedida da economia circular depende de um conjunto de atores que devem atuar de maneira sinérgica e colaborativamente. Esse conjunto de atores pode ser analisado a partir de três níveis: o macro, meso e micro. O nível macro da economia circular compreende os países, regiões e cidades. O nível meso abrange as relações entre empresas, as cadeias de suprimentos e os ecossistemas circulares. Por fim, no nível micro estão inseridos as organizações, a gestão organizacional e os trabalhos de desenvolvimento de produtos e de tecnologias (Ghisellini *et al.*, 2016).

A ordem dos capítulos deste livro segue a sistemática de níveis de análise da economia circular. Após esta introdução, o capítulo 1 aborda aspectos de legislação, políticas públicas e impactos sociais e humanos da economia circular, ou seja, trata do nível macro da economia circular. O capítulo 2 endereça questões relacionadas à gestão de resíduos sólidos em economia circular. O capítulo 3, por sua vez, foca em elementos de inovação, colaboração para inovação e co-criação orientadas para o desenvolvimento de soluções em economia circular, além de destacar tecnologias, especialmente, aquelas da indústria 4.0 e que podem impulsionar a economia circular.

O capítulo 4 aborda o tema ecossistemas circulares e o capítulo 5 a gestão ambiental da cadeia de suprimentos e as suas interfaces com a economia circular. O capítulo 6 trata da avaliação da sustentabilidade do ciclo de vida (*Life Cycle Sustainability Assessment*) no contexto da economia circular. O capítulo 7 apresenta o tema desenvolvimento de produtos para a economia circular e as suas diferentes estratégias de *design*. O último, mas não menos importante capítulo deste livro, apresenta elementos relacionados ao comportamento do consumidor e as suas relações com a economia circular.

Vale ressaltar que esta obra foi desenvolvida, sobretudo, por professores, pesquisadores e profissionais do grupo de pesquisa 'Inovação em Sustentabilidade', vinculado ao Programa de Pós-Graduação em Engenharia de Produção da Universidade Estadual Paulista - UNESP. Participam desse grupo, também, pesquisadores e professores de outras universidades brasileiras, os quais também contribuíram com a construção deste livro. As pesquisas já concluídas ou em andamento pelos membros deste grupo, assim como os diversos encontros e discussões já realizadas sobre o tema motivaram o desenvolvimento de um livro texto sobre Economia Circular, em português, que pudesse apresentar o seu conceito e aplicações em diferentes situações.

Esperamos que esta obra, que foi fruto de um trabalho de troca de experiências e de colaboração entre diferentes pesquisadores e profissionais, possa contribuir com entendimento sobre o que é e em como adotar ou melhorar operacionalizar a economia circular, seja nas empresas ou em diferentes instituições espalhadas pelo Brasil e, até mesmo, pelo mundo. Ao apresentar conceitos básicos sobre o tema e em suas principais áreas, entendemos que este livro atende não apenas estudantes de diferentes cursos de graduação (em disciplinas como gestão ambiental e economia circular, por exemplo) e de pós-graduação; mas também interessados, profissionais ou futuros profissionais das mais diferentes áreas e que pretendam aumentar a sua compreensão e também aplicar os conceitos de economia circular.

Boa Leitura!

Os Organizadores

Referências

BOCKEN, N. M., de PAUW, I., BAKKER, C., van der GRINTER, B. "Product design and business model strategies for a circular economy." *Journal of industrial and production engineering.* Vol. 33, nº 5 (2016), pp. 308-320. Disponível em: <https://doi.org/10.1080/21681015.2016.1172124>. Acesso em: 8 set. 2022.

ELLEN MACARTHUR FOUNDATION. Growth within: a circular economy vision for a competitive Europe. 2015.

GHISELLINI, P., CIALANI, C., ULGIATI, S. "A review on circular economy: the expected transition to a balanced interplay of environmental and economic systems." *Journal of Cleaner production.* 114 (2016), pp. 11-32. Disponível em: <https://doi.org/10.1016/j.jclepro.2015.09.007>. Acesso em: 8 set. 2022.

HOFMANN, F. 'Circular business models: business approach as driver or obstructer of sustainability transitions?." *Journal of Cleaner Production.* v. 224 (2019), pp. 361-374. Disponível em: <https://doi.org/10.1016/j.jclepro.2019.03.115> Acesso em: 8 set. 2022.

HOMRICH, A. S., GALVÃO, G., ABADIA, L. G., CARVALHO, M. M. "The circular economy umbrella: Trends and gaps on integrating pathways". *Journal of Cleaner Production.* 175 (2018), pp. 525-543. Disponível em: <https://doi.org/10.1016/j.jclepro.2017.11.064>. Acesso em: 8 set. 2022.

KIRCHHERR, J., REIKE, D., HEKKERT, M. "Conceptualizing the circular economy: An analysis of 114 definitions". *Resources, conservation and recycling.* 127 (2017), pp. 221-232. Disponível em: <https://doi.org/10.1016/j.resconrec.2017.09.005>. Acesso em: 8 set. 2022.

KONIETZKO, J., BOCKEN, N., HULTINK, E. J. "A tool to analyze, ideate and develop circular innovation ecosystems". *Sustainability.* Vol. 12, nº 1 (2020), pp. 417. Disponível em: <https://doi.org/10.3390/su12010417>. Acesso em: 8 set. 2022.

PRIETO-SANDOVAL, V., JACA, C., ORMAZABAL, M. Towards a consensus on the circular economy. Journal of cleaner production, v. 179, p. 605-615, 2018.https://doi.org/10.1016/j.jclepro.2017.12.224

CAPÍTULO I

Legislação, Políticas Públicas e Impactos Sociais e Humanos da Economia Circular

Fernanda Camila Martinez Delgado
Pedro Augusto Bertucci Lima

Objetivos

- Compreender a importância de analisar os aspectos sociais e humanos relacionados a economia circular;
- Entender o cenário internacional de políticas de apoio à economia circular;
- Analisar o cenário brasileiro com relação às políticas públicas de suporte à economia circular frente ao cenário internacional;
- Apresentar relações entre políticas públicas de apoio à economia circular e os aspectos sociais e humanos.

1.1. Importância de considerar o aspecto social e humano na economia circular

A princípio, quando pensamos no termo economia circular, é comum que as primeiras imagens que vêm à nossa mente sejam sobre reciclagem, *ecodesign*, avaliação do ciclo de vida, simbiose industrial, e assim por diante, diversos temas e conceitos relacionados à mitigação do impacto ambiental causado pelas atividades produtivas da sociedade. Todavia, uma tendência crescente - e necessária - é a incorporação da preocupação social e humana relacionadas à economia circular.

Durante este capítulo, vamos entender aspectos sociais e humanos como as oportunidades que os indivíduos têm de serem e terem aquilo que desejam. Isso está relacionado com as oportunidades de educação, emprego, renda, qualidade de vida, saúde, liberdade de expressão e de locomoção e assim por diante.

Algumas pesquisas elucidam bem a relação entre economia circular e aspectos sociais e humanos, neste capítulo vamos destacar duas delas (Schroeder *et al.*, 2019; Lima *et al.*, 2021). Na primeira pesquisa, os autores identificaram como a economia circular e suas atividades correlatas podem contribuir diretamente para o alcance de 21 metas e indiretamente com 28 metas dos 17 Objetivos de Desenvolvimento Sustentável (ODS[1]). Dentro dessas contribuições, é importante destacar os objetivos 1 - Erradicação da Pobreza e 2 - Fome Zero e Agricultura Sustentável, cada um sendo impactado positivamente em três metas. Além disso, 52 metas dos ODS podem contribuir para o fortalecimento da economia circular, o que sugere uma relação cíclica entre os dois conceitos (Schroeder *et al.*, 2019).

Já a segunda pesquisa (Lima *et al.*, 2021), destaca como práticas da economia circular estão relacionadas com as liberdades individuais[2]. A pesquisa também destaca a existência de uma via de mão dupla entre economia circular e desenvolvimento humano, de modo que a melhora de um aspecto pode gerar benefícios para o outro. Todavia, o estudo

---

[1] Os ODS foram criados pela Organização das Nações Unidas (ONU), com adesão de 193 países, para promover o desenvolvimento humano e sustentável até 2030. Os ODS contemplam os três pilares da sustentabilidade: econômico, social e ambiental.

[2] As liberdades são um conceito fundamental dentro da Abordagem das Capacidades de Amartya Sen, prêmio Nobel de Economia de 1998 e cuja teoria foi usada como inspiração durante a criação do Índice de Desenvolvimento Humano (IDH), o que faz da Abordagem das Capacidades uma importante teoria para se analisar o desenvolvimento humano e o aspecto social da sustentabilidade.

indica algo interessante: algumas práticas de economia circular, dependendo do modo como são implementadas, podem reduzir o desenvolvimento humano (restringir a liberdade dos indivíduos de serem e terem aquilo que desejam). Por exemplo, uma prática de reciclagem em um ambiente tóxico, na ausência de treinamento e equipamentos de segurança adequados, pode prejudicar a saúde da pessoa que exerce a atividade; assim, mesmo que do ponto de vista ambiental possa haver um benefício, do ponto de vista social haverá um prejuízo. Isto pode ser considerado como sustentável? De acordo com a perspectiva do desenvolvimento humano (e também sustentável), a resposta é **Não**.

Outro ponto importante a ser analisado é como políticas públicas de taxação e subsídios relacionados à economia circular afetam aspectos sociais e humanos (Lima *et al.*, 2021). Pense em uma política que vise desestimular o uso de combustíveis fósseis mediante a taxação deste produto: o aumento do preço do produto visa diminuir a sua demanda (consumo), levando a menores níveis de emissões de poluentes, o que seria bom do ponto de vista ambiental, certo? Mas agora pense que a incidência dessa taxa faz com que o produto fique inacessível para as camadas mais pobres da população e que podem depender deste produto para diferentes fins, como, por exemplo, locomoção para o trabalho ou aquecimento doméstico. Complicado, concorda? Este é um exemplo de *trade-off* (conflito de escolha) que ocorre quando lidamos com a justiça intra e intergeracional que o desenvolvimento sustentável preconiza - garantir a necessidade das gerações presente e futuras. Não é o objetivo deste capítulo discutir se é certa ou errada a aplicação de taxas ou subsídios, mas, sim, exemplificar a complexidade de algumas intervenções políticas na economia circular.

A partir dessas duas pesquisas, é possível conceitualizar que a aplicação bem-feita de práticas de economia circular pode melhorar aspectos sociais da sociedade. Também pode ser entendido que quanto mais o aspecto social de uma sociedade estiver desenvolvido, melhor as práticas de economia circular podem funcionar. Por exemplo, quanto maiores os níveis educacionais de uma sociedade, mais os indivíduos estarão aptos a desenvolver tecnologias e práticas relacionadas à economia circular, e mais os consumidores estarão preocupados com os impactos ambientais dos produtos que consomem. Os benefícios sociais e humanos das práticas da economia circular podem ser diretos: na geração de empregos e melhora ambiental local a curto prazo, preservação de uma área com práticas de gestão de resíduos (o meio ambiente está diretamente relacionado com a qualidade de vida e saúde humana). Também existem benefícios indiretos: melhores condições ambientais a longo prazo e considerando escalas globais, como no caso das mudanças climáticas. Essa ideia está representada na Figura 1.1.

Figura 1.1. Relações positivas entre práticas da economia circular com aspectos sociais e humanos.

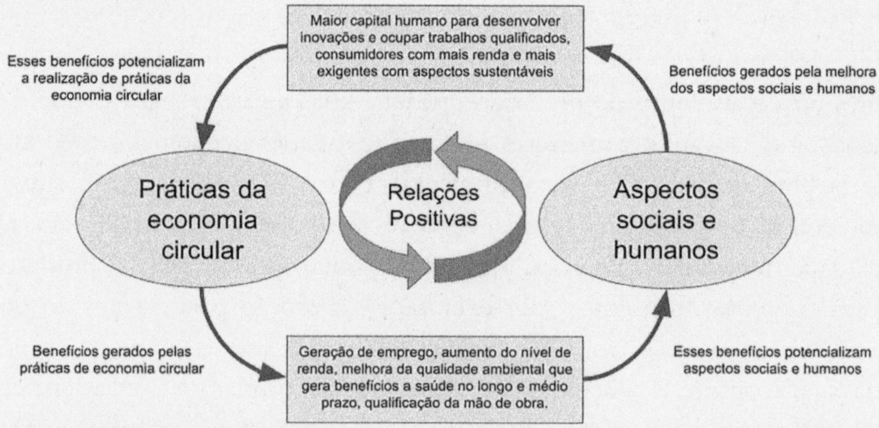

Fonte: Adaptado de Lima *et al.* (2021).

No entanto, conforme destacado nos exemplos das práticas de reciclagem em condições insalubres e da taxação de carbono em bens utilizados pelas camadas mais pobres para locomoção e aquecimento, é possível que práticas mal realizadas de economia circular causem problemas para aspectos sociais e humanos e, dessa forma, reduzam as interações positivas com aspectos sociais. Essa possibilidade está representada na Figura 1.2.

Desta forma, como podemos conceitualizar melhores práticas de economia circular, de modo a intensificar as relações positivas com os aspectos sociais e humanos e mitigar ao máximo as relações negativas?

Figura 1.2. As relações positivas entre práticas da economia circular com aspectos sociais e humanos são reduzidas quando as práticas de economia circular são mal realizadas, o que pode afetar negativamente alguns aspectos sociais e humanos.

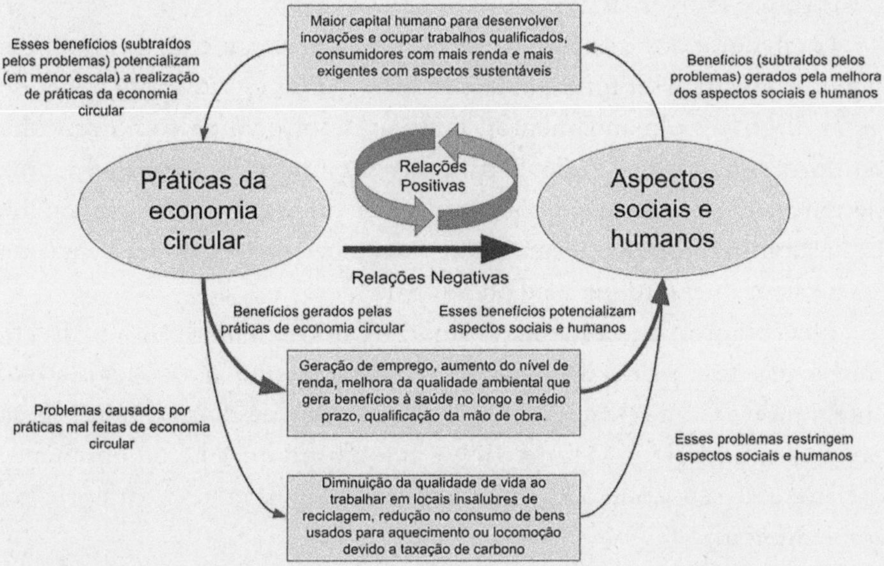

Fonte: Adaptado de Lima *et al.* (2021).

Uma possível resposta para este questionamento pode ser o desenvolvimento de políticas públicas alinhadas com o desenvolvimento sustentável. Vejamos na sequência deste capítulo o panorama internacional com relação às políticas públicas de suporte à economia circular, o cenário brasileiro, e como essas práticas estão relacionadas aos aspectos sociais e humanos.

1.2. Legislação e políticas públicas

Antes de ser apresentado um panorama internacional com relação às políticas públicas de suporte à economia circular, é importante entendermos o que significam políticas públicas e qual a sua importância. Durante todo este capítulo, a expressão "políticas públicas" é utilizada para se referir a um certo tipo de ação do Estado para promover e garantir direitos, e como uma ferramenta para solucionar os problemas da sociedade, que tenham a necessidade de direcionamento de recursos públicos (financeiros, humanos e tecnológicos) para a sua promoção (Mastrodi e Ifanger, 2019).

Na maioria dos casos, a estruturação e o planejamento das políticas públicas precisam ser formatados em documentos escritos com poder de gerar diretrizes e mandamentos, tanto ao setor público como privado, em forma de normas (ordens) para serem cumpridas. A norma é uma determinação que alguém, com autoridade ou poder, dirige a quem lhe deva submissão ou obediência. Um exemplo clássico é a obediência de uma criança perante sua mãe ou seu pai.

No entanto, aqui estamos falando da norma em sentido jurídico, que é um texto oficial, elaborado e votado pelo poder legislativo, integrante da organização do Estado, e o seu descumprimento gera sanções ao indivíduo (Diniz, 1999). Resumindo, a lei é o documento escrito e o seu conteúdo é a norma que se pretende cumprir ou implementar.

Explicando melhor o formato do poder legislativo: no Brasil, por exemplo, ele é formado nos municípios pelos vereadores nas Câmaras Municipais, nos estados por deputados estaduais que integram a Assembleia Legislativa e na esfera federal pelos deputados federais e senadores em duas respectivas casas: Câmara dos Deputados e Senado. A Câmara dos Deputados e o Senado, na esfera federal, formam o Congresso Nacional (Brasil, 1988).

Em outros países, onde a forma de governo, regime e sistema são diferentes, pode ocorrer uma variação de como as leis são propostas e votadas. No Reino Unido, por exemplo, onde o regime de governo é a monarquia parlamentarista, o poder legislativo (poder para elaborar e votar leis) é exercido por um parlamento eleito pela população.

Em blocos econômicos, também há um regime para aprovação de leis. Na União Europeia, toda nova lei do bloco deve obedecer ao Tratado da União Europeia, lei maior, que funciona como a Constituição Federal do Brasil, guia e serve de diretriz para as demais normas, que são votadas pelos países membros (Carla, 2022). Na seção seguinte detalharemos um pouco sobre a atuação da Comissão Europeia no estímulo à adoção da economia circular na Europa.

Ainda, na esfera internacional, temos as organizações internacionais, como a Organização das Nações Unidas (ONU), fundada em 26 de junho de 1945, com objetivo de trazer estabilidade e paz mundial após a Segunda Guerra Mundial. Hoje, com 193 países membros, tem como objetivo principal desenvolver o direito internacional para criar leis e tratados que garantam interesses em comum, como paz, segurança, preservação ambiental ou desenvolvimento social. Os tratados são votados pelos países membros na Assembleia Geral, o voto é universal com o mesmo peso para todos os países (Luz, 2022). Do ponto de vista da economia circular, instituições como a ONU são importantes na criação de acordos unilaterais, como por exemplo, os 17 Objetivos de Desenvolvimento Sustentável (ODS) da ONU, que são traçados pela ONU para aplacar questões ambientais, sanitárias, de saúde etc. Alguns países signatários, como o Brasil, transformam esses acordos em elementos de suas normas internas (mais detalhes desse processo serão apresentados na seção sobre o cenário nacional de políticas de apoio à economia circular). Na União Europeia, por exemplo, a economia circular é vista como uma forma de se alcançar os ODS (Völker *et al.*, 2020),

Depois desse panorama sobre o poder legislativo, podemos dizer que a lei é a forma como as políticas públicas são formatadas no meio jurídico para torná-las exigíveis no mundo social. Então, se a política pública tem o objetivo de promover ações e a lei é um dos caminhos para torná-las exigíveis, no âmbito da economia circular não será diferente. A lei servirá para transformar os conceitos de economia circular em normas (regras) que servirão de parâmetro para atuação individual em benefício de toda a sociedade, e a lei é o formato oficial utilizado para isso.

É importante frisar que, como as políticas públicas, a lei também nasce de uma necessidade social, para regular uma situação que já existe no meio social, ou para evitar algum abuso ou perigo de dano, como são os casos de danos ambientais. Resumindo, tanto as políticas públicas como as leis vêm de uma necessidade social e não da criatividade do governante em exercício. Enfim, toda essa explanação inicial sobre políticas públicas, legislação, acordos e tratados internacionais servirá de base para compreensão de como eles são fortes instrumentos para introduzir o conceito de economia circular na sociedade moderna.

1.2.1. Panorama internacional

Agora que introduzimos alguns conceitos das ciências jurídicas, é possível tratar da aplicação prática das políticas públicas no contexto da economia circular. É importante destacar que a economia circular é composta por várias práticas, dentre os diferentes estudos já realizados, um deles, por exemplo, identificou 53 práticas que podem ser relacionadas à economia circular (Lima *et al.*, 2021). Alguns exemplos dessas práticas são: *ecodesign*, reciclagem, sistema produto-serviço, análise do ciclo de vida, produção mais limpa, eficiência energética, recursos renováveis, logística verde etc. Desse modo, alguma política pode estar mais direcionada ao contexto geral da economia circular, como por exemplo às diretivas de apoio à economia circular na União Europeia, enquanto outras podem ser mais direcionadas a práticas isoladas, mas relacionadas à economia circular, como o decreto brasileiro sobre a logística reversa de medicamentos ou a Política Nacional de Resíduos Sólidos (PNRS) (seção 2.4).

A União Europeia é rotineiramente apontada em trabalhos acadêmicos como exemplo de região do planeta com diversas políticas e ações em fomento à economia circular. Há algumas décadas, o bloco europeu já apresentava diversas políticas ambientais, como as relacionadas aos resíduos e aos produtos, mas elas não apresentavam uma forte coesão entre si, o que mudou de panorama com as novas diretivas norteadas pela economia circular (Hughes, 2017). Neste contexto, é importante destacar algumas dessas diretivas estabelecidas pela Comissão Europeia (Serrano-Bedia e Perez-Perez, 2022):

- Em direção à economia circular: Um Programa de Resíduo Zero para a Europa ("Towards a Circular Economy: A Zero Waste Programme for Europe");
- Fechando o *loop*: Um Plano de Ação para a economia circular da EU ("Closing the Loop: An EU Action Plan for the Circular Economy");
- Plano de Ação da economia circular ("Circular Economy Action Plan");
- Plano de Ação da economia circular para uma Europa mais Limpa e Competitiva ("Circular Economy Action Plan for a Cleaner and More Competitive Europe").

Embora todas sejam direcionadas para a economia circular, há diferenças de perspectivas entre elas. Ao longo dessas diretivas, por exemplo, houve mudanças de um foco muito grande da questão dos resíduos para abordagens mais amplas, com maior expectativa de ganho também do ponto de vista econômico, tendo em vista que em períodos de austeridade passados pela Europa, este seria um ponto importante para viabilizar sua efetiva aplicação (Völker *et al.*, 2020).

Na União Europeia também existem diversos incentivos na forma de financiamentos para inovações circulares. Para que este tipo de ação ocorra, é importante a existência de ações conjuntas entre as esferas do nível macro da economia circular, isto é, municípios (esfera local), estados (esfera regional), e países (esfera nacional), uma vez que esses incentivos são aplicados de acordo com as demandas e capacidades do seu local de aplicação (Vanhamäki *et al.*, 2021). Essas políticas não visam apenas o ganho ambiental da economia circular, mas também os impactos positivos que são obtidos no aspecto econômico e social, considerando que essas políticas também destacam as estimativas de geração de emprego e renda.

Outros locais do mundo, assim como os próprios países que compõem a União Europeia, apresentam diversas outras políticas e legislações de fomento a práticas ambientais. Aguiar *et al.* (2020) fizeram um levantamento sobre as principais políticas e legislações discutidas na literatura sobre economia circular (Quadro 1.1).

Quadro 1.1. Práticas e políticas públicas que apoiam a Economia Circular (continua)

PRÁTICAS	PAÍSES	POLÍTICAS PÚBLICAS
Utilização dos princípios da química verde	EUA	Lei de Prevenção da Poluição
	Canadá	Cria o Conselho Nacional de Desperdício Zero Triagem de 23.000 produtos químicos perigosos Investimentos no desenvolvimento de tecnologias verdes
	China	11º plano quinquenal incluindo política para redução energética e promoção de política química sustentável desde 1999
	Alemanha	Plano de eficiência energética 2011 e de baixo carbono para 2050
	Japão	Perspectivas de demanda e oferta de energia a longo prazo até 2030 (2015)
	Coreia do Sul	A Lei de Registro e Avaliação de Produtos Químicos de 2015
	Suécia	A Agência Sueca de Produtos Químicos estabeleceu o banco de dados de substâncias restritas e proibidas para exportação
	Taiwan	Registro de substâncias químicas de 2015
	Reino Unido	O Departamento de Meio Ambiente, Alimentos e Assuntos Rurais do Reino Unido investiu em mais projetos de utilização de recursos estimados que poderiam economizar até 23 bilhões de títulos para indústrias
Reciclagem e separação dos resíduos de forma manual	Brasil e Argentina	Desenvolvimento da economia circular com foco nos catadores de resíduos
Sustentabilidade financeira, reciclagem inclusiva, estruturação da legislação	Colômbia	Resolução CRA 720 de 2015 estabelece metodologia tarifária para classificação de resíduos. Documento CONPES 3874 estipula metas para redução de aterros em final de vida. Decreto 1784/2017 implementou o tratamento de resíduos. Criou a responsabilidade estendida dos produtores

PRÁTICAS	PAÍSES	POLÍTICAS PÚBLICAS
Utilização de resíduos da construção civil	Finlândia	Decreto 591/2006 - simplifica a utilização de resíduos em terraplenagem sob condições específicas
		Programa Nacional de Construção em Madeira
Transformação de reciclagem de parques industriais	China	12° Plano Quinquenal do Conselho de Estado da China em 2012
Transição energética para uso de fontes renováveis	Brasil	Política Nacional de Resíduos Sólidos (Lei 12.305/2010), Política Nacional de Mudanças Climáticas (Lei 12.187/2009), Política Nacional de Saneamento Básico (Lei 11.445/2007), Política Nacional de Energia (Lei 9.478/1997) e Política Ambiental Nacional (Lei 6.938/ 1981)
	Alemanha	Política pública implementada em 1990 a 2000
	França	Investimento em biogás - Projeto "BIODECOL2" (2007-2011)
Melhores práticas, regulamentos e conhecimentos gerenciais do setor automotivo para o veículo pesado	União Europeia	Diretiva 2000/53/EC e princípios de responsabilidade estendida do produtor
	Estados Unidos	Regulamentos incipientes dos Estados Federados, sem extensão à nível nacional
Cultura de baixo carbono	México	Lei de Mudanças Climáticas de 2012, Lei de Transição Energética de 2015
Redução dos resíduos orgânicos municipais	União Europeia	Projeto Miniwaste, 2010–2012
Imposto sobre aterros	Reino Unido	Diretiva de Aterros (LD) (1999/31 / CE)

Fonte: Adaptado de Aguiar *et al.* (2020).

Não é o foco deste capítulo detalhar todos os pontos apresentados no Quadro 1.1, mas sim indicar pontos importantes para a economia circular que o leitor possa se aprofundar com leituras complementares. Um ponto interessante a ser destacado no presente capítulo são algumas das práticas que foram encontradas nessas políticas identificadas no Quadro 1.1. Neste capítulo, vamos dar destaque para os seguintes pontos: química verde, reciclagem e separação dos resíduos de forma manual, e construção civil.

Dentre as práticas encontradas, temos um grande número de países que se preocupam com a utilização do princípio da química verde, cujos conceitos originaram-se da Lei de Prevenção da Poluição dos Estados Unidos na década de 1990. A Lei define a redução de poluição na fonte, ou seja, qualquer prática que possa impedir que as substâncias químicas perigosas sejam lançadas no meio ambiente e afetem a saúde pública. Esse foi um grande avanço rumo à sustentabilidade, porque atende a todos os requisitos do tripé (ambiental, econômico e social). Produtos que não estavam adequados, segundo a norma, foram retirados de circulação em benefício da saúde da população. Seguiram o mesmo exemplo os seguintes países: Canadá, China, Alemanha, Japão, Coreia do Sul, Suécia, Taiwan e Reino Unido (Chen *et al.*, 2020).

A química verde - e mais recentemente o conceito de química circular - tem especial importância na economia circular, uma vez que atua tanto na mitigação da poluição gerada por produtos e processos, como também atua no desenvolvimento de novas tecnologias que permitem a recuperação de resíduos. Por esses motivos, conceitos de química verde têm sido estimulados na formação dos alunos, considerando a importância da presença de profissionais capacitados para atuarem neste contexto (Keijer *et al.*, 2019; Loste *et al.* 2020). Dessa forma, diante dessa demanda por profissionais capacitados, é possível pensar em políticas públicas focadas em aspectos educacionais, não só com relação à química verde, mas a outros tópicos relacionados à economia circular.

Com relação à reciclagem e separação dos resíduos de forma manual, no Brasil, Argentina e Colômbia foram implementadas a triagem manual de recicláveis por catadores, gerando renda às pessoas de baixa renda, respeitando o aspecto econômico e ambiental da sustentabilidade, porém nada garante que os catadores não possam ser acometidos por problemas de saúde pelo contato direto com os resíduos (Gutberlet *et al.*, 2017). Desse modo, existe a discussão da importância da organização desses catadores em cooperativas ou até mesmo na atuação com empresas, de modo que se busque respeitar os direitos e condições de trabalho dessas pessoas.

Nesse raciocínio Brasil e Colômbia têm casos de sucesso. No Brasil, um caso de sucesso se resume à interação entre a Cooperativa Mega Central da Ponte Pequena, na zona norte da cidade de São Paulo, com a empresa LOGA (Logística Ambiental de São Paulo), que investiu 15 milhões de Reais em tecnologias alemã, francesa e espanhola (de separação mecanizada de recicláveis), já amplamente utilizadas na Europa, e processa até 250 toneladas de material por dia. Os materiais separados na cooperativa são direcionados a novos processos produtivos, realizando na prática a economia circular (Loga, 2022). Já na Colômbia, os catadores funcionam como trabalhadores terceirizados ao serviço de coleta da cidade de Bogotá, são registrados no RURO (Registro Único de Recicladores de Ofício) e a UAESP (Unidad Especial de Saneamiento Público – autarquia municipal) estima que 56% da cidade está coberta pelos catadores formalizados (Duran e Neves, 2019).

Para finalizar os exemplos discutidos nesta seção, tem-se o caso da construção civil exemplificada pelas políticas implementadas na Finlândia, é um importante setor econômico no Brasil e por isso é apresentado neste capítulo. As normas implementadas na Finlândia, no setor de construção civil, convergem com a prática da economia circular, uma vez que incentivam a utilização de resíduos em terraplanagem e implementação de construção em madeira para arrefecer os danos causados pelo setor da construção civil. Os materiais reutilizados poderiam servir para a construção de casas populares, beneficiando pessoas de baixa renda e criando um novo tipo de negócio para empresas interessadas, atingindo o aspecto social e ambiental da sustentabilidade (Nylén e Salminen, 2019).

Para a economia circular, também há outros exemplos de práticas realizadas. Algumas delas são: criação e venda de novos produtos a partir dos materiais recuperados da construção civil (*upcycling*), reciclagem das placas de estuque e outras fontes de resíduos de gesso para a fabricação de novas placas de estuque, uso de resíduos orgânicos na produção de tijolos, utilização de componentes dos veículos em fim de vida útil na construção civil, escombros de concreto e alvenaria transformados em agregados de concreto e alvenaria reciclados, utilização de elementos pré-fabricados, utilização de lajes de concreto pré-fabricadas, bem como o uso de parafusos como conectores de cisalhamento embutidos nas lajes de concreto pré-fabricadas (Delgado *et al.*, 2019).

Enfim, essa é uma visão de políticas públicas e normas internacionais que vêm apoiando a economia circular, deixando claro que se trata apenas de um recorte exemplificativo sem a intenção de esgotar o tema.

1.2.2. Panorama brasileiro

No Brasil, as políticas públicas estão presentes na Constituição Federal em forma de diretrizes a serem tomadas pelo governo de forma genérica. As ações efetivas dependem de uma norma, que passa por um processo legislativo de elaboração, propositura e votação. O formato oficial mais conhecido da norma é a lei, porém o processo legislativo brasileiro contém: emendas à Constituição, leis complementares, leis ordinárias, leis delegadas, medidas provisórias, decretos legislativos e resoluções, cada um com uma função específica no ordenamento jurídico (Brasil, 1988).

No entanto, o formato mais utilizado no sistema jurídico brasileiro são as leis. Elas são propostas por um parlamentar e votada em duas casas: Câmara e Senado. Após aprovação das duas casas, ela passa pela sanção do Presidente da República. Entender a formação da lei será interessante para analisarmos o caminho que a sociedade terá que percorrer para ser mais sustentável e adotar de forma efetiva conceitos de economia circular.

As normas brasileiras podem ser consultadas pelo site: https://www.gov.br/planalto/pt-br. Acessando o campo «legislação», após «legislação federal», aparecerá na sequência todos os tipos de formatos de normas. Clicando no tipo "legislação ordinária" é possível acessar todas as leis publicadas por ordem cronológica, a nível federal.

Uma vez que o Brasil é dividido em estados e municípios, estes devem formalizar suas próprias normas, nos mesmos modelos normativos constitucionalmente adotados pela União, respeitando o princípio da simetria (por esse princípio com base na Constituição Federal e em Legislações Federais, os estados e municípios publicam leis semelhantes).

Outros sites interessantes para consulta são o do Ministério do Meio Ambiente: https://www.gov.br/mma/pt-br; e do Sistema Nacional de Informações sobre a Gestão dos Resíduos Sólidos: https://sinir.gov.br/. O Ministério do Meio Ambiente (MMA) foi criado em 1992, para promover a adoção de princípios e estratégias direcionadas ao conhecimento, proteção e recuperação do meio ambiente, ajudando na formulação de políticas públicas de forma compartilhada em todos os níveis de governo e sociedade. Já o Sistema Nacional de Informações sobre a Gestão dos Resíduos Sólidos (SINIR) atua sob a coordenação do MMA e tem o objetivo de coletar dados sobre a gestão de resíduos sólidos tanto do setor público como do setor privado com a finalidade de monitorar, fiscalizar e avaliar sua gestão.

Ao analisar os sites mencionados, pode ser percebido que a legislação no Brasil é bem ampla acerca dos cuidados com o meio ambiente, mas critérios sociais e econômicos da sustentabilidade precisam de maior atenção para serem ajustados na interpretação da norma.

Com relação à prática do conceito de economia circular no Brasil, é preciso fazer relações com outras políticas ambientais que convergem para o tema, pois não há um documento específico para tratar somente do assunto economia circular; ele sempre estará atrelado a outros assuntos (Paes *et al.*, 2021), como é o caso da Política Nacional de Resíduos Sólidos (PNRS). Já União Europeia e China são as regiões que têm normas mais diretas para a implementação dos princípios de economia circular, como a Diretiva 2000/53/EC e os princípios de responsabilidade estendida do produtor na Europa (Saidani *et al.*, 2019) e o 12º Plano Quinquenal do Conselho de Estado da China em 2012 (Zhu *et al.*, 2019).

Nota-se, portanto, como o Brasil está em estágios iniciais com relação à economia circular a nível macro, semelhante aos estágios iniciais da União Europeia, onde não havia diretivas sistêmicas sobre a economia circular, mas sim sobre práticas correlatas de formas isoladas (conforme destacado na seção 1.2.1).

Mesmo que o conceito de economia circular no Brasil esteja atrelado à PNRS, ela é um marco legislativo e um avanço, e pode ser alterada para mais inserções do conceito, caso seja necessário. A PNRS (Brasil, 2010) dispõe sobre princípios, objetivos e instrumentos, bem como sobre as diretrizes relativas à gestão integrada e ao gerenciamento de resíduos sólidos, incluídos os perigosos, às responsabilidades dos geradores e do poder público e aos instrumentos econômicos aplicáveis. Dois princípios importantes e que levam a ligação com o conceito de economia circular são: o princípio da adoção de uma visão sistêmica, na gestão dos resíduos sólidos, que considera as variáveis ambiental, social, cultural, econômica, tecnológica e de saúde pública; e o princípio do desenvolvimento sustentável. Mas atenção: a norma é sobre gestão de resíduos sólidos e possui princípios que aproximam a prática brasileira aos conceitos de economia circular.

Outro ponto importante que ligou a PNRS ao conceito de economia circular foi a instituição da responsabilidade compartilhada pelo ciclo de vida dos produtos, a ser implementada de forma individualizada e encadeada, abrangendo os fabricantes, importadores, distribuidores e comerciantes, os consumidores e os titulares dos serviços públicos de limpeza urbana e de manejo de resíduos sólidos.

Um bom exemplo de como os princípios da PNRS, a exemplo da responsabilidade compartilhada, desencadearam em outras políticas relacionadas com práticas de economia circular, é o caso da logística reversa de medicamentos. O decreto prevê que medicamentos domiciliares de uso humano, vencidos ou em desuso, devem ser depositados em pontos de coleta localizados em farmácias, de modo que possam ser destinados de forma correta. A responsabilidade compartilhada está presente neste decreto, uma vez que fabricantes, farmácias e consumidores têm um papel que permite que essa logística reversa de fato ocorra. Embora o decreto apresente pontos convergentes com a economia circular, como a destinação correta do resíduo, ele apresenta as limitações de não atuar na redução do resíduo gerado, o que poderia ser feito por meio da venda fracionada do medicamento (Lima *et al.*, 2022). Esse ponto ressalta como existem oportunidades de melhorias em várias políticas desenvolvidas e que nem sempre essas políticas estarão completamente alinhadas com os pressupostos da economia circular.

No entanto, apesar da adoção de muitos princípios e diretrizes importantes, elas só podem ser viabilizadas e efetivadas de acordo com a disponibilidade orçamentária dos municípios. Além dessa dificuldade, também há falta de capital humano (lembra do que foi discutido no começo deste capítulo? De como indivíduos com maiores níveis de educação e capacitação ajudam nas práticas de economia circular?) e de suporte institucional para efetividade dos princípios (Paes *et al.*, 2021). Países em desenvolvimento, como o Brasil, apresentam dificuldades acentuadas no equilíbrio entre os problemas ambientais e as demandas sociais e econômicas da população. Desse modo, as políticas públicas de suporte à economia circular devem sempre considerar aspectos sociais, econômicos e ambientais no seu planejamento.

1.3. Projetos que contemplam o conceito de economia circular já implementados

A Fundação Ellen MacArthur é uma importante proponente da economia circular no mundo. Em seu site oficial, a fundação apresenta vários casos que ilustram bem a participação de políticas públicas no fomento de práticas de economia circular. De modo a sintetizar o conteúdo apresentado neste capítulo, vamos apresentar um pouco de dois casos citados pela Fundação Ellen MacArthur e que acontecem no Brasil: o primeiro, já mais estruturado e com importantes resultados, que foi implementado na cidade de Belo Horizonte; e o segundo, ainda em fase inicial de aplicação, na cidade de São Paulo.

A cidade de Belo Horizonte tem um caso interessante de uma aplicação de economia circular que proporciona importantes ganhos sociais e humanos, que é um programa de gestão de lixo eletrônico e de mitigação de pobreza digital[3]. O programa começou em 2005 e obteve uma evolução significativa em 2008. Funciona da seguinte maneira: indivíduos com baixa renda recebem treinamento para restaurar equipamentos de tecnologia da informação que são doados. Do ponto de vista da economia circular, há um ponto importante: a reentrada de um produto que seria descartado novamente no ciclo produtivo, ou seja, um computador que seria descartado vai ser restaurado para ter uso novamente. Esses equipamentos que são restaurados vão para centros de letramento digital, que são locais que oferecem ensino do uso dessas tecnologias para pessoas de baixa renda. Aqui entra um ponto social muito grande, que é a inclusão e capacitação dessa população no meio digital. Até o momento, milhares de equipamentos já foram restaurados, o que representa uma diminuição considerável de resíduo eletroeletrônico gerado, e milhares de pessoas já receberam treinamento ou na parte de restauração desse tipo de equipamento ou na forma de letramento digital. Essa iniciativa contou com apoio do Governo Federal e da Prefeitura de Belo Horizonte, que também representa a importância da participação de diferentes entes políticos na formulação de estratégias que auxiliem na economia circular e que possam oferecer benefícios sociais diretos para a população (Ellen MacArthur Foundation, 2022a).

A cidade de São Paulo, em 2021, firmou um acordo de cooperação com a Ellen MacArthur Foundation para ser um parceiro estratégico em uma rede internacional de promoção de práticas da economia circular nas cidades. A cidade de São Paulo foi a primeira a firmar tal acordo, sendo seguida por outras, como Nova York. São Paulo planeja ações de retomada pós pandemia da Covid-19 com soluções que visem a sustentabilidade, como a mitigação das mudanças climáticas e do alcance de vários ODS, e a economia circular é vista como uma alternativa para alcançar essas metas (Ellen MacArthur Foundation 2022b). Ainda não há muitos resultados para reportar sobre essa iniciativa, mas é um

---

3 O conceito de pobreza pode ser entendido de forma muito além do que a ausência de dinheiro. É uma discussão que foge do escopo deste capítulo, para os interessados, sugerimos a leitura do livro: Desenvolvimento como Liberdade, de Amartya Sen.

exemplo interessante para ilustrar o papel da sociedade civil (representada pela Ellen MacArthur Foundation) com agentes públicos a nível local (representada pelas prefeituras municipais) que trabalham em prol de metas globais (como os ODS), e como a economia circular pode ser uma importante estratégia para essas ações.

1.4. Conclusão

Diante do que foi apresentado, as práticas de economia circular têm relação com aspectos sociais e humanos. Em especial, a economia circular pode gerar benefícios além do econômico e ambiental, ao ser um conceito que permite melhores níveis de qualidade de vida para os indivíduos. Também, melhores níveis de qualidade de vida podem potencializar práticas de economia circular. Com relação à legislação e às políticas públicas, elas atuam como agente de fomento de práticas de economia circular, além de ajudarem na promoção dos aspectos sociais e humanos. No cenário internacional, Europa e China se destacam com o implemento de diversas políticas e legislações específicas para a economia circular. Já no Brasil, ainda não existem políticas e legislações específicas para a economia circular, apenas políticas que podem ser relacionadas a ela, como a PNRS.

Questões para Discussão

1. Considerando o tripé da sustentabilidade (desenvolvimento econômico, proteção ambiental, e equidade social), como uma prática da economia circular (exemplo: reciclagem) deve ser realizada de modo a ser de fato sustentável?
2. Por que alguns pesquisadores acreditam que possa existir uma relação cíclica entre economia circular e aspectos sociais e humanos? Ou seja, que práticas de economia circular podem melhorar aspectos sociais e humanos e vice-versa? Procure escrever sua resposta com alguns exemplos desses benefícios.

3. Quais práticas você gostaria que fossem implementadas em sua cidade para melhoria da qualidade de vida, segundo o conceito da economia circular?
4. Na sua opinião, a responsabilidade compartilhada na cadeia de suprimentos prevista na Política Nacional de Resíduos Sólidos pode auxiliar na redução de resíduos que vão para os aterros sanitários? Como isso poderia auxiliar na economia circular?
5. Pesquise alguma política pública ou legislação brasileira relacionada à área ambiental. Ela pode ser considerada como convergente à economia circular? Explique.
6. Na sua opinião, falta um olhar mais direcionado para a questão social relacionada às práticas de economia circular? Por quê?

Referências

AGUIAR, F.M. *et al.* "Economia circular das origens do movimento ambientalista às políticas públicas atuais". *XXVII Simpósio de Engenharia de Produção – SIMPEP*. Bauru: 2020.

BRASIL. *Constituição da República Federativa do Brasil*. Brasília, DF: Senado Federal: Centro Gráfico, 1988.

BRASIL. *Lei Nº 12.305, de 2 de agosto de 2010*. Institui a Política Nacional de Resíduos Sólidos; altera a Lei nº 9.605, de 12 de fevereiro de 1998; e dá outras providências. Disponível em: <http://www.planalto.gov.br/ccivil_03/_ato2007-2010/2010/lei/l12305.htm>. Acesso em: 29 jul. 2022.

BRASIL. *Lei 12.187 de 29 de dezembro de 2009*. Institui a Política Nacional sobre Mudança do Clima – PNMC e dá outras providências. Disponível em: <http://www.planalto.gov.br/ccivil_03/_ato2007-2010/2009/lei/l12187.htm>. Acesso em: 29 jul. 2022.

CARLA, C. União Europeia: como funciona seu processo legislativo? *Politize!* Florianópolis, 13 jul. 2017. Disponível em: <https://www.politize.com.br/uniao-europeia-processo-legislativo/>. Acesso em: 29 jul. 2022.

CHEN, T.L. *et al.* "Implementation of green chemistry principles in circular economy system towards sustainable development goals: Challenges and perspectives". *Science of the Total Environment*. Nova Iorque: Barceló, 716 (2020), pp. 136998. Disponível em: <https://doi.org/10.1016/j.scitotenv.2020.136998>. Acesso em: 11 set. 2022.

DELGADO, F. C. M. *et al*. "Boas práticas de economia circular na construção civil", *ENSUS-2019 – Encontro de sustentabilidade em projetos*. Florianópolis: 2019.

DINIZ, M.H. Lei de Introdução ao Código Civil Brasileiro Interpretado. 5a ed. São Paulo: Saraiva, 1999.

DURAND, M., NEVES, F.D.O. "Catadores latino-americanos: integração ou criação de uma nova margem". *2º Congresso Sul Americano de Resíduos Sólidos e Sustentabilidade*. Goiânia, 2019.

ELLEN MACARTHUR FOUNDATION. Tackling electronic waste and digital poverty in Brazil: Belo Horizonte. 2022a. Disponível em: <https://ellenmacarthurfoundation.org/circular-examples/tackling-electronic--waste>. Acesso em: 29 jul. 2022.

ELLEN MACARTHUR FOUNDATION. The Foundation welcomes São Paulo as a Strategic Partner City. 2022b. Disponível em: <https://ellenmacarthurfoundation.org/news/the-foundation-welcomes-sao-paulo-as-a-strategic-partner-city>. Acesso em: 29 jul. 2022.

GUTBERLET, J., CARENZO, S., KAIN, J-H., AZEVEDO, A. M. M. "Waste picker organizations and their contribution to the circular economy: Two case studies from a global south perspective", *Resources*. Basel: Giurco, 6, nº 2 (2017), pp. 52. Disponível em: <https://doi.org/10.3390/resources6040052>. Acesso em: 11 set. 2022.

HUGHES, R. "The EU circular economy package–life cycle thinking to life cycle law?", *Procedia Cirp*, Nova Iorque: 61 (2017), pp. 10-16. Disponível em: <https://doi.org/10.1016/j.procir.2016.12.006>. Acesso em: 11 set. 2022.

KEIJER, T., BAKKER, V., SLOOTWEG, J.C. "Circular chemistry to enable a circular economy", *Nature Chemistry*. Londres: Cantrill, 11, nº 3 (2019), pp. 190-195. Disponível em: <https://doi.org/10.1038/s41557-019-0226-9>. Acesso em: 11 set. 2022.

LIMA, P.A.B. *et al*. "Sustainable Development as Freedom: Trends and Opportunities for the Circular Economy in the Human Development Literature", *Sustainability*. Basel: Li, 13, nº 23 (2021), pp. 13407. Disponível em: <https://doi.org/10.3390/su132313407>. Acesso em: 11 set. 2022.

LIMA, P.A.B. *et al*. "Medication reverse logistics: A systematic literature review and a new measurement system for the Brazilian case", *Cleaner Logistics and Supply Chain*. Nova Iorque: Govindan, 3 (2022), pp. 100024. Disponível em: <https://doi.org/10.1016/j.clscn.2021.100024>. Acesso em: 11 set. 2022.

LOGÍSTICA AMBIENTAL DE SÃO PAULO (LOGA). Prefeitura de São Paulo anuncia Plano de Contingência. 23 mar. 2020. Disponível em:

<https://www.loga.com.br/news.asp?CP=LOGA&cod=1273&PG=LG_P02&TI=Prefeitura%20de%20S%C3%A3o%20Paulo%20anuncia%20Plano%20de%20Conting%C3%AAncia>. Acesso em: 29 jul. 2022.

LOSTE, N., ROLDÁN, E., GINER, B. "Is Green Chemistry a feasible tool for the implementation of a circular economy?", *Environmental Science and Pollution Research*, Zaragoza, 27 (2020), pp. 6215-6227. Disponível em: <https://doi.org/10.1007/s11356-019-07177-5>. Acesso em: 11 set. 2022.

LUZ, C. Legislação Internacional da ONU e os Órgãos envolvidos. *Politize!*, 24 ago. 2018. Disponível em: <https://www.politize.com.br/legislacao-internacional-da-onu/>. Acesso em: 29 jul. 2022.

MASTRODI, J., IFANGER, F. C. D. A. "Sobre o conceito de Políticas Públicas". *Revista de Direito Brasileira*. Florianópolis, 24, nº 9 (2019), pp. 5-18. Disponível em: <https://www.indexlaw.org/index.php/rdb/article/view/5702/4774>. Acesso em: 11 set. 2022.

NYLEN E.-J. A., SALMINEN J. "How does the circular economy discourse affect policy-making? The case of streamlining waste utilisation in Finnish earthworks", *Resources, Conservation and Recycling*. 149 (2019), pp. 532-540. Disponível em: <https://doi.org/10.1016/j.resconrec.2019.06.029>. Acesso em: 11 set. 2022.

PAES, L. *et al.* "A Transition Toward a Circular Economy: Insights from Brazilian National Policy on Solid Waste". *In*: BASKAR. C. *et. al.* (eds.). *Handbook of Solid Waste Management*. Springer, Singapore, Baskar, 2020, pp.1-31. Disponível em: <https://doi.org/10.1007/978-981-16-4230-2_16>. Acesso em: 11 set. 2022.

SAIDANI, M. *et al.* "Management of the end-of-life of light and heavy vehicles in the US: comparison with the European union in a circular economy perspective", *Journal of Material Cycles and Waste Management*, 21, nº 6 (2019), pp. 1449-1461. Disponível em: <https://doi.org/10.1007/s10163-019-00897-3>. Acesso em: 11 set. 2022.

SÃO PAULO. São Paulo participa de relatório internacional sobre a redução do consumo do plástico. 6 nov. 2020. Disponível em; <https://www.prefeitura.sp.gov.br/cidade/secretarias/relacoes_internacionais/noticias/?p=305894>. Acesso em: 29 jul. 2022.

SERRANO-BEDIA, A.M., PEREZ-PEREZ, M. "Transition towards a circular economy: a review of the role of higher education as a key supporting stakeholder in Web of Science", *Sustainable Production and Consumption*, 31 (2022), pp. 82-96. Disponível em: <https://doi.org/10.1016/j.spc.2022.02.001>. Acesso em: 11 set. 2022.

SCHROEDER, P., ANGGRAENI, K., WEBER, U. "The relevance of circular economy practices to the sustainable development goals", *Journal of*

Industrial Ecology, 23, nº 1 (2019), pp. 77-95. Disponível em: <https://doi.org/10.1111/jiec.12732>. Acesso em: 11 set. 2022.

VANHAMÄKI, S., RINKINEN, S., MANSKINEN, K. "Adapting a circular economy in regional strategies of the European Union", *Sustainability*, Lahti: MPDI, 13, nº 3 (2021), pp. 1518. Disponível em: <https://doi.org/10.3390/su13031518>. Acesso em: 11 set. 2022.

VÖLKER, T., KOVACIC, Z., STRAND, R. "Indicator development as a site of collective imagination? The case of European Commission policies on the circular economy. *Culture and Organization*, Bergen: Tandfonline, 26, nº 2 (2020), pp. 103-120. Disponível em: <https://doi.org/10.1080/14759551.2019.1699092>. Acesso em: 11 set. 2022.

ZHU, J., FAN, C., SHI, H., SNI, L. "Efforts for a circular economy in China: A comprehensive review of policies", *Journal of Industrial Ecology*, Wiley Online Library, 23, nº 1 (2019), pp. 110-118. Disponível em: < https://doi.org/10.1111/jiec.12754>. Acesso em: 11 set. 2022.

CAPÍTULO 2

Economia Circular e a Gestão de Resíduos

Luis Alberto Bertolucci Paes
Barbara Stolte Bezerra
Rafael Mattos Deus

Objetivos

- Proporcionar uma melhor compreensão da importância da transição para uma economia circular (EC);
- Apresentar as principais estruturas que dão origem ao conceito de EC;
- Promover uma análise crítica entre o nexo da gestão de resíduos, EC e desenvolvimento sustentável.

6.1. Introdução

A tendência de atenção global voltada para a mudança dos paradigmas dos sistemas produtivos, o que ocorre, sobretudo, devido à crescente necessidade de soluções capazes de reduzir os impactos negativos das atividades antrópicas, sinaliza a todos os setores da sociedade a necessidade de repensar o crescimento econômico e a exploração dos recursos naturais. O atual modelo linear de produção e consumo "extrair-produzir-usar-descartar" caracteriza o grande progresso econômico do último século. No entanto, também estabelece uma proporcionalidade direta na produção de resíduos e na exploração de recursos naturais. De acordo com dados das Nações Unidas, a atual população mundial é de 7.6 bilhões e deverá alcançar cerca de 9.8 bilhões em 2050. Isso significa que, dentro dos próximos 30 anos, mais de dois bilhões de pessoas serão agregadas ao planeta, aumentando a demanda por alimento, água, energia, insumos, moradia e outros recursos naturais necessários (Undesa, 2020). Hoje, 55% da população mundial vive em áreas urbanas e, globalmente, produzem cerca de 2.1 bilhões de toneladas de resíduos sólidos urbanos (RSU). O Banco Mundial estima que, até 2050, esse número alcance os 70% e gere cerca de 3.4 bilhões de toneladas de RSU (World Bank, 2018).

Esses fatores, somados a práticas de consumo indiscriminado, produzem um fluxo de resíduos que não pode ser gerenciado de maneira eficaz por meio das estratégias atuais de gestão. Existe um vácuo entre práticas (e.g., deposição dos resíduos em aterros, incineração) e a capacidade de gerir de forma eficaz os processos da cadeia de produção. O descarte de milhões de toneladas de materiais em aterros e lixões a céu aberto é um grande problema, não apenas pelo desperdício de recursos, mas também por se tornar vetor de inúmeras doenças, sendo responsável de forma direta e indireta pelo uso de grande parte dos orçamentos municipais e produzirem grandes montantes de gases efeito estufa (GEEs) que favorecem o aquecimento global.

Durante as últimas décadas, a gestão de recursos e resíduos vem se desenvolvendo operacional e tecnologicamente em resposta a diversos desafios técnicos, econômicos e políticos contemporâneos. No entanto, as práticas de gerenciamento global de resíduos ainda se concentram na redução dos impactos, e sugerem as chamadas soluções de "fim-de--tubo" para o desperdício ao invés de medidas sustentáveis de longo prazo. Uma gestão de resíduos eficiente refere-se a todas as atividades e ações necessárias para gerenciar os resíduos desde o seu início até a sua disposição final, passando pelas fases de coleta, transporte e tratamento. Permitindo assim a recolha de produtos descartados, desgastados e/ou obsoletos para evitar que sejam descartados de forma ilícita e poluam o meio ambiente (Ranjbari *et al.*, 2021).

Os governos municipais são os principais responsáveis pela gestão dos resíduos e têm o desafio de fornecer um sistema efetivo e eficiente à população. No entanto, muitas vezes enfrentam problemas além de suas capacidades. A falta de organização, recursos financeiros, alta complexidade desta atividade e a multidimensionalidade[1] sobre o assunto estão entre os principais fatores limitantes para uma gestão de resíduos de forma eficiente (Azevedo et al., 2019; Yukalang et al., 2017). Outra questão que merece destaque são os valores despendidos para gerenciar o volume dos resíduos. Segundo dados do Banco Mundial e da Organização das Nações Unidas (ONU), é comum que municípios em países em desenvolvimento gastem de 20% a 50% de seu orçamento municipal disponível em gestão de RSU (Jouhara et al., 2017; Lohri et al., 2014; World Bank, 2012). Como principal serviço público básico, ainda indisponível para mais de 2 bilhões de pessoas, o gerenciamento de resíduos sólidos é uma questão transversal que pode estar diretamente ligada a 12 dos 17 Objetivos de Desenvolvimento Sustentável da ONU, distinguindo entre componentes físicos e aspectos de governança do gerenciamento de resíduos (Rodić e Wilson, 2017).

Portanto, existe um amplo consenso de que as práticas de consumo humano e produção têm um efeito prejudicial na qualidade ambiental, equidade social e estabilidade econômica a longo prazo (Millar et al., 2019; Rees, 2010), sendo que o modelo linear de produção é identificado como o principal fator no agravamento desses problemas. Novos métodos e técnicas para a auxiliar a redução dos impactos socioambientais causados pela disposição incorreta dos resíduos são necessários para controlar, minimizar, ou alterar os fluxos massivos e crescentes de resíduos, principalmente à nível industrial e doméstico (Korhonen, Honkasalo, et al., 2018).

O conceito da EC chamou a atenção de empresas, formuladores de políticas e acadêmicos devido a sua proposta central de afastar-se das práticas lineares e as substituir por ciclagem e cascateamento de materiais, peças e produtos, permitindo assim a preservação de recursos, eficiência e produtividade (Blomsma, 2018). O sucesso generalizado da narrativa da EC no debate institucional e público sobre sustentabilidade marca um

[1] Que concerne a diferentes níveis ou campos de estudo.

avanço importante em que, pela primeira vez, perspectivas diferentes e conflitantes sobre sustentabilidade parecem concordar que a economia necessita de insumos biofísicos (energia e material) para seu funcionamento e, portanto, gera saídas na forma de resíduos e emissões (Giampietro e Funtowicz, 2020). A EC é tipicamente um princípio tecnocrático, em que uma visão de mundo leva a suposições implícitas e infundadas sobre seu impacto na produção primária. Quando fatores socioeconômicos complexos são incluídos na "equação", a EC se torna uma narrativa ambígua, pelo fato de que o fechamento de loop dos materiais por si só pode não ser suficiente para garantir a sustentabilidade do sistema (Zink e Geyer, 2017). Além disso, apesar da existência de perspectivas relacionadas à melhoria do bem-estar social e da integridade ambiental que se originam da EC, apenas um número limitado de países vem tomando medidas preliminares para sua implementação (Ghisellini et al., 2016). De acordo com o *"circularity gap report 2021",* o aquecimento global não mostra sinais de desaceleração e a realidade é que determinados países e regiões mais vulneráveis estão cada mais passíveis a catástrofes que ameaçam toda sua população. Estima-se que a taxa de circularidade global (materiais recuperados como porcentagem do total de materiais usados) é de apenas 8,6% a.a. (abaixo dos 9,1% em 2018) e que esse número deveria ser atualmente de pelo menos 17% a.a. Nosso atual modelo de economia linear está nos direcionando para um aumento de temperatura de 3 a 6 graus se continuarmos a emitir mais de 65 bilhões de toneladas de GEEs até 2030 (Haigh et al., 2021). Isso confirma a necessidade de identificar desafios e oportunidades, bem como fortalecer práticas circulares.

2.2. Bases teóricas

2.2.1. Gestão de resíduos sólidos sob a perspectiva do desenvolvimento sustentável

A gestão dos Resíduos sólidos é uma questão transversal que afeta e impacta várias áreas do desenvolvimento sustentável em cada um dos três domínios da sustentabilidade: ecologia, economia e sociedade. Dos 17 ODS da Agenda 2030 para o Desenvolvimento Sustentável, adotados pelos 193 Estados-Membros da ONU (UN, 2016), pelo menos 12 ODS e seus objetivos pertinentes têm um vínculo direto com a Gestão de resíduos. As áreas afetadas incluem condições de vida, saneamento, saúde pública, ecossistemas marinhos e terrestres, acesso a empregos decentes, bem como o uso sustentável de recursos naturais (Rodić e Wilson, 2017). O ODS 12 "promover o consumo e a produção responsáveis". É a ideia de que a produção e o consumo criaram volumes de resíduos que ameaçam a existência da humanidade que está forçando um exame de alternativas para despejar e executar abordagens.

Globalmente, a geração de resíduos está aumentando e o comprimento das ODS exige abordagens de todo o governo e coordenação e coerência institucional reforçadas em todos os níveis de formulação de políticas. Isso contribuirá para garantir quadros políticos mais integrados para o desenvolvimento sustentável e promover sinergias entre políticas econômicas, sociais e ambientais. A identificação de sinergia e conflitos se aplica por meio dos objetivos políticos, instrumentos políticos e práticas de implementação, considerando também possíveis resultado e impactos. Para garantir que esses aspectos sejam incorporados às políticas de EC, a prioridade política será fundamental. Além disso, é necessária uma ação urgente para garantir que as necessidades materiais atuais não levem à extração excessiva de recursos e à degradação do meio ambiente. As políticas devem ser adotadas para melhorar a eficiência dos recursos, reduzir o desperdício e integrar as práticas de sustentabilidade em todos os setores da economia (Undesa, 2020). O quadro 2.1 apresenta as principais relação entre os ODS, metas especificas e práticas de gerenciamento dos resíduos sólidos.

Quadro 2.1. Relação entre Objetivos de Desenvolvimento Sustentável e Gerenciamento de Resíduos Sólidos

Drivers (i)		Desenvolvimento sustentável		Gerenciamento de Resíduos
		Objetivo de Desenvolvimento Sustentável (ODS) (II)	**Metas específicas**	**ODS diretamente relacionados ao RSU (III)**
Proteção à saúde pública		ODS 11: Cidades Sustentáveis	11.1 garantir o acesso de todos a moradias e serviços básicos adequados, seguros e acessíveis, além de melhorar as favelas	Objetivo 1. Garantir o acesso de todos a serviços de coleta de resíduos sólidos adequados, seguros e acessíveis.
		ODS 3: Boa saúde e bem-estar	3.3 acabar com a malária e combater doenças transmitidas pela água 3.9 reduzir doenças de produtos químicos perigosos e poluição do ar, da água e do solo e contaminação	
		ODS 11: Cidades Sustentáveis	11.6 reduzir o impacto ambiental adverso das cidades, inclusive prestando atenção especial à qualidade do ar e à gestão de resíduos municipais e outros	
Proteção ao meio ambiente	Local		11.b aumentar substancialmente o número de cidades e assentamentos humanos adotando e implementando políticas e planos integrados para a inclusão, a eficiência dos recursos, mitigação e adaptação à mudança do clima, a resiliência a desastres; e desenvolver e implementar	Objetivo 2. Eliminar o despejo descontrolado e a queima aberta
		ODS 12: Consumo e produção responsáveis	12.4 gerenciamento ambientalmente correto de produtos químicos e todos os resíduos, a fim de minimizar seus impactos adversos na saúde humana e no meio ambiente	Objetivo 3. Obter um gerenciamento ambientalmente correto de todos os resíduos, particularmente resíduos perigosos (resíduos perigosos químicos ou biológicos)
		ODS 6: Água limpa e saneamento	6.3 melhorar a qualidade da água, reduzindo a poluição, eliminando o descarte e minimizando a liberação de materiais perigosos	
		ODS 15: Vida terrestre	15.1 garantir a conservação dos ecossistemas de água doce terrestres e interiores e seus serviços	
	Global	ODS 7: Energia acessível e limpa	7.2 aumentar substancialmente a participação de energias renováveis na matriz energética global	Objetivo 3. As tecnologias SWM podem derivar energia renovável de resíduos (orgânicos)
Proteção ao meio ambiente	Global	ODS 13: Ação contra a mudança global do clima	13.2 integrar medidas da mudança do clima nas políticas, estratégias e planejamentos nacionais 13.b promover mecanismos para a criação de capacidades para o planejamento relacionado à mudança do clima e à gestão eficaz, nos países menos desenvolvidos, inclusive com foco em mulheres, jovens, comunidades locais e marginalizadas	Objetivo 3. Práticas adequadas de SWM podem impedir a emissão de grandes quantidades de gases de efeito estufa

Driver		ODS	Metas	Objetivos
Proteção ao meio ambiente	Global	ODS 14: Vida na água	14.1 prevenir e reduzir a poluição de todos os tipos, especialmente a advinda de atividades terrestres e a poluição por nutrientes 14.2 gerir de forma sustentável e proteger os ecossistemas para evitar impactos adversos significativos e tomar medidas para a sua restauração	Objetivos 1 e 2 Estender a coleta de resíduos a todos e eliminar o despejo descontrolado nos rios e oceanos
Valor do recurso		ODS 12: Consumo e produção responsáveis	12.5 reduzir substancialmente a geração de resíduos por meio da prevenção, redução, reciclagem e reuso 12.c racionalizar subsídios ineficientes aos combustíveis fósseis, que encorajam o consumo exagerado, eliminando as distorções de mercado, de acordo com as circunstâncias nacionais, inclusive por meio da reestruturação fiscal e a eliminação gradual desses subsídios prejudiciais, caso existam, para refletir os seus impactos ambientais, tendo plenamente em conta as necessidades específicas e condições dos países em desenvolvimento e minimizando os possíveis impactos adversos sobre o seu desenvolvimento de maneira que proteja os pobres e as comunidades afetadas	Objetivo 4. Reduzir substancialmente a geração de resíduos por meio da prevenção e dos 3Rs (reduzir, reutilizar, reciclar)
Valor do recurso		ODS 2: Acabar com a fome, alcançar a segurança alimentar e melhoria da nutrição e promover a agricultura sustentável	12.3 reduzir pela metade o desperdício de alimentos per capita mundial, em nível de varejo e do consumidor, e reduzir as perdas de alimentos ao longo das cadeias de produção e abastecimento, incluindo as perdas pós-colheita 2.1 acabar com a fome e garantir o acesso de todas as pessoas, em particular dos pobres e das pessoas em situações vulneráveis, inclusive crianças, a alimentos seguros, nutritivos e suficientes durante todo o ano 2.4 garantir sistemas sustentáveis de produção de alimentos e implementar práticas agrícolas robustas, que aumentem a produtividade e a produção, que ajudem a manter os ecossistemas, que fortaleçam a capacidade de adaptação às mudanças do clima e que melhorem progressivamente a qualidade da terra e do solo	Objetivo 5. Reduzir pela metade o desperdício de alimentos per capita global nos níveis de varejo e consumidor e reduzir as perdas de alimentos na cadeia de suprimentos
Desenvolvimento social		ODS 8: Trabalho decente e crescimento econômico	8.3 promover políticas orientadas para o desenvolvimento que apoiem as atividades produtivas, geração de emprego decente, empreendedorismo, criatividade e inovação, e incentivar a formalização e o crescimento das micro, pequenas e médias empresas 8.4 Melhorar a eficiência dos recursos globais no consumo e na produção, e empenhar-se para dissociar o crescimento econômico da degradação ambiental 8.5 melhorar progressivamente a eficiência dos recursos globais no consumo e na produção, e empenhar-se para dissociar o crescimento econômico da degradação ambiental 8.8 proteger os direitos trabalhistas e promover ambientes de trabalho seguros e protegidos para todos os trabalhadores 8.b até 2020, desenvolver e operacionalizar uma estratégia global para o emprego dos jovens e implementar o Pacto Mundial para o Emprego da Organização Internacional do Trabalho	Objetivo 6. Criar empregos "verdes" através da Economia Circular Construir meios de subsistência sustentáveis, integrando o setor informal ao gerenciamento geral de resíduos e recursos nas cidades mais pobres
Desenvolvimento social		ODS 1: Erradicação da pobreza	1.1 erradicar a pobreza extrema para todas as pessoas em todos os lugares, atualmente medida como pessoas vivendo com menos de US$ 1,25 por dia 1.2 reduzir pelo menos à metade a proporção de homens, mulheres e crianças, de todas as idades, que vivem na pobreza, em todas as suas dimensões, de acordo com as definições nacionais	

Fonte: Desenvolvido pelos autores com base em I *Drivers*: Rodić e Wilson (2017); II ODS e metas: UN (2015); III Objetivos dos ODS relacionados com os RSU: UNEP (2015).

Os resíduos sólidos urbanos (RSU) possuem características únicas em comparação com outros tipos de resíduos, porque envolve o "nicho", onde a estrutura e a função de gerenciamento são específicas do local e dependem de estruturas socioeconômicas, comportamentais, culturais, institucionais e políticas, onde as cidades fornecem, quase que independentemente da geografia, localização, cultura e história, por meio de um "modelo" característico de problemas ambientais e sociais (Khatib, 2011; Kumar, 2016; Periathamby, 2011).

A implementação da gestão de RSU nos países em desenvolvimento é um pouco mais problemática, pois enfrentam vários problemas em diferentes setores. Os problemas básicos enfrentados nos países em desenvolvimento são:

- Enfrentar uma rápida urbanização e crescimento populacional, excedendo a capacidade do limiar do sistema;
- A gestão adequada dos resíduos (ou a falta dela), afeta tanto a saúde pública quanto o meio ambiente, tendo em vista que a saúde pública, meio ambiente e gestão de resíduos são setores interligados;
- A hierarquia de gerenciamento de resíduos necessita uma ampla gama de opções de tratamento diversificadas para formar uma infraestrutura confiável;
- Além de modelos de planejamento adequados, informações sobre a segregação na fonte desempenham um papel importante no cálculo da quantidade de material separado dos resíduos coletados.

A quantidade de material segregada depende de alguns fatores no que diz respeito à cobertura do sistema de coleta, eficiência de separação do produto residual e taxa de participação dos produtores de resíduos (Fuss et al., 2018). O quadro 2.2 descreve problemas comuns à Gestão de Resíduos.

Entre as principais variáveis dos RSU, estão as características socioeconômicas, capacidade e tecnologias aplicadas à industrialização

Quadro 2.2. Problemas comuns à Gestão de Resíduos em Países em Desenvolvimento

Problemas Externos	• Explosão populacional, rápida urbanização, expansão de assentamentos irregulares; • Crises socioeconômicas e pandemias; • Falta de consciência no campo da educação pública e participação da comunidade.
Problemas Internos	• Falta de capacidade organizacional e técnica em gestão municipal de resíduos sólidos; • Falta de planejamento relacionado a práticas sustentáveis à médio e longo prazo; • Falta de investimento em capacitação, mão de obra adequada e no uso de tecnologias que considerem questões socioeconômicas.
Problemas externos e internos	• Falta de políticas e estratégias para políticas e estratégias além de "fim-de-tubo"; • Negligência da gestão de resíduos sólidos entre diferentes esferas governamentais.; • Falta de sincronização entre setores, organizações e municípios; • Falta de políticas que considere a melhoria de condições para trabalhadores informais; • Sistemas jurídicos conivente, fiscalização insuficiente; • Inexistência de sistemas de gestão que considerem todos os processos da cadeia de produção.

Fonte: Próprios autores.

na região, posição geográfica, as fontes de energia e o microclima (Kumar et al., 2017). A economia local tem impacto na composição dos resíduos, pois os grupos de alta renda usam mais produtos tecnológicos, resultando em maiores volumes de plásticos, papel, vidro, metais e têxteis. As alterações na composição dos resíduos podem ter um impacto significativo nas práticas de gestão de resíduos. Dados confiáveis de gerenciamento de resíduos fornecem um recurso completo para uma avaliação abrangente, crítica e informativa das opções de gerenciamento de resíduos em todos os programas de gerenciamento de resíduos. Infelizmente, essas estatísticas fundamentais necessárias estão ausentes em muitos países e, quando disponíveis, são inconsistentes, pois provêm de muitas fontes que não podem ser validadas e às vezes se baseiam em suposições, mas não em medições científicas (Miezah et al., 2015).

O processo de coleta é o principal aspecto para uma gestão eficaz de resíduos, no entanto, poucas empresas lidam com a coleta de resíduos sólidos em países emergentes (Azevedo et al., 2019) devido a uma visão equivocada sobre a possibilidade de entrega de valor (nesse caso, financeiro). É necessário destacar que os processos de seleção de resíduos e a reciclagem são atividades distintas. No entanto, também são atividades interdependentes e complementares, que contribuem para o desenvolvimento sustentável e promovendo economia de recursos naturais como água e energia. Além disso, reduzem significativamente a quantidade final de resíduos sólidos a serem descartados de forma inadequada e, como resultado, há ganhos nas dimensões socioambientais. Outro fator relevante que merece destaque é que, nos países emergentes, algumas características como o analfabetismo, a pobreza e a gestão irresponsável de resíduos são comuns. As pessoas tendem a pensar que a coleta ou gestão de resíduos é de responsabilidade exclusiva do município e, portanto, estão isentas de qualquer responsabilidade. Como resultado, há pouca preocupação com questões de resíduos por parte da população e, consequentemente, tendem a não fazer qualquer esforço para descartar seus resíduos em um local adequado (Kumar, 2016).

Sob uma perspectiva política, de uma maneira geral – tanto em países desenvolvidos como emergentes, novas políticas ambientais são criadas à nível de implementação para acelerar a transição de estratégias e práticas mais sustentáveis (e.g., legislação que proíbe o uso de certos produtos). Essas políticas buscam alterar as atividades e interações de produtores, consumidores e mercado. No entanto, as possíveis consequências pretendidas por essas políticas podem ser prejudicadas se não alterarem o comportamento do usuário, resultando em maior produção ou transferência de saída para outro lugar, resultando em um efeito rebote. Os efeitos rebotes relacionados às políticas podem ser interpretados como perda material e efeitos socioeconômicos, onde a longo prazo, os benefícios de uma gestão eficaz são desperdiçados e como resultado do uso forçado de materiais de menor qualidade, com mais material por produto e consequentemente em mais resíduos em aterros e lixões (Castro et al., 2022). Outra possibilidade é que o produto que substitui o proibido consuma mais material que o original, no qual os impactos também podem ser indiretos, como redução de empregos na fabricação do material ou em questões sanitárias.

2.2.2. Principais desafios para a implementação de práticas circulares

Desde o início da década de 1970, a humanidade vive um déficit ecológico em que o custo de exceder esses limites ecológicos globais – devido aos limites biofísicos do planeta – não pode durar para sempre. Nesse sentido, temos evidenciado os efeitos das atividades humanas na forma de desmatamento, erosão do solo, perda de biodiversidade e acúmulo de dióxido de carbono na atmosfera. Um déficit ecológico significa que não estamos apenas consumindo os "juros" anuais sobre nosso capital natural, mas também o esgotando, retirando recursos do futuro para pagar o presente. Gerenciar às custas das gerações futuras obviamente não é uma estratégia sustentável de longo prazo. A implementação das práticas da EC tem sido frequentemente considerada como um processo direto pelo qual as economias emergentes podem simplesmente replicar e implementar as melhores práticas dos países desenvolvidos. No entanto, a implementação bem-sucedida de um modelo circular requer uma mudança sistêmica disruptiva que envolve principalmente a mudança comportamental de todas as partes interessadas. Brown (2006) aponta que o ecossistema global de suporte está se tornando menor, diminuindo tanto em tamanho quanto em volume. O encolhimento é medido em termos quantitativos, mas também no sentido do potencial qualitativo dos ecossistemas da Terra para fornecer funções de sustentação da vida. Medido pela área da Terra que pode suportar a habitação humana, o planeta está encolhendo a um ritmo acelerado. Os desertos estão se expandindo, o nível do mar está aumentando, a população está crescendo, o consumo per capita está aumentando, o volume da pecuária e dos rebanhos está crescendo e a biodiversidade está se esgotando a taxas cada vez mais rápidas (Korhonen, Honkasalo, et al., 2018). O déficit ecológico (de um país ou à nível global) é chamado de "*Overshoot*". O Dia do *overshoot* da Terra marca a data em que a demanda por recursos e serviços ecológicos (Pegada Ecológica) excede o que a Terra pode regenerar (biocapacidade). A Figura 2.1 detalha os dias específicos de "*Overshoots*" por países, ilustrando o enorme impacto sobre o meio ambiente (foi utilizado o ano de 2019 como referência devido a possíveis *outliers* nos anos subsequentes devido a pandemia da Covid-19).

Figura 2.1. Dia do *overshoot* da terra para cada país.

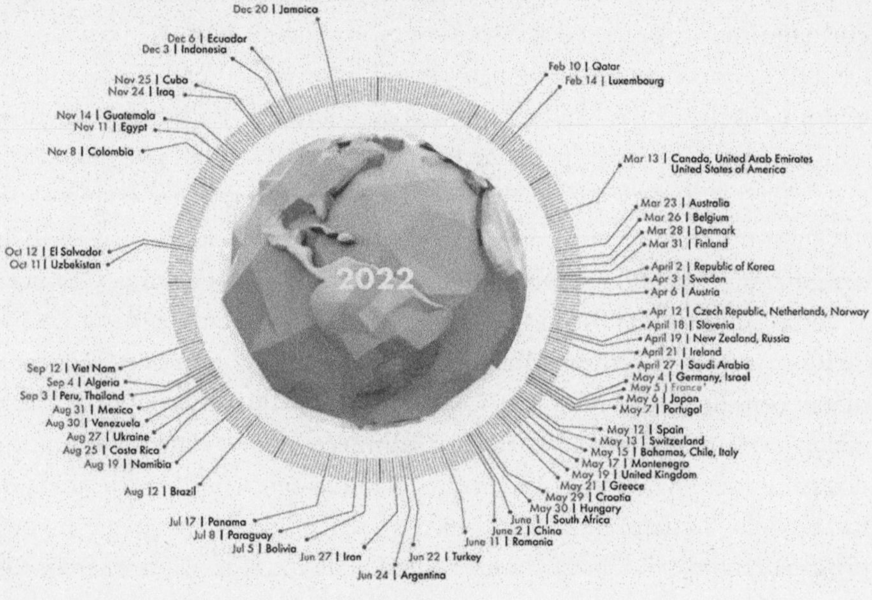

Fonte: adaptado de Global Footprint Network (2022).

As métricas de Pegada Ecológica Global e de biocapacidade são calculadas anualmente nas Contas Nacionais de Pegada e Biocapacidade. Usando as estatísticas da ONU, essas contas incorporam os dados mais recentes e o método contábil mais atualizado. Para manter a consistência com os dados e a ciência mais recentes, as métricas da Pegada Ecológica dos últimos anos são recalculadas anualmente, para que as métricas compartilhem um conjunto de dados comum e o mesmo método contábil exato. A Figura 2.2 apresenta os dias do *overshoot* do ano 1971 a 2019.

Figura 2.2. Dia do *overshoot* da terra de 1971 a 2022

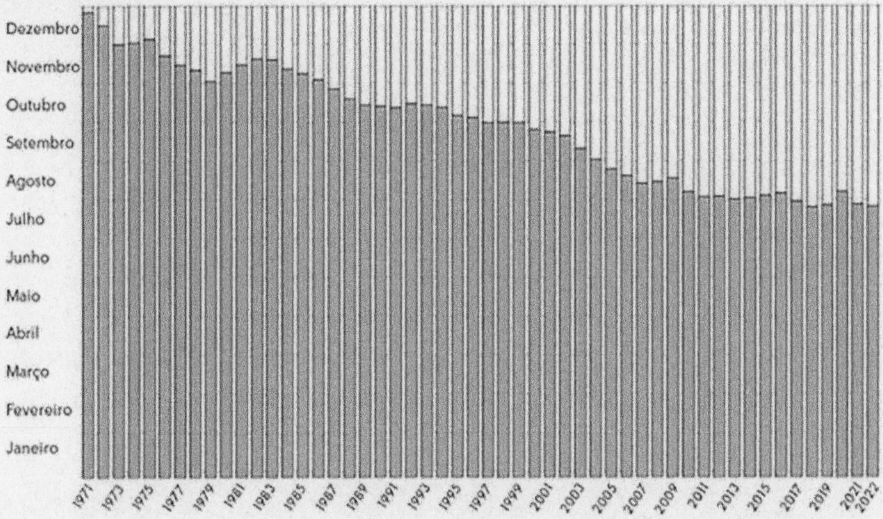

Fonte: Desenvolvido pelos autores com base nos dados de Global footprint network (2022).

O modelo linear é visto como problemático e enfrenta desafios consideráveis em termos de sustentabilidade econômica, social e ambiental e, como resultado, o mesmo ocorre com o sistema econômico moderno. Danos ao meio ambiente e sua incapacidade de promover a equidade social global são pontos que comprometem o modelo (Andersen, 2007; Frosch e Gallopoulos, 1989). Além disso, é debatido se é de fato possível para o crescimento econômico contínuo coexistir simultaneamente com a proteção do meio ambiente e melhorar a equidade social global (Jackson e Senker, 2011). Portanto, um dos principais desafios da sustentabilidade é representado a partir da perspectiva dos fluxos físicos de materiais e energia. A questão-chave no desenvolvimento sustentável global é o fluxo linear (unidirecional) de materiais e energia entre a natureza e a economia. O fluxo de vazão está "esgotando" o sistema em que opera, do qual é originado e para o qual libera seus resíduos e emissões (Korhonen, Honkasalo, et al., 2018). A Figura 2.3 ilustra o subsistema econômico que opera dentro do ecossistema global utilizando fluxos físicos de materiais e energia de maneira linear.

Figura 2.3. Fluxo linear de materiais e energia global

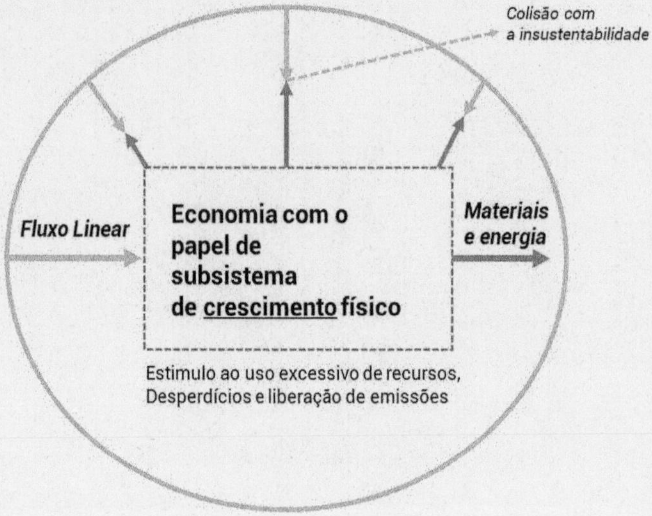

Fonte: adaptado de Korhonen, Honkasalo e Seppälä (2018).

Os sistemas de produção linear e circular diferem principalmente na forma como o valor é criado ou mantido. Uma economia linear tradicionalmente segue o plano em que as matérias-primas são coletadas e transformadas em produtos que são utilizados até serem finalmente descartados como resíduos. O valor é criado nesse sistema econômico produzindo o maior número possível de produtos. Uma economia circular segue a abordagem 3R (Liu et al., 2017). O uso de recursos é minimizado (reduzido). A reutilização de produtos e peças é maximizada (reutilização). E por último, mas não menos importante, as matérias-primas são reutilizadas (recicladas). A comparação entre os sistemas abertos convencionais (linear) e circulares é descrito por Andersen (2007) por meio de um diagrama simplificado (Figura 2.4). No modelo, os recursos naturais (Rn) são utilizados na produção (P), para desenvolver (C) bens de consumo e bens de capital (K), com o objetivo de criar (U) utilidade ou bem-estar. Os componentes de (r1) para reciclagem e (W) para resíduos são adicionados ao diagrama para representar o fechamento do ciclo. Portanto, é um consenso no meio acadêmico que a economia linear (atual modelo dominante de fluxo de material e energia) não tem a capacidade de promover o desenvolvimento de maneira sustentável (Geissdoerfer et al., 2017; Millar et al., 2019; Sauvé et al., 2016). Andersen (2007, 134) ainda aponta que nem todos os resíduos podem ser reciclados, "em parte devido a oportunidades perdidas e em parte devido a algumas leis físicas básicas". Como esses resíduos podem ser gerenciados continua sendo uma questão desafiadora envolvendo as opções potencialmente prejudiciais ao meio ambiente de aterro e incineração.

Figura 2.4. Diagrama de comparação entre os processos na economia linear e economia circular

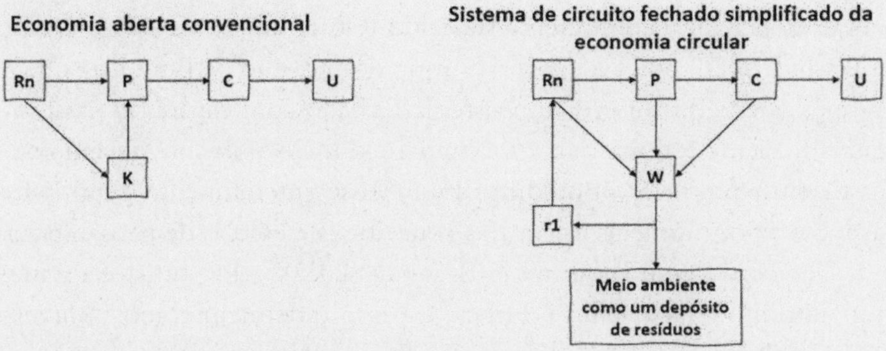

Fonte: adaptado de Andersen (2007).

Homrich et al. (2018) destacam que o conceito de EC vem de diferentes campos epistemológicos e ainda falta consenso e convergência na literatura. Uma descoberta de Kirchherr, Reike e Hekkert, (2017) é que 83 definições (73%) das descobertas das 114 definições levantadas, foram propostas por entre 2012 e 2017 mostrando como é emergente e jovem o campo de pesquisa da EC. Um conceito tão fragmentado é normalmente empregado por várias partes interessadas. Estes podem confundir o conceito, uma vez que operam frequentemente em mundos de pensamento significativamente diferentes. Como tal, é feito um esforço para se posicionar contra essas definições e evitar qualquer ambiguidade em cada contribuição da presente pesquisa. Para entender o que é novo e como a EC amplia ou combina correntes anteriores de literatura, raízes teóricas e conceitos associados à EC, as próximas sessões detalham as características mais importantes de cada conceito.

2.2.3. Conceitos e princípios que dão origem a narrativa da Economia Circular

A noção de EC é vagamente baseada em uma coleção fragmentada de ideias derivadas de uma variedade de disciplinas científicas e conceitos "semi-científicos". No campo da engenharia (Korhonen, et al., 2018), as origens da EC não são atribuídas a um autor em particular, no entanto, tem sido comumente sugerido (Ghisellini et al., 2016; Lieder e Rashid, 2016) que a ideia geral surgiu do trabalho de Boulding quem propôs que a Terra fosse "um sistema fechado com capacidade assimilativa limitada e, como tal, a economia e o meio ambiente devem coexistir em equilíbrio" (Boulding, 1966). Esse entendimento geral já foi avançado por inúmeras estruturas conceituais e escolas de pensamento.

De acordo com Blomsma e Brennan (2017), a EC funciona como um conceito guarda-chuva. Hirsch e Levin o definem como: *"um conceito amplo ou ideia usado livremente para englobar e explicar um conjunto de fenômenos diversos"* (Hirsch e Levin, 1999, p. 200) e que os conceitos guarda-chuva criam uma relação entre conceitos pré-existentes que anteriormente não estavam relacionados, ou não relacionados da maneira que o conceito guarda-chuva propõe, focalizando a atenção em uma qualidade compartilhada particular ou característica dos conceitos que ela abrange. Na EC, isso significa que agrupa uma ampla gama de estratégias de gestão de resíduos e recursos e concentra a atenção em sua capacidade de prolongar a vida útil dos recursos, gerando valor e evitando a perda e a destruição de valor (Blomsma e Brennan, 2017).

Levantando-se o desafio colocado pelo conceito guarda-chuva, surgiram muitas estruturas que podem ser vistas como propostas ou visões de como uma EC poderia ou deveria operar através da combinação de diferentes maneiras de ciclos, *loops* e cascatas. Blomsma (2018), por meio do uso dos conceitos de quadros de ação coletiva (Benford e Snow, 2000), compila sugestões de ação coletivas sugeridas no domínio do gerenciamento de resíduos e recursos. Um resultado chave é o desenvolvimento de sua grade, que pode auxiliar na avaliação de estruturas de resíduos e recursos por meio da determinação de sua relevância e adequação para uso em contextos específicos.

O primeiro grupo forma a base da estrutura do EC proposta pela Ellen MacArthur Foundation (EMF, 2013), que é provavelmente a interpretação mais bem conhecida da EC. Optou-se por examinar as estruturas constitutivas dessa interpretação, a fim de compreender como diferentes estruturas podem ser expandidas e combinadas. Assim incluídos estão: *"Design regenerativo"* (Lyle, 1996), "*Economia azul"* (Pauli, 2010), *"Berço ao Berço"* (McDonough e Braungart, 2002), "*Simbiose industrial"* (Lowe & Evans, 1995) e "*Economia de desempenho"* (Stahel, 2010). O segundo grupo de estruturas foi adicionado através de uma abordagem bola de neve como resultado do trabalho descrito em Blomsma e Brennan (2017), assim estão incluídos: *"O passo natural"* (Eriksson e Robèrt, 1991), *"Hierarquia de resíduos"* (Lansink, 2018), *"Economia de materiais sustentáveis"* (Geiser, 2001), "*Sistema de Ciclo de Vida do Produto"* (EPA, 1993) e "*Eficiência dos materiais"* (Allwood et al., 2011). Os Quadros de 2.3 a 2.55 fornecem uma visão detalhada da descrição dos quadros de resíduos e recursos incluídos apresentando como entrada para a estrutura de EC da Ellen MacArthur Fundantion.

Quadro 2.3. Principais características do *Design* Regenerativo (RD)

Descrição:
O *"design* regenerativo" foi criado por *John T. Lyle,* que inspirado por ideias e filosofias emergentes em torno da sustentabilidade durante os anos 70 e 80 trabalhou para criar "sistemas de apoio à comunidade" que usam recursos no local, operam com energia renovável e trabalham com processos biológicos.

Finalidade e mecanismo:
Fornece as necessidades da vida diária: energia, abrigo, água, alimentos e processamento de resíduos, através de um desenvolvimento ecologicamente harmonioso que, por sua própria natureza, não requer mitigação, reconhecendo que os seres humanos são parte integrante do meio ambiente. Com ênfase no *design* de sistemas e infraestrutura, inspirado nos ecossistemas.

Prevenção:
Princípio primário: impedir que as remediações em qualquer forma sejam necessárias.

Perpetuação:
A estrutura sugere reutilização direta e cascatas de produtos (isto é, redistribuição), produtos de vida longa, uso alternativo, reciclagem mecânica e compostagem (reavaliação na biosfera). Com ênfase na compostagem, mas com consideração para os limites do ecossistema.

Proação:
O amplo envolvimento do público, pesquisa e desenvolvimento inspirados no ecossistema, com um papel de liderança para o planejamento e profissões de arquitetura paisagística.

Princípios-chave:
12 estratégias sustentadas por 5 princípios: (a) buscar a integração com processos naturais e sociais; (b) uso mínimo de combustíveis fósseis e produtos químicos artificiais; (c) uso mínimo de recursos não renováveis, exceto quando reutilização ou reciclagem futura é possível e provável; (d) utilizar recursos renováveis dentro de sua capacidade de renovação e (e) manter a composição e o volume de resíduos dentro da capacidade da biosfera para danos seguros de reavaliação.

Fonte: Próprio autor baseado em Lyle (1996).

Quadro 2.4. Principais características da *Economia Azul (BE)*

Descrição:
Gunter Pauli entende que *"a biodegradabilidade e a renovabilidade* não equivalem à sustentabilidade" (Pauli, 2010: p.26). Sua busca subsequente pelo que a sustentabilidade implica resultou na formulação da "Economia Azul", baseada em princípios formulados pelo *Zero Emissions Institute* (ZERI). A publicação associada "*The Blue Economy"* foi designada Relatório ao Clube de Roma. A Economia Azul tem foco na provisão de necessidades humanas básicas.

Finalidade e mecanismo:
O BE tem como objetivo atender melhor às necessidades humanas básicas, como segurança alimentar, solo fértil, água limpa, remédios e empregos, mantendo-se dentro dos limites do planeta. O BE sugere que isso pode ser feito através do trabalho com processos naturais, pois eles têm a capacidade de transformar a escassez aparente em suficiência e até abundância. Visa soluções rentáveis através da otimização e geração de "fluxos de caixa múltiplos"

Prevenção:
O ciclismo nem sempre é a solução preferida: pode ser mais apropriado desmaterializar e substituir algo por nada.

Perpetuação:
O ciclismo acontece na biosfera e, como tal, apenas materiais biocompatíveis e biodegradáveis devem ser usados. O ciclismo pode acontecer: 1) ao deixar a natureza diretamente transformar e absorver materiais no fim da vida, ou 2) por meio de cascatas de substâncias através de sucessivos reinos biológicos, enquanto extrai valor em múltiplos pontos.

Proação:
É do interesse dos negócios gerenciar resíduos e recursos com mais eficiência: vários fluxos renovados podem ser gerados dessa maneira.

Princípios chave:
21 princípios resumidos em quatro categorias não exclusivas: (a) substitua algo por nada; (b) cascata através de múltiplos reinos; (c) celebrar a diversidade e (d) gerar múltiplos benefícios.

Fonte: Próprio autor baseado em Pauli (2010).

Quadro 2.5. Principais características do *berço ao berço (C2C)*

Descrição:
"Do berço-ao-berço" Compreende uma visão inspiradora, estrutura analítica e programa de certificação prescritiva para o *design* do produto e composição do material. A estrutura nasceu da cooperação entre Michael Braungart e o William McDonough. Um esboço das ideias contidas neste quadro já pode ser encontrado nos princípios de Hannover (McDonough, 1992), publicados uma década antes do seminal *Cradle-to-Cradle*: refazer a maneira como fazemos as coisas.

Finalidade e mecanismo:
O C2C visa melhorar e preservar a saúde humana e ambiental, remediando um problema de "materiais no lugar errado", enquanto continua a atender aos desejos e necessidades atuais. Isto é conseguido através da aplicação da ecoeficácia manejar os materiais através da utilização ou imitação dos ciclos de nutrientes nas cadeias alimentares biológicas. O *design* do C2C é inspirado no "metabolismo biológico" e tenta traduzi-lo em um "metabolismo técnico" dos fluxos de materiais em sistemas industriais.

Prevenção:
Concentra-se na prevenção do uso de toxinas. Caso contrário, não se preocupe com eficiência, evitando níveis de rendimento ou consumo.

Perpetuação:
C2C distingue entre dois metabolismos principais: o biociclo e o tecnociclo. C2C pode ser implementado através da concepção de materiais e produtos para o ciclismo no metabolismo apropriado, a criação de bancos de materiais e a prática de *pooling* de materiais.

Proação:
As empresas devem agir de maneira a eliminar a necessidade de regulamentação e os reguladores não devem fornecer incentivos perversos. C2C exige que os *designers* se eduquem e desenhem de acordo.

Princípios-chave:
Desperdícios é igual a comida; use a renda solar atual; celebrar a diversidade; com adição posterior de: em cascata e geração de múltiplos benefícios.

Fonte: Próprio autor baseado em Mcdonough e Braungart (2002).

Quadro 2.6. Principais características da *Simbiose Industrial (IS)*

Descrição:
Subcampo da *Industrial Ecology*, a "simbiose industrial" se baseia na troca mutuamente benéfica de resíduos e subprodutos entre três ou mais partes. Com base no mutualismo ecológico e nos fluxos de nutrientes dentro de um ecossistema.

Finalidade e mecanismo:
Criar benefícios ambientais e econômicos de uma maneira que corresponda à entrada/saída industrial à capacidade de carga da Terra. Isso pode ser alcançado através da otimização de sistemas de manufatura, reintroduzindo relacionamentos relevantes entre as instalações de produção.

Prevenção
IS nega a necessidade de insumos virgens e deve evitar o uso de toxinas.

Perpetuação:
A SI busca o aumento da utilização de energia e substâncias (ou seja, água, materiais subprodutos e resíduos) por meio de cascata. A troca de substâncias pode assemelhar-se a uma estrutura semelhante a uma teia se muitas trocas estiverem envolvidas.

Proação:
Dependendo da sua posição se o SI pode ser projetado ou deve ser guiado, há um papel de liderança para o governo ou a indústria, intermediários e facilitação digital, respectivamente.

Princípios chave:
Escala apropriada é considerada fundamental, pois a IS é um equilíbrio de uma oferta suficientemente ampla de subprodutos, embora tenha uma escala pequena o suficiente para a cooperação. As escalas sugeridas são: "dentro da instalação, empresa ou organização e entre empresas colocalizadas.

Fonte: Próprio autor baseado em Lowe e Evans (1995).

Quadro 2.7. Principais características da *Economia de desempenho* (PE).

Descrição:
Várias iterações do pensamento de Stahel culminaram na publicação de 2006 de "*The Performance Economy*". A "Economia de Performance" é uma estrutura e uma visão inspiradora voltada para empresas e formuladores de políticas que propõem um foco na utilidade, desempenho e eficiência radical, em oposição à propriedade do produto.

Finalidade e mecanismo: PE é o recurso para níveis estagnados de riqueza e crescimento, consumo excessivo de recursos, altos níveis de desperdício e aumento dos níveis de endividamento e desemprego através da busca por melhorias radicais de desempenho, como eficiência radical, utilidade, soluções inteligentes (biotecnologia e nanotecnologia). Miniaturização e soluções de sistema. Essa abordagem destaca os benefícios ambientais ao vender serviços em vez de produtos. A PE, portanto, visa aumentar a sustentabilidade através de um sistema mais desmaterializado. **Prevenção:** A prevenção é um foco importante no PE, principalmente através da desmaterialização da utilidade e aumentando o valor por unidade de material. **Perpetuação:** Todas as estratégias de ciclismo são permitidas na economia de *Loop* e *Lake*. No entanto, quando a transferência de propriedade é transferida de um fabricante para outra parte, as informações são perdidas (custo de transação), o que torna o ciclo menos eficiente. A retenção do formato do produto deve ser priorizada em ambos. **Proação:** As empresas precisam operar modelos orientados a serviços que integrem a responsabilidade estendida do produtor, auxiliada por legislação apropriada. **Princípios-chave:** Organização hierárquica de mecanismos de ciclismo. Em ordem de redução da importância: Economia do "lago"; Economia de "loop" - rota específica do produto; Economia de "loop" - rota específica do material.

Fonte: Próprio autor baseado em Stahel (2010).

Os Quadros de 2.8 a 2.12 fornecem uma revisão detalhada dos quadros de resíduos e recurso da revisão proposto por Blomsma e Brennan (2017).

Quadro 2.8. Principais características para O Passo Natural *(TNS)*

Descrição:
O *framework* do "O Passo Natural" é o resultado de um esforço de construção de consenso entre cientistas suecos, liderado pelo médico pesquisador Karl-Hendrik Robèrt. Em 1989, isso culminou na fundação do que se transformou em uma organização internacional sem fins lucrativos, que presta assessoria, assistência e serviços educacionais. A essência da abordagem são suas técnicas de diálogo e o método de *'backcasting'*, no qual uma projeção para o futuro é planejada de trás para frente.

Finalidade e mecanismo:
Reduzir suas emissões de poluentes e desenvolver a tecnologia cíclica baseado em sistemas inspirados pela natureza. Promover o desenvolvimento sustentável, em vez do crescimento econômico.

Prevenção:
Eliminar gradualmente produtos químicos persistentes e bioacumuláveis. Prevê manter estoques naturais, pois constituem o reservatório material da qual a humanidade pode extrair.

Perpetuação:
Propõe melhor gestão e contenção de produtos químicos, através de prevenção do acúmulo sistêmico de resíduos em sistemas naturais e a reconstituição da qualidade dos materiais igual à sua dissipação.

Proação:
Tem como alvo uma variedade de atores: empresas, regiões, governos, educadores.

Princípios-chave:
A natureza não deve estar sujeita a concentrações crescentes de: (i) substâncias da crosta terrestre; (ii) substâncias artificiais; (iii) ou degradação por meios físicos. As pessoas não devem estar sujeitas a: (iv) obstáculos estruturais à saúde, influência, competência, imparcialidade e significado.

Fonte: Próprio autor baseado em Eriksson e Robèrt (1991).

Quadro 2.9. Principais características da *Economia de Materiais Sustentáveis* (SME)

Descrição:
O livro de Kenneth Geiser, *Materials matter: Toward a Sustainable Materials Policy*, é o resultado de um encontro pessoal com vítimas de uma tragédia fabril e a consequente busca de evitar que tais desastres ocorram no futuro. O trabalho contém evidências em apoio tanto da necessidade quanto da viabilidade de tais políticas.

Finalidade e mecanismo:
Visa otimizar o valor de uso dos materiais, minimizar a transferência de riscos intergeracionais e melhorar a biosfera e os recursos naturais imitando e realinhando com a natureza.

Prevenção:
Foco principal na prevenção através de princípios-chave de desintoxicação e desmaterialização (ou seja, como redução de material em movimento).

Perpetuação:
A desmaterialização pode ser conseguida através do ciclismo, que ocorre dentro de um dos três metabolismos: a biosfera, a tecnosfera ou uma forma híbrida. Implica estratégias como: adaptação e atualização de produtos, bem como recondicionamento e remanufatura.

Proação:
A SME defende uma abordagem integrada baseada no pensamento sobre o ciclo de vida e melhoria contínua envolvendo um vasto leque de atores, desde governos a clientes.

Princípios-chave:
Desmaterialização: fechar laços de material, aumentar a intensidade do uso de material, substituir serviços por produtos; reduzir a dissipação de materiais tóxicos, reduzir o uso de materiais persistentes, bioacumulativos e tóxicos, desenvolver materiais ambientalmente adequados.

Fonte: Próprio autor baseado em Geiser (2001).

Quadro 2.10. Principais características da *Hierarquia de resíduos* (WH)

Descrição:
A "hierarquia de resíduos" é baseada na escada de Lansink, desenvolvida na década de 1970. A hierarquia de resíduos é muitas vezes referida como "3R", porque coloquialmente é descrita como "reduzir, reutilizar e reciclar".

Finalidade e mecanismo:
A WH visa criar melhores resultados ambientais facilitando uma melhor tomada de decisão. Oferecendo orientação sobre a eficácia de estratégias alternativas que direcionam recursos para fora da disposição final em aterros e lixões.

Prevenção:
Princípio primário por redução: abrange todas as medidas destinadas a reduzir a quantidade, o impacto ou outros danos.

Perpetuação: Pode assumir múltiplas formas: na forma de produto através da reutilização, reciclagem de um material ou recuperação química ou energética.
Proação: A indústria deve tomar decisões com base na Hierarquia de Resíduos, e os legisladores devem fornecer incentivos para que a indústria o faça, promulgando legislação baseada na responsabilidade estendida do produtor e no princípio do poluidor-pagador.
Princípios-chave: Organização hierárquica de estratégias. Em ordem de redução da importância: Reduzir (quantidade e dano); Reuso; Recuperar (incluindo reciclagem, recuperação, tratamento); Dispor (estratégia de último recurso).

Fonte: Próprio autor baseado em Lansink (2018).

Quadro 2.11. Principais características do Sistema de Ciclo de Vida do Produto (PLCS)

Descrição: O PLCS, foi desenvolvido como parte do Programa de Pesquisa de Prevenção da Poluição, a estrutura do Sistema de Ciclo de Vida do Produto sugere os meios de ciclagem propostos no Manual de Orientação do Projeto de Ciclo de Vida da Agência de Proteção Ambiental. Este documento é geralmente considerado como um manual inicial de *design* ecológico.
Finalidade e mecanismo: O PLCS visa reduzir os riscos para a saúde e o impacto ambiental, ou a poluição em todas as mídias, por meio da aplicação do pensamento sistêmico nas fases de projeto e desenvolvimento de produtos e processos.
Prevenção: Seis das sete categorias identificadas pelo PCLS têm um tema ou aspecto preventivo. Por exemplo: redução da intensidade do material, melhor gerenciamento de processos e distribuição eficiente.
Perpetuação: Quatro das sete categorias do PCLS têm foco na perpetuação: extensão da vida útil do sistema (por exemplo, re-fabricação, reutilização), extensão da vida útil (por exemplo, reciclagem, recuperação de energia), distribuição eficiente (por exemplo, reutilização de embalagens) e melhores práticas de gerenciamento).

Proação: Um esforço coordenado entre todas as partes envolvidas no sistema de produtos na fase de projeto, através das funções de *design*, engenharia e gerenciamento, usando conhecimentos multidisciplinares. **Princípios chave:** Nomeia sete categorias de estratégias de *design*: (i) Extensão de vida do sistema de produto; (ii) Gerenciamento de processos; (iii) Extensão de vida material; (iv) Distribuição eficiente; (v) Seleção de materiais; (vi) Melhor gerenciamento e (vii) Intensidade material reduzida.

Fonte: Próprio autor baseado em EPA (1993).

Quadro 2.12. Principais características do *Eficiência do Material* (ME)

Descrição: A "Eficiência do Material", codifica os *insights* de um projeto de pesquisa colaborativa de cinco anos com a indústria. A estrutura se preocupa principalmente com materiais de engenharia: os materiais usados a granel em edifícios, infraestrutura e bens, como aço e alumínio, mas também papel, cimento e plástico. **Finalidade e mecanismo:** A ME objetiva uma redução de 50% nas emissões de CO_2, enquanto assume uma duplicação da demanda por material. Usando uma fórmula matemática como guia, identificamos sete "alavancas" que podem ser definidas entre limites determinados pelo escopo de mudança tecnológica e comportamental. **Prevenção:** Cinco das sete "alavancas" têm um tema ou elemento preventivo: melhorando a eficiência energética, melhorando a taxa de rendimento do material, desmaterialização (redução de peso), produtos mais duradouros (isto é, melhorando a durabilidade) e redução da demanda. **Perpetuação:** Três grupos giram em torno do ciclismo ou contêm estratégias que facilitam o ciclismo: produtos mais duradouros (produto em cascata), reutilização de componentes e reciclagem. **Proação:** A ME requer a ação simultânea das empresas, do governo e dos indivíduos. Em particular: empresas ligadas em cadeias de produtos precisam se coordenar melhor.

Princípios-chave:
Muitas estratégias são reconhecidas, uma fórmula matemática priorizando os seguintes quatro princípios: (i) Produtos de maior duração; (ii) Modularização e remanufatura; (iii) Reutilização de componentes e (iv) Projetar produtos com menos material.

Fonte: Próprio autor baseado em Allwood et al. (2011) .

As raízes teóricas, conceitos, escolas de pensamentos e marcos importantes associados à EC são ilustrados na Figura 2.5 por meio de uma cronologia detalhada.

Figura 2.5. Linha do tempo dos conceitos, escolas de pensamentos e marcos históricos importantes no desenvolvimento da Economia Circular

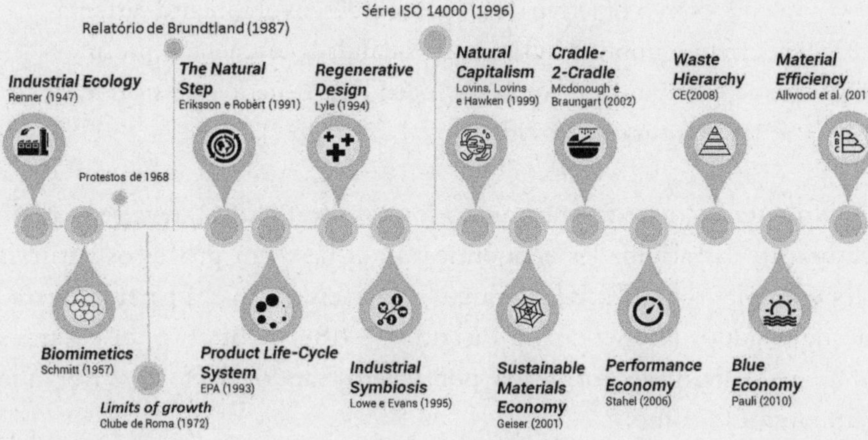

Fonte: Próprio autor.

2.3. Conceito de Economia Circular

O Conceito da EC é de grande interesse para diversos setores da economia pois é visto como uma operacionalização para as indústrias se adaptarem a políticas e implementarem práticas mais sustentáveis. Seus objetivos de EC podem ser examinados de diferentes maneiras, incluindo: setores econômicos, modelos de negócios, fluxos de materiais, categorias de materiais, tipologia de objetivos, metas e resultados de EC de longo prazo, áreas do ciclo de vida, métricas e estratégias (Morseletto, 2020). Uma definição bastante difundida é a de Kirchherr, Reike e Hekkert (2017) ao fornecer uma síntese (ao invés de fornecer sua própria definição), na qual:

> "Uma economia circular descreve um sistema econômico que se baseia em modelos de negócios que substituem o conceito de 'fim da vida'. Reduzindo, alternativamente, reutilizando, reciclando e recuperando materiais nos processos de produção/distribuição e consumo, operando assim no nível micro (produtos, empresas, consumidores), meso-nível (parques eco industriais) e macro nível (cidade, região, nacional e além), com o objetivo de alcançar o desenvolvimento sustentável, o que implica a criação de qualidade ambiental, prosperidade econômica e equidade social, em benefício das gerações atuais e futuras" (Kirchherr et al., 2017, p.2).

No entanto, acreditamos que o foco central da EC deve ser a reestruturação das atividades econômicas com base em processos naturais para torná-las regenerativas e o mais acessíveis possível a partir da geração de resíduos (Geisendorf e Pietrulla, 2018) e, portanto, destacamos também a definição fornecida por Prieto-Sandoval et al. 2018, que definem a EC como:

> "um sistema econômico que representa uma mudança de paradigma na forma como a sociedade humana se relaciona com a Natureza e visa evitar o esgotamento dos recursos, fechar os ciclos de energia e materiais, e facilitar desenvolvimento sustentável através da sua implementação ao nível micro (empresas e consumidores), meso (agentes económicos integrados em simbiose) e macro (cidades, regiões e governos). Atingir esse modelo circular requer inovações ambientais cíclicas e

regenerativas na forma como a sociedade legisla, produz e consome" (Prieto-Sandoval et al., 2018, p. 610).

Assim, pode-se destacar o grande diferencial da EC ao propor a expansão do elemento central da economia linear de "a Produção" para "o Sistema" e, com isso, ampliar, diversificar e trazer maior longevidade para a criação, proposição e captura de valor. Para isso, ela busca, de modo intencional e integrado, restaurar os recursos físicos e regenerar as funções dos sistemas naturais e antrópicos, trazendo maiores oportunidades econômicas e sociais, com consequências, portanto, positivas em sustentabilidade. Portanto quatro componentes principais devem ser incluídos nas definições da EC:

- A recirculação de recursos e energia, a minimização da demanda de recursos e a recuperação do valor dos resíduos;
- Uma abordagem multinível;
- Sua importância como caminho para alcançar o desenvolvimento sustentável;
- Relação com o modo como a sociedade inova.

Além disso, para atingir os objetivos da EC, três princípios devem ser considerados:

- Preservar e aprimorar o capital natural, com a restauração e regeneração dos recursos naturais;
- Maximizar o rendimento de recursos, o que leva, principalmente, à redução dos desperdícios e à circularidade dos recursos;
- Estimular a efetividade do sistema, gerando impactos positivos para todas as partes interessadas.

Além disso, existe um consenso acadêmico sobre a existência de três níveis de implementação da EC: nível micro, nível meso e nível macro (Elia et al., 2017; Korhonen, Nuur, et al., 2018). O nível micro refere-se à implementação de sistemas de EC em uma empresa (Franco, 2017).

Nesse nível, ideias bem estabelecidas de diferentes escolas de pensamento, como produção mais limpa ou IE, são integradas. O nível meso refere-se à interação dentro da rede interempresarial (Zhu et al., 2010), uma rede que normalmente não precisa estar dentro dos "limites do parque" e que pode levar à IS. O nível macro refere-se à implementação de sistemas de EC na sociedade como um todo, isto é, cidades, regiões, nações e a comunidade internacional (de Jesus et al., 2018). Nesse nível, a legislação é o principal instrumento a ser considerado (Zhijun e Nailing, 2007). Além disso, conceitos como simbiose urbana, ecocidades, modelos de consumo colaborativo, gestão de resíduos de inovação e programas de desperdício zero, entre outros, podem ser considerados como parte desse nível de implementação (Ghisellini *et al.*, 2016).

Do ponto de vista da gestão de resíduos, destaca-se que embora seja um princípio lógico, muitas vezes despreza-se que o "consumo de recursos" difere da perspectiva de "renovação de recursos", na medida em que o consumo não requer restauração ou melhoria dos níveis de qualidade. De fato, uma transformação (controlada), deterioração ou redefinição do recurso "valor", "qualidade" ou "utilidade" devem gerar sinergias (Sirkin e Houten, 1994). Portanto, as diferentes definições de resíduos e recursos não são mutuamente exclusivas. Pelo contrário, eles coexistem e podem ser representados por meio de uma matriz. A Figura 2.6 descreve quatro categorias de estratégia: "Ciclos fechados", "Ciclos estendidos", "Ciclos de longa vida" e "Ciclos de intensificação". Isso significa que os materiais estão contidos ou retornam aos ciclos que preservam ou restauram seus níveis de qualidade. Os "Ciclos estendidos" extraem mais valor dos materiais por meio de transformações controladas que "esgotam" a capacidade de um material de fornecer valor. "Ciclos de longa vida" servem para estender as possibilidades de extração de valor de um produto. As estratégias nessa categoria servem para manter um produto com desempenho consistente ou em evolução. "Ciclos de intensificação" permitem explorar a capacidade não utilizada ou subutilizada de um produto e inclui estratégias que facilitam o uso subsequente de um produto para o propósito pretendido para fins alternativos.

Figura 2.6. Matriz de resíduos e recursos

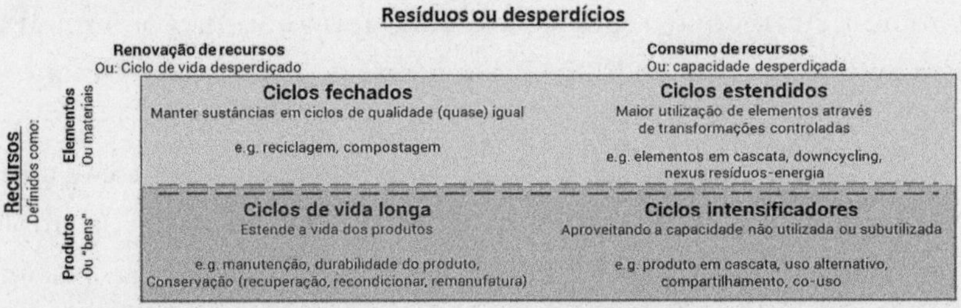

- **Ciclos Fechados**
Implementar soluções de loops fechados, significa que os materiais estão contidos ou retornam aos ciclos que preservam ou restauram os níveis de qualidade. A "qualidade" é geralmente definida dentro de limites estreitos: não são permitidos desvios mínimos de qualidade. A reciclagem é a principal estratégia nesse "quadrante" tanto para materiais orgânicos quanto não orgânicos.
- **Ciclos de vida Longa**
Loops de vida longa tem a função de estender a possibilidade de extrair valor de um determinado Produto. As estratégias nessa categoria servem para manter um produto com desempenho consistente ou em evolução, com manutenção, reparo, renovação, remanufatura, atualização mas também abordagens de durabilidade do produto, como a escolha de materiais e tecnologias que favoreçam a preservação.
- **Ciclos estendidos**
Estender *loops* e extrair mais valor dos materiais através de transformações controladas. A qualidade do material, conforme definido para um caso de uso, é geralmente diferente de definição de qualidade no próximo caso de uso. Estratégias que se encaixam nesse quadrante são os esquemas de cascata, *downcycling* é o nexo Resíduos-energia.
- **Ciclos intensificadores**
Os loops intensificadores permitem o acesso à capacidade não utilizada ou subutilizada de um produto e incluem estratégias que facilitam o uso subsequente de um produto para fins propostos para fins alternativos. Qualidade e/ou valor de utilidade de um produto são refefinidos em cada caso de uso. Pensar em estratégias de redistribuição como compartilhamento, uso compartilhado e cascatas de produtos, mas também uso alternativo.

Fonte: adaptado de Blomsma (2018).

2.4. Economia Circular e a Gestão de Resíduos

A busca pelo desenvolvimento sustentável por meio de economia linear depende, sobretudo, de duas hipóteses. A primeira, de que haverá disponibilidade irrestrita de recursos e matéria-prima. E a segunda, de que sempre haverá uma "distância" entre o consumo e capacidade de extração desses recursos. Enquanto isso parecia ser verdade no passado, hoje é evidente que nenhuma das duas hipóteses é válida. A principal falha sugerida pela chamada "Economia Linear" para alcançar o desenvolvimento sustentável é que a busca pelo crescimento econômico contínuo é alcançada ao preço da degradação ambiental, com um entendimento pouco conhecido sobre vantagens relacionadas a equidade social e a criação de valor para uma restrita classe da sociedade. "*O padrão de crescimento global "pegue-consuma e disponha", um modelo linear baseado na suposição de que os recursos são abundantes, disponível, fácil de obter e barato de se desfazer (...)*" (EEA, 2016).

A transição para um EC pode ser facilitada por desenvolvedores como empresas e organizações de P&D que criam soluções práticas, bem como incubadoras, organizações públicas que apoiam os desenvolvedores por meio de fomentar redes e parcerias, apoiando na comercialização ou criando e promovendo visões e estratégias comuns (Salmenperä et al., 2021). O capítulo sobre os ecossistemas circulares deste livro aprofunda este tema de colaboração. A literatura acadêmica sobre a EC, as discussões conceituais e o desenho de estratégias práticas de implementação ainda são temas emergentes. Ainda que haja uma crescente aceitação na narrativa circular, existem algumas críticas e vários desafios que cercam o conceito. Alguns sugerem que a EC é 'vinho velho em garrafas novas' (Potting e Kroeze, 2010), enquanto outros a enfatizam como uma narrativa poderosa que inspira novas ideias e modelos de negócios (Bocken et al., 2017). Levantando o desafio colocado pelo conceito 'guarda-chuva', surgiram muitas estruturas que podem ser vistas como propostas ou visões de como uma EC poderia ou deveria operar através da combinação de diferentes maneiras de ciclos, *loops* e cascatas. É importante reconhecer a existência e o uso conjunto dessas lógicas estruturais pois os conceitos e princípios não funcionam de forma independente. Uma estratégia específica assume sua função em relação às outras estratégias que uma estrutura engloba, a relação que se diz existir entre as estratégias e a área de aplicação da lógica. Assim como o uso combinado de diferentes lógicas, o contexto de aplicação também se torna importante.

De uma perspectiva além das definições, pode-se considerar que uma EC busca dissociar o crescimento econômico da exploração dos recursos naturais, minimizando o impacto ambiental negativo causado pelas atividades humanas onde seu principal objetivo é maximizar o valor dos recursos em uso. No entanto, para que os conceitos circulares sejam implementados com sucesso, é importante não apenas olhar para as chances e oportunidades, mas também definir com precisão seus limites. Andersen (2007, p. 134) aponta que *"nem todos os resíduos podem ser reciclados, em parte devido a oportunidades perdidas e em parte devido a algumas leis físicas básicas"*. A dissipação de material e energia sempre acontecerá. Portanto, em uma implementação real do conceito, quanto mais se aproxima de uma circularidade perfeita, mais energia é necessária. Portanto, o conceito de EC está intimamente relacionado ao fornecimento de energia.

Assim, este capítulo relacionou as práticas e estratégias circulares aplicados a partir de uma compreensão dos resíduos e da melhor forma de gerenciá-los. A gestão de resíduos é uma questão transversal que tem recebido cada vez mais atenção das partes interessadas, principalmente dos formuladores de políticas, no entanto, é necessário garantir que as partes interessadas cumpram as políticas de gestão de resíduos. Isso inclui ações de fiscalização, como inspeções, sanções, bem como uma gama mais ampla de atividades de promoção de conformidade para garantir que essas atividades possam ser vinculadas à campanhas mais amplas de conscientização pública. As principais barreiras para a transição da gestão de resíduos por meio dos princípios da EC geralmente envolvem a falta de um ponto de partida claro. Identificar os impulsionadores e barreiras para implementar políticas circulares é um primeiro passo importante para ajudar a focar a prioridade política em áreas de relevância e impacto. Além disso, definições precisas e apropriadas de resíduos podem resultar de políticas governamentais que identificam os resíduos como um recurso para reutilização e reciclagem.

A gestão de resíduos também deve ser abordada levando em conta particularidades demográficas, socioeconômicas, comportamentais, culturais e institucionais tanto para o desenvolvimento de novas políticas, estratégias e práticas. O papel dos tomadores de decisão deve ser orientado para promover o desenvolvimento em direção a um futuro sustentável. Porém, qualquer inovação estratégica ou tecnológica pode gerar efeitos rebotes e impactos negativos se não forem desenvolvidas e aplicadas sob uma perspectiva de criar valor além do econômico. Vale ressaltar que as transições em direção à sustentabilidade são processos de transformação de longo prazo, multidimensionais e fundamentais, através dos quais os sistemas sociotécnicos estabelecidos mudam para modos de produção e consumo mais sustentáveis.

Questões para Discussão

1. Para atingir os objetivos da EC, quais são os três princípios que devem ser considerados?
2. Quais são as principais diferenças entre os sistemas de produção linear e circular?
3. Descreva sucintamente o que são ciclos fechados, ciclos de vida longa, ciclos estendidos e ciclos intensificadores.
4. Descreva as principais características da Hierarquia de resíduos (WH)
5. Descreva as principais características do Sistema de Ciclo de Vida do Produto (PLCS).
6. Quais são as principais barreiras à transição da gestão de resíduos por meio da narrativa da EC?

Referências

ALLWOOD, J. M., ASHBY, M. F., GUTOWSKI, T. G., WORRELL, E. "Material efficiency: A white paper." *Resources, Conservation and Recycling.* Nova Iorque: Ming Xu, 55, nº 3, (2011), pp. 362–381. Disponível em: <https://doi.org/10.1016/J.RESCONREC.2010.11.002>. Acesso em: 9 set. 2022.

ANDERSEN, M.S."An introductory note on the environmental economics of the circular economy." *Sustainability Science.* Walter Leal Filho, 2 (2007), pp. 133–140. Disponível em: <https://doi.org/10.1007/s11625-006-0013-6>. Acesso em: 9 set. 2022.

AZEVEDO, B.D., SCAVARDA, L.F., CAIADO, R.G.G. "Urban solid waste management in developing countries from the sustainable supply chain management perspective: A case study of Brazil's largest slum". *Journal of Cleaner Production*. Nova Iorque: Klemeš, 233 (2019), pp. 1377–1386. Disponível em: <https://doi.org/10.1016/J.JCLEPRO.2019.06.162>. Acesso em: 9 set. 2022.

BENFORD, R.D., SNOW, D.A. "Framing Processes and Social Movements: An Overview and Assessment." *Annual Review of Sociology.* Stanford: Cook, 26 (2000), pp. 611–639. Disponível em: <https://doi.org/10.1146/annurev.soc.26.1.611>. Acesso em: 9 set. 2022.

BLOMSMA, F. "Collective 'action recipes' in a circular economy – On waste and resource management frameworks and their role in collective change". *Journal of Cleaner Production.* Nova Iorque: Klemeš, 199 (2018), pp. 969–982. Disponível em: <https://doi.org/10.1016/J.JCLEPRO.2018.07.145>. Acesso em: 9 set. 2022.

BLOMSMA, F., BRENNAN, G. "The Emergence of Circular Economy: A New Framing Around Prolonging Resource Productivity". *Journal of Industrial Ecology.* Yale: Lifset, 21, nº 3, (2017), pp. 603–614. Disponível em: <https://onlinelibrary.wiley.com/doi/10.1111/jiec.12603>. Acesso em: 9 set. 2022.

BOCKEN, N.M.P. *et al.* "Taking the Circularity to the Next Level: A Special Issue on the Circular Economy". *Journal of Industrial Ecology.* Yale: Lifset, 21, nº 3, (2017), pp. 476–482. Disponível em: <https://doi.org/10.1111/jiec.12606>. Acesso em: 9 set. 2022.

BOULDING, K. E. "The economics of the coming spaceship earth". *Environmental Quality in a Growing Economy.* New York: Jarrett, 1966, pp. 3-14.

BROWN, L. "Eco-Economy Update" Earth Policy Institute, 11, 2006.

CASTRO, C. G., TREVISAN, A. H., PIGOSSO, D. C. A., MASCARENHAS, J. "The rebound effect of circular economy: Definitions, mechanisms and a research agenda". *Journal of Cleaner Production.* Nova Iorque: Klemeš, 345 (2022), 131136. Disponível em: <https://doi.org/10.1016/j.jclepro.2022.131136>. Acesso em: 9 set. 2022.

DE JESUS, A., ANTUNES, P., SANTOS, R., MENDONÇA, S. "Eco-innovation in the transition to a circular economy: An analytical literature review". *Journal of Cleaner Production.* Nova Iorque: Klemeš, 172 (2018), 2999–3018. Disponível em: <https://doi.org/10.1016/j.jclepro.2017.11.111>. Acesso em: 9 set. 2022.

EUROPEAN ENVIRONMENT AGENCY (EEA). Circular Economy in Europe Developing the Knowledge Base. European Environment Agency. 2016.

ELIA, V., GNONI, M.G., TORNESE, F. "Measuring circular economy strategies through index methods: A critical analysis". *Journal of Cleaner Production.* Nova Iorque: Klemeš, 142 (2017), 2741–2751. Disponível em: <https://doi.org/10.1016/j.jclepro.2016.10.196>. Acesso em: 9 set. 2022.

ELLEN MACARTHUR FOUNDATION. Towards the circular economy, economic and business rationale for an accelerated transition. Founding Partners of the Ellen MacArthur Foundation, 2013. Disponível em: <https://ellenmacarthurfoundation.org/towards-the-circular-economy-vol-1-an-economic-and-business-rationale-for-an>. Acesso em: 29 jul. 2022.

ENVIRONMENTAL PROTECTION AGENCY. Life Cycle Design Guidance Manual, Environmental Requirements and the Product System. Springfield, 1993. Disponível em: <https://css.umich.edu/sites/default/files/publication/CSS93-02.pdf>. Acesso em: 29 jul. 2022.

ERIKSSON, K.E., ROBÈRT, K.H. "From the Big Bang to sustainable societies". *Reviews in Oncology*. Stockholm: Acta oncologica, 30 (1991), pp. 5–14. Disponível em:<https://www.researchgate.net/publication/21244861_From_the_Big_Bang_to_sustainable_societies>. Acesso em: 11 set. 2022.

FRANCO, M.A. "Circular economy at the micro level: A dynamic view of incumbents' struggles and challenges in the textile industry". *Journal of Cleaner Production*. 168 (2017), pp. 833–845. Disponível em: <https://doi.org/10.1016/j.jclepro.2017.09.056>. Acesso em: 11 set. 2022.

FROSCH, R.A., GALLOPOULOS, N.E. "Strategies for Manufacturing". *Scientific American*. 261 (1989). pp. 833–845. Disponível em: <https://doi.org/10.1038/scientificamerican0989-144>. Acesso em: 11 set. 2022.

FUSS, M., VASCONCELOS BARROS, R.T., POGANIETZ, W.-R. "Designing a framework for municipal solid waste management towards sustainability in emerging economy countries - An application to a case study in Belo Horizonte (Brazil)". *Journal of Cleaner Production*. 178 (2018), pp. 655–664. Disponível em: <https://doi.org/10.1016/j.jclepro.2018.01.051>. Acesso em: 11 set. 2022.

GEISENDORF, S., PIETRULLA, F. "The circular economy and circular economic concepts-a literature analysis and redefinition." *Thunderbird International Business Review*. 60, nº 5, (2018), pp. 771–782. Disponível em: < https://doi.org/10.1002/tie.21924>. Acesso em: 11 set. 2022.

GEISER, K. *Materials Matter: Toward a Sustainable Materials Policy*. Urban and Industrial Environments. Cambridge: MIT Press, 2021.

GEISSDOERFER, M. "The Circular Economy – A new sustainability paradigm?" *Journal of Cleaner Production*. 143 (2017), pp. 757–768. Disponível em: <https://doi.org/10.1016/j.jclepro.2016.12.048>. Acesso em: 11 set. 2022.

GHISELLINI, P., CIALANI, C., ULGIATI, S. "A review on circular economy: the expected transition to a balanced interplay of environmental and economic systems". *Journal of Cleaner Production*. 114 (2016), pp. 11–32. Disponível em: <https://doi.org/10.1016/j.jclepro.2015.09.007>. Acesso em: 11 set. 2022.

GIAMPIETRO, M., FUNTOWICZ, S.O. "From elite folk science to the policy legend of the circular economy". *Environmental Science & Policy*. 109 (2020), pp. 64–72. Disponível em: <https://doi.org/10.1016/j.envsci.2020.04.012>. Acesso em: 11 set. 2022.

CGRi. *The Circularity Gap Report 2021.* Disponível em: <https://www.circularity-gap.world/2021?page=79#downloads>. Acesso em: 29 jul. 2022.

HIRSCH, P.M., LEVIN, D.Z. "Umbrella Advocates Versus Validity Police: A Life-Cycle Model". *Organization Science.* 10, nº 2, (1999), pp. 199–212. Disponível em: <https://doi.org/10.1287/orsc.10.2.199>. Acesso em: 11 set. 2022.

HOMRICH, A. S., GALVÃO, G., ABADIA, L. G., CARVALHO, M. M. "The circular economy umbrella: Trends and gaps on integrating pathways". *Journal of Cleaner Production.* 175 (2018), pp. 525–543. Disponível em: <https://doi.org/10.1016/j.jclepro.2017.11.064>. Acesso em: 11 set. 2022.

HOORNWEG, D., BHADA-TATA, P. *What a waste: A global review of solid waste management.* Knowledge papers nº 15. Washington, DC.: The World Bank, 2012. Disponível em: <http://hdl.handle.net/10986/17388>. Acesso em: 11 set. 2022.

JACKSON, T., SENKER, P. "Prosperity without Growth: Economics for a Finite Planet". *Energy & Environment.* 22, nº 7, (2011), pp. 1013–1016. Disponível em: <https://doi.org/10.1260/0958-305X.22.7.1013>. Acesso em: 11 set. 2022.

JOUHARA, H. *et al.* "Municipal waste management systems for domestic use". *Energy.* 139 (2017), pp. 485–506. Disponível em: <https://doi.org/10.1016/j.energy.2017.07.162>. Acesso em: 11 set. 2022.

KAZA, S. *et al. What a Waste 2.0: A Global Snapshot of Solid Waste Management to 2050.* Washington, DC.: The World Bank, 2018. Disponível em: <http://hdl.handle.net/10986/30317>. Acesso em: 11 set. 2022.

KHATIB, I.A. "Municipal Solid Waste Management in Developing Countries: Future Challenges and Possible Opportunities". *Integrated Waste Management.* Volume II. IntechOpen. (2011). Disponível em: <https://doi.org/10.5772/935>. Acesso em: 11 set. 2022.

KIRCHHERR, J., REIKE, D., HEKKERT, M. "Conceptualizing the circular economy: An analysis of 114 definitions". *Resources, Conservation and Recycling.* 127 (2017), pp. 221–232. Disponível em: <https://doi.org/10.1016/j.resconrec.2017.09.005>. Acesso em: 11 set. 2022.

KORHONEN, J., HONKASALO, A., SEPPÄLÄ, J. "Circular Economy: The Concept and its Limitations". *Ecological Economics.* 143 (2018a), pp. 37–46. Disponível em: <https://doi.org/10.1016/j.ecolecon.2017.06.041>. Acesso em: 11 set. 2022.

KORHONEN, J., NUUR, C., FELDMANN, A., IRKIR, S. E. "Circular economy as an essentially contested concept." *Journal of Cleaner Production.* 175 (2018b), pp. 544–552. Disponível em: <https://doi.org/10.1016/j.jclepro.2017.12.111>. Acesso em: 11 set. 2022.

KUMAR, S. *Municipal Solid Waste Management in Developing Countries, Municipal Solid Waste Management in Developing Countries*. Boca Raton: CRC Press, 2016. Disponível em: <https://doi.org/10.1201/9781315369457>. Acesso em: 11 set. 2022.

KUMAR, S. *et al.* "Challenges and opportunities associated with waste management in India". *Royal Society Open Science*. 4, nº 3, (2017), 160764. Disponível em: <https://doi.org/10.1098/rsos.160764>. Acesso em: 11 set. 2022.

LANSINK, A. "Challenging Changes – Connecting Waste Hierarchy and Circular Economy". *The Journal for a Sustainable Circular Economy*. 36, nº 10, (2018), pp. 872. Disponível em: <https://doi.org/10.1177/0734242X18795600>. Acesso em: 11 set. 2022.

LIEDER, M., RASHID, A. "Towards circular economy implementation: a comprehensive review in context of manufacturing industry". *Journal of Cleaner Production*. 115 (2016), pp. 36–51. Disponível em: <https://doi.org/10.1016/j.jclepro.2015.12.042>. Acesso em: 11 set. 2022.

LIU, L., LIANG, Y., SONG, Q., LI, J. "A review of waste prevention through 3R under the concept of circular economy in China". *Journal of Material Cycles and Waste Management*. 19 (2017), 1314–1323. Disponível em: <https://doi.org/10.1007/s10163-017-0606-4>. Acesso em: 11 set. 2022.

LOHRI, C.R., CAMENZIND, E.J., ZURBRÜGG, C. "Financial sustainability in municipal solid waste management – Costs and revenues in Bahir Dar, Ethiopia". *Waste Management*. 34, nº 2, (2014), pp. 542–552. Disponível em: <https://doi.org/10.1016/j.wasman.2013.10.014>. Acesso em: 11 set. 2022.

LOWE, E. A., EVANS, L. K. "Industrial ecology and industrial ecosystems". *Journal of Cleaner Production*. 3, nº 1-2, (1995), pp. 47–53. Disponível em: <https://doi.org/10.1016/0959-6526(95)00045-G>. Acesso em: 11 set. 2022.

LYLE, J. *Regenerative design for sustainable development*. Nova Iorque: Wiley, 1996.

MCDONOUGH, W., BRAUNGART, M. *Cradle to cradle: remaking the way we make things*t. New York: North Point Press, 2002.

MIEZAH, K. *et al.* "Municipal solid waste characterization and quantification as a measure towards effective waste management in Ghana". *Waste Management*. 46 (2015), pp. 15–27. Disponível em: <https://doi.org/10.1016/j.wasman.2015.09.009>. Acesso em: 11 set. 2022.

MILLAR, N., MCLAUGHLIN, E., BÖRGER, T. "The Circular Economy: Swings and Roundabouts?" *Ecological Economics*. 158 (2019), pp. 11–19. Disponível em: <https://doi.org/10.1016/j.ecolecon.2018.12.012>. Acesso em: 11 set. 2022.

MORSELETTO, P. "Targets for a circular economy". *Resources, Conservation and Recycling.* 153 (2020), 104553. Disponível em: <https://doi.org/10.1016/j.resconrec.2019.104553>. Acesso em: 11 set. 2022.

PAULI, G.A. *The blue economy : 10 years, 100 innovations, 100 million jobs.* Report to the Club of Rome. Rome: Paradigm Publications, 2010.

PERIATHAMBY, A. "Municipal Waste Management". *Waste.* 2011, pp. 109–125. Disponível em: <https://doi.org/10.1016/B978-0-12-381475-3.10008-7>. Acesso em: 11 set. 2022.

POTTING, J., KROEZE, C. "Cradle to cradle: Old wine or new spirits?" *Integrated Environmental Assessment and Management.* 6, nº 2, (2010), 315-317. Disponível em: <https://doi.org/10.1002/ieam.42>. Acesso em: 11 set. 2022.

PRIETO-SANDOVAL, V., JACA, C., ORMAZABAL, M. "Towards a consensus on the circular economy". *Journal of Cleaner Production.* 179 (2018), pp. 605–615. Disponível em: <https://doi.org/10.1016/j.jclepro.2017.12.224>. Acesso em: 11 set. 2022.

RANJBARI, M. *et al.* "Two decades of research on waste management in the circular economy: Insights from bibliometric, text mining, and content analyses". *Journal of Cleaner Production.* 314 (2021), 128009. Disponível em: <https://doi.org/10.1016/j.jclepro.2021.128009>. Acesso em: 11 set. 2022.

REES, W. "What's blocking sustainability? Human nature, cognition, and denial". *Sustainability: Science, Practice and Policy.* 6, nº 2, (2010), pp. 13–25. Disponível em: <https://doi.org/10.1080/15487733.2010.11908046>. Acesso em: 11 set. 2022.

RODIĆ, L., WILSON, D. "Resolving Governance Issues to Achieve Priority Sustainable Development Goals Related to Solid Waste Management in Developing Countries". *Sustainability.* 9, nº 3, (2017), pp. 404. Disponível em: <https://doi.org/10.3390/su9030404>. Acesso em: 11 set. 2022.

SALMENPERÄ, H., PITKÄNEN, K., KAUTTO, P., SAIKKU, "Critical factors for enhancing the circular economy in waste management". *Journal of Cleaner Production.* 280 (2021), 124339. Disponível em: <https://doi.org/10.1016/j.jclepro.2020.124339>. Acesso em: 11 set. 2022.

SAUVÉ, S., BERNARD, S., SLOAN, P. "Environmental sciences, sustainable development and circular economy: Alternative concepts for trans-disciplinary research". *Environmental Development.* 17 (2016), pp. 48–56. Disponível em: <https://doi.org/10.1016/j.envdev.2015.09.002>. Acesso em: 11 set. 2022.

SIRKIN, T., HOUTEN, M. "The cascade chain: A theory and tool for achieving resource sustainability with applications for product *design.*"

Resources, Conservation and Recycling. 10, nº 3, (1994), pp. 213–276. Disponível em: <https://doi.org/10.1016/0921-3449(94)90016-7>. Acesso em: 11 set. 2022.

STAHEL, W. R. "The Performance Economy: Business Models for the Functional Service Economy". *In*: MISRA, K.B. (Ed.). *Handbook of Performability Engineering.* London: Springer London, 2010, pp. 127–138. Disponível em: <https://doi.org/10.1007/978-1-84800-131-2_10>. Acesso em: 11 set. 2022.

UNITED NATIONS (UN). *Sustainable Development Goals Report 2016.* Nova Iorque: United Nations, 2016. Disponível em: < https://unstats.un.org/sdgs/report/2016/the%20sustainable%20development%20goals%20report%202016.pdf>. Acesso em: 29 jul. 2022.

UNITED NATIONS. World Social Report 2020: The challenge of inequality in a rapidly changing world. United Nations Department of Economic and Social Affairs. Disponível em: <https://www.un.org/development/desa/dspd/world-social-report/2020-2.html>. Acesso em: 29 jul. 2022.

YUKALANG, N., CLARKE, B., ROSS, K. "Barriers to Effective Municipal Solid Waste Management in a Rapidly Urbanizing Area in Thailand". *International Journal of Environmental Research and Public Health.* 14, nº 9, (2017), 1013. Disponível em: <https://doi.org/10.3390/ijerph14091013>. Acesso em: 11 set. 2022.

ZHIJUN, F., NAILING, Y. "Putting a circular economy into practice in China". *Sustainability Science.* 2 (2007), pp. 95–101. Disponível em: <https://doi.org/10.1007/s11625-006-0018-1>. Acesso em: 11 set. 202

ZHU, Q., GENG, Y., LAI, K. "Circular economy practices among Chinese manufacturers varying in environmental-oriented supply chain cooperation and the performance implications". *Journal of Environmental Management.* 91, nº 6, (2010), pp. 1324–1331. Disponível em: <https://doi.org/10.1016/j.jenvman.2010.02.013>. Acesso em: 11 set. 2022.

ZINK, T., GEYER, R. "Circular Economy Rebound". *Journal of Industrial Ecology.* 21, nº 3, (2017), pp. 593–602. Disponível em: <https://doi.org/10.1111/jiec.12545>. Acesso em: 11 set. 2022.

CAPÍTULO 3

Inovação para a Economia Circular

Gessica Mina Kim Jesus
Janaina Aparecida Alves Scaliza
Paula de Camargo Fiorini

Objetivos

- Explicar a importância das inovações para a economia circular;
- Apresentar práticas da inovação aberta aplicadas na economia circular;
- Esclarecer o papel das tecnologias digitais nas inovações rumo à economia circular;
- Apresentar exemplos de inovações alinhadas à economia circular.

3.1. Inovação e sua importância para a Economia Circular

O modelo de economia linear baseado nas ações de extrair, produzir e descartar pode se tornar insustentável a longo prazo devido ao aumento da população mundial e à finitude dos recursos naturais (Eisenreich *et al.,* 2021). Com uma estratégia diferente, a economia circular (EC) busca substituir o conceito de "fim de vida", reduzindo, reutilizando, reciclando e recuperando os materiais utilizados na produção (Kirchherr *et al.*, 2017). A transição para uma economia circular pode ser facilitada pelas inovações, que no nível organizacional necessitam estar alinhadas às estratégias, normas e políticas da empresa para superar os desafios da sustentabilidade (Arekrans *et al.*, 2022).

Assim, a inovação na EC pode ser considerada como um "veículo de transição", na qual é apoiada por um conjunto de práticas que incentivam a eco-inovação e a introdução de novos modelos de negócios, aplicação dos princípios dos 3Rs e gestão do fluxo de materiais para que possam ser reintroduzidos em novas cadeias produtivas, a fim de serem reutilizados, reciclados ou remanufaturados, fechando os ciclos de materiais (Sehnem *et al.*, 2021).

A literatura que relaciona inovação e EC sugere a eco-inovação e a inovação dos modelos de negócio como temas emergentes (Sehnem *et al.*, 2021). A eco-inovação se concentra em oferecer "soluções sociotécnicas novas ou aprimoradas que preservem os recursos, atenuem a degradação ambiental e/ou permitam a recuperação do valor de substâncias já em uso na economia" (de Jesus e Mendonça 2018, p. 77). A eco-inovação pode ajudar a amenizar vários tipos de problemas como gestão de resíduos, poluição do ar e contaminação da água. Por exemplo, as eco-inovações tecnológicas podem disponibilizar materiais não tóxicos ou biológicos capazes de substituir embalagens plásticas, ou promover o reuso dos resíduos na cadeia de suprimentos, reduzindo os insumos de materiais e os impactos ambientais (de Jesus e Mendonça, 2018).

Em um estudo transversal realizado com empresas da União Europeia, Cainelli *et al.* (2020) sugerem que as políticas ambientais e a demanda de mercado são impulsionadoras das eco-inovações que promovem, principalmente, a reciclagem e redução do desperdício de materiais. De Jesus e Mendonça (2018) também apoiam a ideia de que as eco-inovações necessitam de amplo apoio político.

Sobre os diferentes tipos de eco-inovações, Kiefer *et al.* (2019) propõem uma taxonomia multifacetada apresentada no Quadro 3.1. A compreensão da taxonomia das eco-inovações apresentada no Quadro 3.1 possibilita que formuladores de políticas e profissionais de negócios possam promover e desenvolver diferentes tipos de eco-inovação para uma transição sustentável na sociedade (Kiefer *et al.*, 2019).

Quadro 3.1. Taxonomia para as eco-inovações

Tipo de eco-inovação	Descrição
Sistêmica	As eco-inovações sistêmicas envolvem grandes modificações e incentivam a ruptura com soluções existentes. Elas proporcionam benefícios significativos ao longo do ciclo de vida e tem o potencial de melhorar a competitividade.
Orientada externamente	As eco-inovações orientadas externamente são desenvolvidas em decorrência de pressões externas da sociedade ou da legislação.
Melhoria contínua	As eco-inovações de melhoria contínua geralmente emergem dentro de pequenas e médias empresas como resultado do aperfeiçoamento contínuo de práticas comerciais diárias e processos e sistemas existentes.
Radical e *tech-push*	São eco-inovações resultantes de pesquisa do campo da ciência & tecnologia e se caracterizam pelo alto grau de inovação tecnológica, ruptura com soluções existentes e benefícios ambientais consideráveis.
Ecoeficiente	As eco-inovações ecoeficientes ajudam a melhorar a eficiência de produtos, serviços ou processos, proporcionando benefícios ambientais como resultado.

Fonte: Adaptado de Kiefer, Carrillo-Hermosilla e del Río (2019)

O segundo tema emergente é a inovação dos modelos de negócio para a EC. Um modelo de negócios diz respeito à "forma como os negócios são feitos", ou seja, a forma como um negócio propõe valor (por exemplo, pela oferta do produto e/ou serviço), cria e entrega valor (por exemplo, por meio de atividades e canais de vendas) e captura valor (por exemplo, como o dinheiro é arrecadado) (Magretta, 2002). A inovação dos modelos de negócio pode atuar de duas formas: modificando inteiramente o *design* de negócios, ou reconfigurando os elementos de um modelo de negócio já existente (Zott *et al.*, 2011). Assim, é possível construir uma definição para a inovação de modelos de negócios circulares (IMNC) centrada na atualização dos elementos de um modelo de negócio existente, ou no estabelecimento de um novo modelo de negócio que incorpora, implementa e capitaliza as práticas de economia circular (Bocken *et al.,* 2019).

Em outras palavras, a IMNC busca aumentar a eficiência e a eficácia dos recursos, reduzindo a quantidade de energia e recursos para mudar a forma como a organização cria, entrega e captura valor (Pieroni *et al.,* 2021). Alguns exemplos de modelos de negócio circulares enfatizam a oferta de produto como serviço, focam no compartilhamento, adotam insumos circulares, priorizam a recuperação de recursos e extensão da vida do produto, ou na virtualização (CNI, 2019).

Apesar dos benefícios gerados, a IMNC pode envolver algumas barreiras, que incluem questões que não podem ser controladas pelas organizações, como barreiras governamentais, legislação, tributação, financiamento, infraestrutura e dificuldades de integração da cadeia de valor (Guldmann e Huulgaard, 2020). Também envolve outras questões que estão sob domínio das organizações e podem ser resolvidas internamente, como a falta de apoio à gestão, conhecimento sobre a EC limitado, poucos recursos disponíveis, estrutura de incentivo limitada, baixa adaptabilidade organizacional e alta complexidade no *design* de produtos (Guldmann e Huulgaard, 2020).

Apesar das barreiras, a EC se configura como uma oportunidade global para introduzir mudanças sistêmicas nos sistemas de produção e consumo. Considerar essas mudanças como espinha dorsal da EC não significa apenas restringir-se ao contexto das empresas, mas também se estende aos governos, consumidores e universidades. No âmbito governamental, as "políticas governamentais de inovação" podem favorecer e influenciar o desenvolvimento econômico por meio de incentivos e subsídios. As universidades podem atuar de forma conjunta com empresas, fornecendo suporte para inovações nas áreas das ciências técnicas e de engenharia, fundamentais para as eco-inovações. E, por fim, os consumidores podem inspirar mudanças no consumo sustentável e estilos de vida para permitir congruência com um consumo mais sustentável (Anttonen *et al.*, 2018).

Além disso, as inovações com base nas mudanças sistêmicas devem suceder um olhar abrangente que envolva uma ampla percepção dos sistemas que integra indivíduos e organizações em oito lentes de inovação: natural, manufaturado, financeiro, humano, social, político, cultural e digital (Nogueira *et al.*, 2021). Embora a aplicação das lentes de inovação seja limitada ao contexto de aplicação (por exemplo, características dos *stakeholders* envolvidos e setor de atuação), algumas questões direcionadoras podem ajudar a mapear e entender os tipos de recursos (utilizados ou subutilizados) que estão moldando os desafios socioecológicos na integração dos *stakeholders* para promover as inovações em direção à EC. O Quadro 3.2 apresenta a descrição das lentes de inovação e algumas dessas questões direcionadoras.

Quadro 3.2. Descrição das lentes de inovação e questões direcionadoras

Lente de inovação	Descrição	Questões
Natural	Envolve todos os recursos naturais, renováveis e não renováveis. Ex: fauna, flora e elementos que dão suporte à vida.	Qual a composição das espécies? Como e onde os nutrientes e componentes estão sendo extraídos e regenerados?
Manufaturado	Envolve os bens materiais construídos pelo homem. Ex: infraestrutura, estradas e máquinas.	Qual infraestrutura está disponível? Como e onde a infraestrutura está sendo utilizada? Como e onde os produtos e serviços estão sendo produzidos e consumidos?
Financeiro	São os recursos e ativos que uma pessoa física ou jurídica pode obter traduzida na forma de uma moeda que pode ser acessada, detida ou negociada. Ex: Real e Dólar.	Quais são as estruturas que permitem créditos e empréstimos? Qual é a estrutura institucional que define valor? Como e onde estão sendo prestados os serviços financeiros? Quais são os principais rendimentos e despesas?
Humano	Envolve a capacidade da pessoa em produzir conhecimento ou gerenciar seu bem-estar. Ex: saúde, educação, habilidades e motivação.	Quais são as estruturas institucionais para criação e disseminação do conhecimento? Como a capacidade dos indivíduos de realizar o desempenho é definida? Quais são as instituições que mantêm a capacidade de desempenho dos indivíduos?

Lente de inovação	Descrição	Questões
Social	Envolve interações entre indivíduos. Ex: conexões profissionais, grupos sociais, parcerias e colaborações formais ou informais de indivíduos.	Quais são os valores que estão sendo trocados? Quais são as estruturas que promovem o engajamento da comunidade? Como e onde estão sendo formadas parcerias e colaborações? Como e onde estão acontecendo os eventos e atividades de apoio ao encontro social?
Político	Composto por organizações estruturadas para tomar decisões. Ex: nessas estruturas coexistem hierarquia, inclusão, equidade, transparência, acesso e participação.	Quais são as políticas que influenciam as decisões? Qual é a estrutura de poder? Como e onde as políticas estão sendo aplicadas? Como e onde as decisões estão sendo tomadas?
Cultural	Envolve valores e crenças relacionadas ou incorporadas pelas comunidades. Ex: pode incluir etnia, espiritualidade, herança, tradições e práticas cotidianas.	Quais são as tradições e o patrimônio cultural? Como e onde estão as práticas e manifestações dos valores e crenças? Como e onde os indivíduos e organizações estão sendo expostos a novas práticas globais?
Digital	Está relacionada com a infraestrutura digital e gerenciamento de dados. Ex: plataformas digitais, mecanismos automatizados de coleta, análise e armazenamento de dados.	Qual a infraestrutura digital disponível? Quais são os mecanismos para a coleta de dados? Como e onde as infraestruturas estão sendo usadas? Como e onde os dados são armazenados?

Fonte: Adaptado de Nogueira *et al.* (2021)

Ao responder as questões do Quadro 3.2, o papel e o propósito de cada lente se tornam mais explícitos no sistema que está sendo explorado. Dessa forma, as vantagens das 8 lentes da inovação são: (1) ampliar a compreensão dos envolvidos a respeito das interações dinâmicas das situações; (2) ampliar as oportunidades de integração dos sistemas sociotécnico e ecológico em abordagens inovadoras envolvendo a EC; e (3) fornecer novas possibilidades de intervenções sistêmicas para a transição para a EC (Nogueira *et al.*, 2021). A compreensão dos relacionamentos dinâmicos entre essas lentes de inovação permite mapear as necessidades dos múltiplos *stakeholders*, além de identificar os recursos necessários que moldam a dinâmica da economia linear para destravar as inovações em direção a uma EC (Nogueira *et al.*, 2021).

3.2. Práticas da inovação aberta na economia circular

A inovação aberta considera que a inovação é resultado de interações sistemáticas realizadas com fontes externas, tais como: universidades, clientes, concorrentes ou instituições de pesquisas (Chesbrough ,2003). No contexto da sustentabilidade, existe o termo *inovação aberta sustentável,* que acrescenta à definição de inovação aberta supracitada a contribuição para o desenvolvimento sustentável que atenda às necessidades do presente sem comprometer a capacidade das gerações futuras de satisfazer suas próprias necessidades (Bogers *et al.* 2020). Esse conceito de inovação aberta sustentável se alinha à EC à medida que considera a limitação dos recursos naturais e busca fechar os ciclos de recursos para minimizar os impactos ambientais.

No entanto, romper com as práticas da economia linear e iniciar a implementação da EC é um desafio para empresas, consumidores, governos e comunidade. Um caminho para superar esse desafio é a prática da colaboração, isto é, o compartilhamento de informações e recursos entre um conjunto de atores visando atingir um objetivo comum. A colaboração com parceiros externos tais como fornecedores, clientes, universidades, consultorias, governo e ONGs ajudam a gerar inovações, pois permitem reunir conhecimento técnico especializado sobre materiais, tecnologias digitais ou *design* para promover a EC (Eisenreich *et al.,* 2021).

A colaboração entre as partes interessadas tem se mostrado pertinente na adoção da EC, principalmente em países em desenvolvimento (Mishra *et al.,* 2019). As pequenas e médias empresas podem se beneficiar da colaboração por meio do acesso, transferência de tecnologia e aprendizagem organizacional, consideradas demandas necessárias para alcançar a eficiência de recursos e tecnologia limpa, em direção à EC (Mishra *et al.*, 2019).

Mais do que um fator-chave, a colaboração tem sido adotada como uma estratégia para melhorar o desempenho ambiental e operacional das empresas que atuam em cadeias de suprimentos (Sudusinghe e Seuring, 2022). Nas cadeias de suprimento, a colaboração interorganizacional envolve práticas como compartilhamento de informações, responsabilidade pela recuperação de produtos, riscos e *design* conjunto de produtos, além de coordenação interfuncional e a colaboração com órgãos governamentais (Sudusinghe e Seuring, 2022). Em redes de simbiose industrial, em que várias organizações se unem para trocar recursos, a colaboração e participação de intermediários pode ajudar a reduzir os dilemas de abertura e demonstração de valor, aumentando a confiança entre os parceiros para compartilhar informações e identificar valor dos resíduos e materiais residuais a serem trocados na rede (Patala *et al.*, 2020).

Mas ao estabelecer uma parceria de colaboração para gerar soluções inovadoras para a EC, alguns fatores devem ser observados, por exemplo: o estilo de governança, o alinhamento de interesses e a confiança depositada pelos parceiros (Berardi e Brito, 2021). De modo geral, a governança busca coordenar as ações e expectativas dos parceiros, criando e gerenciando os mecanismos de controle para alinhar os incentivos oferecidos aos parceiros e suas expectativas em relação à colaboração para a EC. O alinhamento de interesses verifica se os parceiros têm objetivos em comum para colaborar para a EC. E por fim, a confiança significa que os parceiros se sentem seguros para colaborar e produzir soluções em prol da EC (Köhler *et al.*, 2022; Berardi e Brito, 2021).

Além da colaboração, a prática da cocriação também tem sido utilizada para facilitar inovações circulares. A cocriação permite gerar novos produtos e serviços, ou aperfeiçoar produtos existentes pelo compartilhamento de novas ideias, centralizando o foco no cliente/usuário (Silva *et al.*, 2021). No contexto da EC, a cocriação pode enriquecer o desenvolvimento de soluções circulares, uma vez que tem potencial para acelerar o ciclo de desenvolvimento de projetos de produtos, processos e serviços ambientalmente sustentáveis, ao mesmo tempo em que melhora a experiência e satisfação dos usuários (Pencarelli, 2020; Cong *et al.*, 2020).

A cocriação com diversas partes interessadas pode ajudar ainda na conscientização e na disseminação dos princípios da EC (Schroder *et al.*, 2019), pois o *design* participativo da cocriação tende a facilitar a interação e a comunicação entre empresas e consumidores, por exemplo, aumentando a sensibilização sobre a importância da produção e consumo sustentável e consciente. Apesar da cocriação ser uma prática comumente adotada entre empresa e cliente, ela também pode ser aplicada com atores não tradicionais.

Por exemplo, Schroder *et al.* (2019) mostram um exemplo de cocriação realizada com empresas, grupos de cidadãos e representantes do setor informal por meio de conferências, com o objetivo de reunir ideias e reduzir a emissão de carbono das cidades para fornecer serviços de compartilhamento de carros (Schroder *et al.*, 2019). Outro exemplo apresenta a cocriação realizada dentro de uma comunidade que proporcionou uma participação mais ativa de seus membros nas decisões do governo local, resultando em uma troca de conhecimento entre grupos científicos, cidadãos, empresas e administração local (Cappellaro *et al.*, 2019). Dessa forma, ações integradas de sustentabilidade, abordando questões ambientais e sociais por meio de laboratórios de convivência urbana e a abordagem de cocriação podem ajudar na transição para gerar soluções inovadoras para a EC.

3.3. A integração no processo de inovação para a Economia Circular

A integração organizacional pode ser sintetizada como a busca por um ambiente corporativo que esteja alinhado aos objetivos da empresa, com departamentos formados por equipes que interagem e produzem de forma eficiente. Em um projeto inovador, a maneira como as diferentes áreas de uma organização, ou até as diferentes organizações, relacionam-se com um propósito comum constituem a integração no processo de inovação.

No caso da EC, esse desafio deve perdurar durante um tempo indeterminado, posto que o desejável é que a EC seja uma operação cíclica sem tempo estipulado para o fim. Os desafios de estabelecer planos e métricas dentro de algo tão complexo e considerado ambicioso, como é a EC (Amato, 2022), dependem diretamente de soluções inovadoras.

A adoção da EC é dependente da integração entre as diferentes áreas organizacionais, o ecossistema de negócios em que está inserida, e do uso de tecnologias da informação e comunicação, o que no ambiente corporativo é chamado de TICs. Essas tecnologias estão relacionadas com a capacidade de representar e transmitir informação. Para a existência dos negócios idealizados como circulares, a coleta e análise de dados de todos os entes daquela cadeia produtiva circular é um fator relevante (Jabbour *et al.*, 2019).

Por meio das TICs (também mencionadas neste livro como tecnologias digitais), as empresas podem manter suas operações integradas em tempo real, obtendo e interpretando os dados conforme suas necessidades. Isto auxilia a dirimir as dificuldades de comunicação, que podem surgir devido aos diferentes objetivos de todas as organizações que compõem aquele ecossistema atrelado à EC, e também a fomentar inovações circulares. Mas, então, qual seria o papel das tecnologias na economia circular? Abordaremos esse aspecto na próxima seção.

3.4. O papel das tecnologias digitais na Economia Circular

É de amplo conhecimento que o desenvolvimento tecnológico tem habilitado inovações em processos, produtos, serviços e modelos de negócios nos diversos setores econômicos. Este cenário não é diferente quando se trata de inovações para a EC. Para entendermos o suporte das tecnologias para a EC, será preciso resgatar os períodos marcados pelo avanço da industrialização ao longo da história.

O contexto histórico demonstra que a evolução das organizações industriais e de seus processos de manufatura está atrelada ao desenvolvimento de novas tecnologias. As revoluções industriais foram caracterizadas a partir da incorporação das inovações tecnológicas nas indústrias ao redor do mundo. A Primeira Revolução Industrial iniciou em meados de 1750, se estendendo do fim do século XVIII até o início do século XIX. A principal característica desta primeira fase foi a invenção e o uso da máquina a vapor, habilitando um aumento da eficiência nas fábricas, através da mecanização, e acelerando o processo de urbanização. Já a Segunda Revolução Industrial se deu a partir da segunda metade do século XIX até o século XX, tendo o seu fim marcado pela Segunda Guerra Mundial. Neste caso, a eletricidade representou o principal avanço tecnológico do período, permitindo uma grande evolução na industrialização, por meio da produção em massa e das linhas de montagem, e também nas formas de comunicação e transporte.

O final do século XX ficou caracterizado pela Terceira Revolução Industrial, fase impulsionada pela aplicação da eletrônica e da informática. Neste caso, os avanços tecnológicos possibilitaram o fenômeno da globalização e as suas consequências são vivenciadas até os dias atuais tanto nos ambientes fabris quanto na sociedade como um todo, por meio do uso de computadores e da automação. Atualmente, estamos presenciando a Quarta Revolução Industrial, em virtude dos recentes avanços tecnológicos em inteligência artificial, digitalização, disseminação da Internet e conectividade. Esta revolução em curso tem sido chamada também de Indústria 4.0, em decorrência de um projeto do governo alemão para alavancar a competitividade industrial, apresentado no ano de 2011, na cidade de Hanover, na Alemanha.

De modo similar às revoluções industriais passadas, a atual Quarta Revolução Industrial traz grandes impactos tecnológicos, econômicos e sociais. A Indústria 4.0 reflete uma nova visão das fábricas, que podem gerar produtos, serviços e processos inteligentes (Osterrieder *et al.* 2020). Em linhas gerais, a Indústria 4.0 envolve a produção habilitada e facilitada por elementos de inteligência, utilizando tecnologias digitais para o estabelecimento da chamada fábrica inteligente (*smart factory*, em inglês) (Trappey *et al.*, 2017).

Nas últimas décadas, a evolução das tecnologias foi tão grande - muitas vezes denominada como um avanço exponencial - que ainda não há um consenso sobre todas essas tecnologias inteligentes que caracterizam a Indústria 4.0. As tecnologias da Indústria 4.0 podem incluir a internet das coisas, sistemas ciber físicos, análise de *big data*, computação em nuvem (também conhecida no ambiente industrial como fabricação em nuvem), manufatura aditiva (comumente denominada como impressão 3D), *blockchain*, realidade aumentada, sensores e RFID (*radio frequency identification*, em inglês), cibersegurança, robótica, simulação, entre diversas outras. Para compreendermos como as tecnologias contribuem com inovações para uma EC, é importante esclarecermos o que são algumas das principais tecnologias mencionadas. Para facilitar o entendimento, o Quadro 3.3 resume as tecnologias, suas definições, bem como as respectivas siglas utilizadas neste capítulo.

Quadro 3.3. Resumo das tecnologias da Indústria 4.0

Tecnologia	Termo em inglês	Sigla	Definição
Análise de *big data*	*Big data analytics*	BDA	Pode ser definida como a capacidade de sistemas avançados processarem e armazenarem grandes volumes de dados. Esses dados são utilizados para apoiar a tomada de decisão por meio de métodos analíticos.
Blockchain	*Blockchain technology*	BT	É um banco de dados distribuído de registros executados digitalmente, que são mantidos públicos e seguros em uma rede ponto-a-ponto (*peer-to-peer*).
Computação em nuvem	*Cloud computing*	CC	Consiste em serviços de computação – incluindo servidores, armazenamento, bancos de dados, rede e software – fornecidos pela Internet.
Inteligência artificial	*Artificial intelligence*	AI	Consiste em sistemas de computador que apresentam características associadas à inteligência humana. Esses sistemas são capazes de interpretar dados externos, aprender com esses dados e utilizar o que aprenderam para realizar análises e resolver problemas.
Internet das coisas	*Internet of Things*	IoT	É uma rede de dispositivos, sistemas, plataformas e aplicativos com tecnologia embarcada que possibilita a conexão virtual entre objetos, facilitando a coleta e o compartilhamento de informações em tempo real.

Tecnologia	Termo em inglês	Sigla	Definição
Manufatura aditiva	*Additive manufacturing*	AM	É uma tecnologia que possibilita a produção customizada de bens por meio da criação de objetos tridimensionais (3D). Ela também é conhecida como impressão 3D.
Realidade aumentada	*Augmented reality*	AR	É uma ferramenta computadorizada para simulação interativa. Permite um ambiente de exibição interativo baseado na realidade, auxiliando a aprimorar a experiência do mundo real.
Sistemas ciber físicos	*Cyber physical system*	CPS	São sistemas formados por sensores capazes de capturar informações em tempo real e em atuadores capazes de interagir com o mundo físico. Esses sistemas em rede permitem a conexão de operações físicas com o mundo virtual (infraestruturas de computação e comunicação).

Fontes: Babiceanu e Seker (2016), Bai *et al.* (2020), De Sousa Jabbour *et al.* (2018), Ojo *et al.* (2018), Tang e Veelenturf (2019), Thomas (2016), Saberi *et al.* (2019).

O potencial dessas tecnologias inteligentes é enorme ao tornar possível formas inovadoras de fabricar e entregar produtos com mais valor agregado, além de possibilitar um novo modo de gestão dos negócios (Mohamed, 2018). A implementação das tecnologias digitais habilita a comunicação e a troca de informações entre máquinas, sistemas e produtos, facilitando a flexibilidade, a eficiência e a responsividade dos processos produtivos.

Um dos pontos principais é que a troca de dados entre os diferentes dispositivos conectados em um ambiente de Indústria 4.0 permite um acúmulo de informações que, em conjunto com técnicas avançadas de análises de dados, melhoram significativamente as tomadas de decisões. Note que a Indústria 4.0 permite a gestão e o alinhamento de processos dentro de uma empresa, entre diferentes empresas ou até mesmo ao longo de toda a cadeia de suprimento e seus elos (Xu *et al.*, 2018).

Por meio dessas novas tecnologias digitais, a Indústria 4.0 oferece diversas oportunidades de contribuir com o desenvolvimento de uma EC. Assim, após a compreensão das tecnologias inteligentes da Indústria

4.0 e seus benefícios gerais para as organizações, precisamos esclarecer os seus papéis na EC.

Nesse ponto, cabe observarmos que a EC é um campo multidisciplinar, que reúne diferentes abordagens, métodos e ferramentas, exigindo mudanças tanto nos modos de produção quanto nos padrões de consumo. Os próximos capítulos deste livro irão abordar os aspectos da implementação da EC com mais detalhes. Aqui, apenas precisamos reconhecer que colocar a EC em prática em sistemas produtivos envolve a interseção de diferentes áreas de estudo, incluindo modelos de negócios circulares, *design* de produto sustentável, cadeias de suprimentos sustentáveis, ecossistemas circulares, logística reversa, entre tantas outras.

Os modelos de negócios circulares e sustentáveis se referem à incorporação de elementos que fecham, estreitam, desaceleram e intensificam os ciclos de recursos, fazendo com que a entrada de recursos e a saída de resíduos e emissões fora do sistema organizacional sejam minimizadas e, consequentemente, melhorem o desempenho sustentável (Geissdoerfer *et al.*, 2018). Já o *design* de produto sustentável aborda aspectos de sustentabilidade para melhorar a eficiência e a qualidade dos produtos desde os estágios iniciais do desenvolvimento do produto (Chiu e Chu, 2012). As cadeias de suprimentos sustentáveis são entendidas como a gestão sustentável dos fluxos de materiais, informações e capital ao longo da cadeia de suprimentos, visando todas as três dimensões da sustentabilidade: econômica, social e ambiental (Seuring e Muller, 2008). Os ecossistemas circulares consistem em um conjunto de atores interdependentes, que ultrapassam as fronteiras das indústrias, e direcionam seus esforços para uma proposta de valor circular, considerando aspectos de sustentabilidade econômica e ambiental (Trevisan *et al.*, 2022). Por fim, a logística reversa trata do processo de planejar, implementar e controlar os fluxos de materiais devolvidos do ponto de consumo ao ponto de origem com a finalidade de recapturar valor ou de descarte adequado (Sarkis *et al.*, 2010).

Nesse contexto, as tecnologias inteligentes da Indústria 4.0 desempenham papéis importantes como habilitadoras de práticas em diferentes áreas e níveis da EC, capacitando as organizações na transição de uma economia linear para uma perspectiva circular. A partir de uma visão ampla para específica, estabelecemos que as tecnologias digitais capacitam os ecossistemas, as cadeias de suprimentos e cada organização, por meio dos modelos de negócio e desenvolvimento de produtos, a transitarem para a EC por meio da aplicação de práticas sustentáveis.

Em termos de ecossistemas, as tecnologias inteligentes permitem inovações em gestão e práticas circulares, integrando os atores dos ecossistemas. Os sistemas integrados e de análise de *big data* capacitam a prática de simbiose industrial, uma vez que habilitam o compartilhamento e integração de dados operacionais entre diferentes organizações e cadeias de suprimentos. Ao fornecer dados adequados sobre os resíduos provenientes dos sistemas produtivos, as tecnologias são capazes de facilitar a prática da simbiose industrial, bem como de mitigar interrupções (Tseng *et al.*, 2018). A gestão de resíduos e subprodutos é um ponto importante de suporte das tecnologias digitais para inovações na EC. Os sensores e a análise de dados permitem a detecção de materiais com base em informações específicas do tipo de material. A robótica auxilia na seleção e classificação automatizada de resíduos.

Além do mais, as tecnologias para coleta e análise de dados favorecem a gestão e integração de informações e o controle de indicadores sustentáveis da EC. A aplicação de *big data* foi evidenciada no estudo de caso sobre poluição do ar na região de Beijing-Tianjin-Hebei (BTH) na China. Neste caso, a análise de *big data* foi utilizada pelo governo chinês para o gerenciamento da poluição do ar em uma das áreas mais poluídas do mundo, auxiliando na gestão e controle das emissões de gases para uma economia mais sustentável (Zhang *et al.*, 2019).

Na perspectiva de cadeias de suprimentos, as tecnologias da Indústria 4.0 reforçam estratégias circulares como remanufatura, reciclagem e extensão do ciclo de vida dos produtos. A IoT habilita a recuperação de informações em tempo real, ajudando a melhorar a coleta de dados e compartilhando o consumo de recursos. As tecnologias de computação em nuvem e IoT fornecem a base para identificar falhas e erros, evitando o desperdício de materiais e controlando o desempenho operacional das cadeias de suprimentos sustentáveis (Rajput e Singh, 2019).

As práticas de remanufatura e de logística reversa para a gestão circular de cadeias de suprimentos também são aprimoradas com o uso de dispositivos inteligentes. O projeto *RecycleToCoin* é um exemplo de uso da tecnologia *blockchain* na construção de um sistema de recompensa para que a população devolva recipientes de plástico e latas de alumínio, e seja recompensada por isso. Esta solução envolve um aplicativo móvel baseado em *blockchain*, juntamente com máquinas físicas e pontos de coleta, e permite a troca de resíduos recicláveis por tokens BCDC (*Blockchain, Crypto and Digital Currencies*). Os *tokens* podem ser trocados por um cartão presente ou por diferentes criptomoedas (Recycling Magazine, 2017).

As tecnologias digitais também habilitam a implementação de modelos de negócios inovadores, consistentes com os princípios da economia circular. O exemplo de um modelo de negócio baseado na reutilização e reciclagem de lixo eletrônico e sucata demonstrou que o uso de tecnologias *web* e da manufatura aditiva em sistemas de produção inteligentes, aumenta a produtividade e flexibilidade da fabricação sob demanda. Isso possibilita a implementação de modelos de negócios sustentáveis em larga escala (Nascimento *et al.,* 2018).

Para um modelo de negócio circular, a IoT em conjunto com CPS e análise de *big data* formam uma plataforma útil para coletar, processar e construir bancos de dados poderosos para realizar avaliações de impacto econômico e socioambiental dos produtos, usando as ferramentas de Avaliação do Ciclo de Vida (García-Muiña *et al.,* 2018). Por fim, a aplicação de sensores e IoT habilitam inovações em modelos de negócios baseados na agregação de valor por meio de serviços inteligentes (também conhecido como sistema produto-serviço).

Este foi o caso da empresa Kaer em Singapura, que mudou seus negócios para uma perspectiva de ar-condicionado como serviço (ACaaS - *Air Conditioning as a Service*). Nesse novo modelo de negócio, a Kaer detém os ativos de ar-condicionado e assume a responsabilidade de operar, manter e modernizar esses ativos, enquanto os clientes pagam pelo ar-condicionado conforme o seu consumo, sem a necessidade de comprar os equipamentos para si. Para implementar esse novo modelo, a Kaer utiliza tecnologia IoT e análise de *big data* combinada com inteligência artificial para otimizar o sistema de forma automática e em tempo real, permitindo que o sistema seja operado com o mínimo de energia possível, reduzindo custos e emissões (Fundação Ellen MacArthur, 2020).

No nível mais específico de *design* e desenvolvimento de produtos, as tecnologias de IoT e *big data* habilitam a eco-inovação e a prática de *ecodesign* nas organizações. O *ecodesign* se refere ao desenvolvimento de projetos que visam reduzir o consumo de materiais e energia, para reutilização, reciclagem, ou para evitar ou reduzir o uso de resíduos perigosos, tanto no produto como no processo de fabricação (Zhu *et al.*, 2007).

Uma possibilidade é a incorporação de tecnologias inteligentes nos produtos, de modo a possibilitar que as organizações monitorem todo o ciclo de vida do produto e tomem ações para reutilizar e reciclar componentes e materiais, reintroduzindo esses componentes na linha de produção. A partir disso, as tecnologias podem habilitar os fluxos de materiais em circuito fechado, conforme previsto em uma EC. A manufatura aditiva, por exemplo, cria oportunidades para abordar a sustentabilidade em todo o ciclo de vida de um produto e de seus materiais, melhorando a eficiência dos recursos nas fases de projeto do produto e também dos processos envolvidos (Ford e Despeisse, 2016). Essa tecnologia dá suporte para a criação e uso de materiais mais sustentáveis no projeto do produto, bem como facilita a prototipagem e os processos de fabricação. Além disso, possibilita a impressão de componentes e materiais que podem ser usados para reparar produtos ou mesmo atualizá-los (*updating*), prolongando o seu tempo de vida.

As tecnologias inteligentes de análise de dados também podem colaborar com o projeto de produtos para a EC durante as etapas de levantamento de necessidades e de satisfação do consumidor. É possível definir o *design* do produto a partir da perspectiva do consumidor utilizando técnicas de análise e extração de dados. Em específico, os *insights* e as estratégias de inovação podem ser extraídos dos dados dos usuários e fornecem métodos alternativos para alavancar os recursos da empresa e aumentar a possibilidade de sucesso de um produto (Lin, 2018).

Há diversas oportunidades de aplicação das tecnologias inteligentes para melhorias nos projetos de produtos, prolongando sua vida útil e fechando o ciclo. Além das tecnologias permitirem o monitoramento e rastreamento do produto, elas reforçam a prestação de assistência técnica e permitem manutenções preventivas e preditivas, otimizando o uso e a atualização do produto (Bressanelli *et al.*, 2018). Por isso, conseguem aprimorar a execução das atividades de logística reversa, remanufatura e reciclagem.

No Brasil, há um caso emblemático na aplicação da EC, que demonstra a importância das tecnologias como habilitadoras de práticas de ciclo fechado, desde o projeto e desenvolvimento do produto até a etapa pós-consumo. A empresa de equipamentos e suprimentos de impressoras chamada Hewlett-Packard (HP), em conjunto com a Flex e Sinctronics, desenvolveu um sistema de economia circular para a indústria eletrônica. A Sinctronics consiste em um centro de inovação em tecnologia sustentável para a indústria eletroeletrônica e criou um sistema próprio de gestão de logística reversa, reciclagem e inovação para resíduos eletrônicos. A partir de sistemas integrados para gestão logística e tecnologias avançadas de automação, identificação e separação de materiais, as empresas reinserem materiais reciclados na produção de novas partes e peças de impressoras. Geram ainda novos materiais e filamentos para impressão 3D, possibilitando a criação de outros produtos. Recentemente, desenvolveram uma nova tecnologia para facilitar a logística reserva, denominada como Sincbin. Este equipamento consiste em uma caixa coletora de cartuchos de impressão, que contém um dispositivo eletrônico conectado com a Internet e possui um algoritmo de inteligência artificial. Quando a caixa coletora atinge sua capacidade, o dispositivo abre um chamado de forma automática para o recolhimento dos resíduos pela empresa Sinctronics (Sinctronics, 2020).

As tecnologias digitais têm um potencial enorme de suporte e capacitação às inovações para a EC. As aplicações incluem: a recuperação de informações em tempo real, o compartilhamento de dados de consumo e desperdício de recursos, o aprimoramento da condução de avaliações do ciclo de vida, a identificação de falhas e otimização do desempenho operacional da cadeia de suprimentos, a detecção de materiais para reciclagem, melhorias no projeto do produto para extensão de vida útil, rastreamento do produto, melhorias na gestão da logística reversa, entre diversas outras possibilidades.

Por fim, observe que a EC e as tecnologias inteligentes possuem uma relação sinérgica, envolvendo benefícios econômicos, sociais e ambientais para o desenvolvimento de uma sociedade mais sustentável. Os esforços de conexão entre esses temas não devem se limitar aos profissionais de engenharia e ciência da computação. É preciso haver integração com diversos outros campos de estudo como ciências ambientais, negócios e gestão, ciência dos materiais e engenharia química, para que todo o potencial que a Quarta Revolução Industrial tem nos mostrado seja efetivamente aproveitado no caminho em direção à EC.

A Figura 3.1 mostra um resumo dos principais pontos abordados neste capítulo. Primeiro, apresentamos uma visão geral sobre a importância da inovação para a EC, com a discussão das eco-inovações, inovação dos modelos de negócio e das práticas de inovação aberta. Em seguida, abordamos a integração dos processos e a necessidade das tecnologias para a inovação em EC. E por fim, apresentamos o papel das tecnologias digitais para alcançar modelos de negócio circulares e cadeias de suprimentos sustentáveis.

Figura 3.1. Principais pontos abordados no capítulo

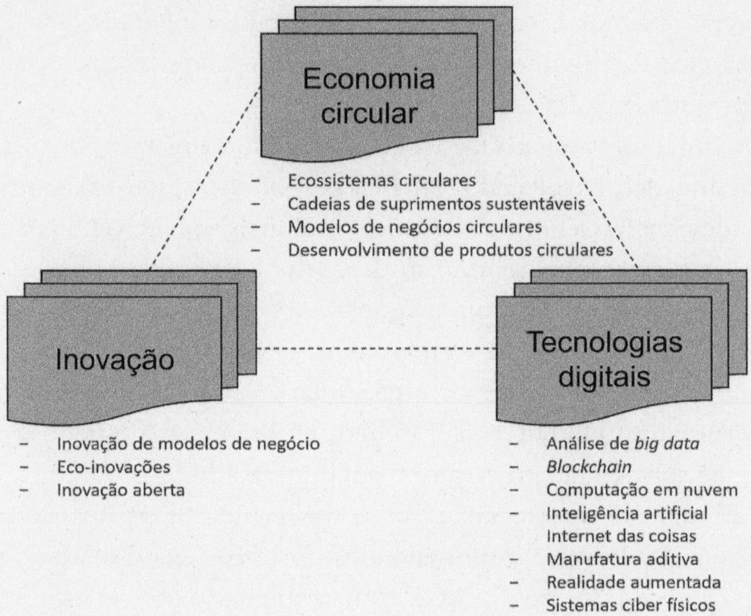

Fonte: Elaborado pelos autores (2022)

3.5. Estudo de caso: A empresa Alpha[1]

A empresa Alpha fornece ferramentas para a construção civil, principalmente por meio de contratos de aluguel e serviços. As tecnologias digitais que a empresa Alpha implementou são principalmente tecnologias de coleta de dados. A empresa aproveita as tecnologias relacionadas à IoT – *Internet of Things* (Internet das Coisas) para coletar dados, como localização e status de manutenção das ferramentas, sempre por meio de tecnologias em nuvem, usando *web* e interfaces móveis para clientes. Além da tecnologia de nuvem, os dados da ferramenta podem ser acessados e atualizados por meio de RFID - *radio*

[1] Adaptado do artigo "Digital technologies catalyzing business model innovation for circular economy—Multiple case study (Ranta *et al.*, 2021).

frequency identification (identificação por radiofrequência) combinadas com os sensores IoT nas ferramentas, permitindo acesso a informações como instrução de uso e manutenção para uma ferramenta específica. A empresa utiliza tecnologias em nuvem como uma forma de exibir os dados coletados.

A capacidade de rastrear as ferramentas conectadas por meio de tecnologias IoT permite que os clientes usem as ferramentas e os próprios serviços da empresa de forma mais eficiente, o que reduz drasticamente o tempo de espera para identificar a disponibilidade de ferramentas e reduz as necessidades de armazenamento.

A adoção dessas inovações permite que uma quantidade menor de ferramentas seja necessária para atender às necessidades de uma base de clientes maior. Ao providenciar acesso simplificado a serviços de manutenção, a combinação de IoT e tecnologias de nuvem permitem que os clientes mantenham suas ferramentas em melhor condição, reduzindo avarias prematuras das ferramentas e retardando assim fluxos de recursos. As tecnologias digitais permitem que a empresa crie e capture melhor o valor das estratégias de fluxo de recursos da economia circular, usando vários métodos, tanto a montante como a jusante do modelo de negócio. Do lado a montante, a capacidade de satisfazer as necessidades de uma base de clientes maior com uma quantidade menor de ferramentas e a capacidade de acessar informações de histórico de manutenção para uma ferramenta específica melhora o custo-benefício e a qualidade de serviço do modelo de negócios da empresa.

O acesso conveniente a rastreamento, manutenção e instruções para as ferramentas cria valor para os clientes e impacta positivamente na receita da empresa, o que promove melhorias incrementais à EC, na medida que os recursos são melhores utilizados dentro uma base maior de usuários, que além de demandar uma quantidade menor desses materiais, ainda consegue manter sua sobrevida por maior tempo.

Questões do estudo de caso

a) Quais ações da Empresa Alpha são aplicáveis no ambiente de negócios brasileiro?
b) O conceito de valor é diferente do conceito de preço. Enquanto preço é o que é pago, entende-se que o valor é o que o cliente leva, o quesito a mais que é entregue junto daquele produto. Além das facilidades apresentadas aos clientes, como esses podem entender que o processo desenvolvido pela empresa Alpha contribui para o desenvolvimento sustentável?
c) Coloque-se como um executivo da empresa citada e utilize a ferramenta dos 5 porquês para decompor os motivos que o seu público-alvo tem para a escolha da Empresa Alpha.

3.6. Lista de termos

Cocriação: trabalho colaborativo (geralmente entre empresas e clientes) para criação de um novo produto ou serviço.

Cadeias de suprimentos sustentáveis: é a gestão sustentável (econômica, social e ambiental) dos fluxos de materiais, informações e capital ao longo da cadeia de suprimentos.

Design de produto sustentável: aborda aspectos de sustentabilidade para melhorar a eficiência e a qualidade dos produtos desde os estágios iniciais do desenvolvimento do produto.

Eco-inovação: inovação com o objetivo de diminuir a degradação ambiental, focando no desenvolvimento sustentável ao procurar reduzir riscos ambientais, poluição e outros impactos negativos da utilização dos recursos.

Ecossistemas circulares: conjunto de atores que direcionam seus esforços para uma proposta de valor circular, considerando aspectos de sustentabilidade.

Indústria 4.0: representa uma nova visão das fábricas, com uma produção habilitada e facilitada por elementos de inteligência, utilizando tecnologias digitais, e capaz de gerar produtos, serviços e processos inteligentes.

Inovação aberta: é o estabelecimento e condução de parcerias para o desenvolvimento em conjunto de inovações, o que permite a soma de recursos financeiros, humanos e tecnológicos, ao mesmo tempo que possibilita a mitigação de custos e riscos. Essas parcerias podem ocorrer entre diversos *stakeholders* de uma organização, desde seus funcionários, até fornecedores, clientes e até concorrentes.

Logística reversa: é o processo de planejar, implementar e controlar os fluxos de materiais devolvidos do ponto de consumo ao ponto de origem, com a finalidade de recapturar valor ou de descarte adequado.

Modelos de negócios circulares: modelos que incorporam práticas que fecham, estreitam, desaceleram e intensificam os ciclos de recursos, fazendo com que a entrada de materiais e a saída de resíduos e emissões sejam diminuídas.

Tecnologias da informação e comunicação (tecnologias digitais): consistem no conjunto de recursos tecnológicos com a capacidade de representar e transmitir informação.

Questões para discussão

1. Qual a importância da inovação para a EC?
2. Como as práticas da inovação aberta contribuem para a EC?
3. Construa um mapa mental relacionando os pontos de convergência entre EC e inovação.
4. Como as tecnologias digitais podem colaborar com a inovação para a EC?
5. Você consegue visualizar a EC a sua volta? De que forma a adoção da IoT pode ajudar na integração para adoção da EC?
6. Como as lentes de inovação podem se integrar com as tecnologias digitais para fornecer modelos de negócio circulares?

Referências

AMATO, A. "The Circular Economy Challenge: Towards a Sustainable Development". *Sustainability*, Basel: MDPI, 14, nº 6 (2016), p. 3458. Disponível em: <https://doi.org/10.3390/books978-3-0365-3676-7>. Acesso em: 11 set. 2022.

AREKRANS, J.; RITZÉN, S.; LAURENTI, R. "The role of radical innovation in circular strategy deployment". *Business Strategy and the Environment*, Estocolmo: Wiley Online Library, (2016), pp. 1-21. Disponível em: <https://doi.org/10.1002/bse.3108>. Acesso em: 11 set. 2022.

BABICEANU, R.F.; SEKER, R. "Big Data and virtualization for manufacturing cyber-physical systems: A survey of the current status and future outlook". *Computers in Industry*, Elsevier, 81 (2016), pp. 128-137. Disponível em: <https://doi.org/10.1016/j.compind.2016.02.004>. Acesso em: 11 set. 2022.

BERARDI, P.C; BRITO, R.P. "Supply chain collaboration for a circular economy-From transition to continuous improvement". *Journal of Cleaner Production*, Elsevier, 328 (2016), p. 129511. Disponível em: <https://doi.org/10.1016/j.jclepro.2021.129511>. Acesso em: 11 set. 2022.

BOCKEN, N., STRUPEIT, L., WHALEN, K., NUßHOLZ, J. "A review and evaluation of circular business model innovation tools". *Sustainability*, Basel: MDPI, 11, nº 8 (2019), p. 2210. Disponível em: <https://doi.org/10.3390/su11082210>. Acesso em: 11 set. 2022.

BOGERS, M.; CHESBROUGH, H.; STRAND, R. "Sustainable open innovation to address a grand challenge: lessons from Carlsberg and the Green Fiber Bottle", *British Food Journal*, SSRN, 122, nº 5 (2019), pp. 1505-1517. Disponível em: <https://papers.ssrn.com/sol3/papers.cfm?abstract_id=3500792>. Acesso em: 11 set. 2022.

BRESSANELLI, G., ADRODEGARI, F., PERONA, M., SACCANI, N. "Exploring how usage-focused business models enable circular economy through digital technologies". *Sustainability*, Basel: MDPI, 10, nº 3 (2018), p. 639. Disponível em: <https://doi.org/10.3390/su10030639>. Acesso em: 11 set. 2022.

CAINELLI, G.; D'AMATO, A.; MAZZANTI, M. "Resource efficient eco-innovations for a circular economy: Evidence from EU firms". *Research Policy*, Elsevier, 49, nº 1 (2020), p. 103827. Disponível em: <https://doi.org/10.1016/j.respol.2019.103827>. Acesso em: 11 set. 2022.

CAPPELLARO, F., CHIARINI, R., MELONNI, C., SNELS, C. "Smart Community Co-Creation: The Case of Centocello Project". *International*

Journal of Sustainable Energy Planning and Management, Roma: ENEA, 24 (2019), pp. 155-162. Disponível em: <https://doi.org/10.5278/ijsepm.3339>. Acesso em: 11 set. 2022.

CHESBROUGH, H. *Open innovation: The new imperative for creating and profiting from technology*. Boston, MA: Harvard Business School Press, 2003.

CHIU, M.C.; CHU, C.H. "Review of sustainable product design from life cycle perspectives". *International Journal of Precision Engineering and Manufacturing*, Springer, 13 (2012), pp. 1259-1272. Disponível em: <https://doi.org/10.1007/s12541-012-0169-1>. Acesso em: 11 set. 2022.

CNI. CONFEDERAÇÃO NACIONAL DA INDÚSTRIA. Pesquisa sobre Economia Circular 2019. Disponível em: <https://www.portaldaindustria.com.br/publicacoes/2020/4/pesquisa-sobre-economia-circular-2019/> Acesso em: 29 jul. 2022.

CONG, J; CHEN, C.H; ZHENG, P. "Design entropy theory: A new design methodology for smart PSS development". *Advanced Engineering Informatics*, Elsevier, 45 (2020), p. 201124. Disponível em: <https://doi.org/10.1016/j.aei.2020.101124>. Acesso em: 11 set. 2022.

DE JESUS, A.; MENDONÇA, S. "Lost in transition? Drivers and barriers in the eco-innovation road to the circular economy". *Ecological economics*, Elsevier, 145 (2018), pp. 75-89. Disponível em: <https://doi.org/10.1016/j.ecolecon.2017.08.001>. Acesso em: 11 set. 2022.

JABBOUR, A. B. L. S., JABBOUR, C. J. C., FOROPON, C., GODINHO FILHO, M. "When titans meet–Can industry 4.0 revolutionise the environmentally-sustainable manufacturing wave? The role of critical success factors". *Technological Forecasting and Social Change*, Elsevier, 132 (2018), pp. 18-25. Disponível em: <https://doi.org/10.1016/j.techfore.2018.01.017>. Acesso em: 11 set. 2022.

FORD, S.; DESPEISSE, M. "Additive manufacturing and sustainability: an exploratory study of the advantages and challenges". *Journal of Cleaner Production*, Elsevier, 137 (2016), pp. 1573-1587. Disponível em: <https://doi.org/10.1016/j.jclepro.2016.04.150>. Acesso em: 11 set. 2022.

EISENREICH, A; FÜLLER, J.; STUCHTEY, M. "Open Circular Innovation: How Companies Can Develop Circular Innovations in Collaboration with Stakeholders". *Sustainability*, Basel: MDPI, 13, nº 23 (2021), p. 13456. Disponível em: <https://doi.org/10.3390/su132313456>. Acesso em: 11 set. 2022.

FUNDAÇÃO ELLEN MACARTHUR (2020). *Kaer Air conditioning as a service reduces building carbon emissions*. Disponível em: <https://www.ellenmacarthurfoundation.org/case-studies/air-conditioning-as-a-service-reduces-building-carbon-emissions>. Acesso em: 29 jul. 2022.

GARCIA-MUIÑA, F. E., GONZÁLEZ-SANCHÉZ, R., FERRARI, A. M., SETTEMBRE-BLUNDO, D. "The paradigms of Industry 4.0 and circular economy as enabling drivers for the competitiveness of businesses and territories: The case of an Italian ceramic tiles manufacturing company". *Social Sciences*, Basel: MDPI, 7, nº 12 (2018), p. 255. Disponível em: <https://doi.org/10.3390/socsci7120255>. Acesso em: 11 set. 2022.

GEISSDOERFER, M., MORIOKA, S. N., CARVALHO. M. M., EVANS, S. "Business models and supply chains for the circular economy". *Journal of Cleaner Production*, Elsevier, 190 (2018), pp. 712-721. Disponível em: <https://doi.org/10.1016/j.jclepro.2018.04.159>. Acesso em: 11 set. 2022.

GULDMANN, E.; HUULGAARD, R.D. "Barriers to circular business model innovation: A multiple-case study". *Journal of Cleaner Production*, Elsevier, 243 (2020), p. 118160. Disponível em: <https://doi.org/10.1016/j.jclepro.2019.118160>. Acesso em: 11 set. 2022.

JABBOUR, C., J., C., JABBOUR, A. B. L. S., SARKIS, J., GODINHO FILHO, M. "Unlocking the circular economy through new business models based on large-scale data: an integrative framework and research agenda". *Technological Forecasting and Social Change*, Elsevier, 144 (2019), pp. 546-552. Disponível em: <https://doi.org/10.1016/j.jclepro.2019.118160>. Acesso em: 11 set. 2022.

KIEFER, C.P.; CARRILLO-HERMOSILLA, J.; DEL RÍO, P. "Building a taxonomy of eco-innovation types in firms. A quantitative perspective". *Resources, Conservation and Recycling*, Elsevier, 145 (2019), pp. 339-348. Disponível em: <https://doi.org/10.1016/j.resconrec.2019.02.021>. Acesso em: 11 set. 2022.

KÖHLER, J.; SÖNNICHSEN, S. D.; BESKE-JANSEN, P. Towards a collaboration framework for circular economy: The role of dynamic capabilities and open innovation *Business Strategy and the Environment*, Wiley Online Library, 31, nº 6 (2022), pp. 2700-2713. Disponível em: <https://doi.org/10.1002/bse.3000>. Acesso em: 11 set. 2022.

LIN, K.Y. "User experience-based product design for smart production to empower industry 4.0 in the glass recycling circular economy". *Computers & Industrial Engineering*, Elsevier, 125 (2018), pp. 729-738. Disponível em: <https://doi.org/10.1016/j.cie.2018.06.023>. Acesso em: 11 set. 2022.

MAGRETTA, J. *Why business models matter.* Harward Business Review. Harvard Business School Publishing Corporation. 2002.

MISHRA, J.L.; CHIWENGA, K. D.; ALI, K. Collaboration as an enabler for circular economy: A case study of a developing country. Emerald, 59, nº 8 (2021), pp. 1784-1800. Disponível em: <https://doi.org/10.1108/MD-10-2018-1111>. Acesso em: 11 set. 2022.

MOHAMED, M. “Challenges and benefits of Industry 4.0: an overview”. *International Journal of Supply and Operations Management*, 5, nº 3 (2018), pp. 256-265. Disponível em: <https://doi.org/10.22034/2018.3.7>. Acesso em: 11 set. 2022.

NASCIMENTO, D. L. M. *et al.* “Exploring Industry 4.0 technologies to enable circular economy practices in a manufacturing context: A business model proposal”. *Journal of Manufacturing Technology Management*, Emerald, 30, nº 3 (2019), pp. 607-627. Disponível em: <https://doi.org/10.1108/JMTM-03-2018-0071>. Acesso em: 11 set. 2022.

NOGUEIRA, A.; ASHTON, W.S.; TEIXEIRA, C. “Expanding perceptions of the circular economy through design: Eight capitals as innovation lenses”. *Resources, Conservation and Recycling*, Elsevier, 149 (2019), pp. 566-576. Disponível em: <https://doi.org/10.1016/j.resconrec.2019.06.021>. Acesso em: 11 set. 2022.

OJO, O. O. *et al.* Potential impact of industry 4.0 in sustainable food supply chain environment. *In*: 2018 *IEEE International Conference on Technology Management, Operations and Decisions* (ICTMOD). IEEE, 2018. p. 172-177. #Disponível em: <https://doi.org/10.1109/ITMC.2018.8691223>. Acesso em: 11 set. 2022.

OSTERRIEDER, P.; BUDDE, L.; FRIEDLI, T. “The smart factory as a key construct of industry 4.0: A systematic literature review”. *International Journal of Production Economics*, Elsevier, 221 (2020), p. 107476. Disponível em: <https://doi.org/10.1016/j.ijpe.2019.08.011>. Acesso em: 11 set. 2022.

PATALA, S.; SALMI, A.; BOCKEN, N. “Intermediation dilemmas in facilitated industrial symbiosis”. *Journal of cleaner production*, Elsevier, 261, nº 3 (2020), p. 121093. Disponível em: <https://doi.org/10.1016/j.jclepro.2020.121093>. Acesso em: 11 set. 2022.

PEIXOTO, L.; RUA, M. (ed.). *Gestão de Mudanças Organizacionais na Prática***.** 1. ed. Rio de Janeiro: Autografia, 2021. 238 p.

PENCARELLI, T. The digital revolution in the travel and tourism industry. *Information Technology & Tourism*, Springer, 22 (2020), pp. 455-476. Disponível em: <https://doi.org/10.1007/s40558-019-00160-3>. Acesso em: 11 set. 2022.

PIERONI, M.P.P; MCALOONE, T.C.; PIGOSSO, D.C.A. Business model innovation for circular economy and sustainability: A review of approaches. *Journal of cleaner production*, Elsevier, 215 (2019), pp. 198-216. Disponível em: <https://doi.org/10.1016/j.jclepro.2019.01.036>. Acesso em: 11 set. 2022.

RAJPUT, S.; SINGH, S.P. “Connecting circular economy and industry 4.0”. *International Journal of Information Management*, Elsevier, 49

(2019), pp. 98-113. Disponível em: <https://doi.org/10.1016/j.ijinfomgt.2019.03.002>. Acesso em: 11 set. 2022.

RANTA, V.; AARIKKA-STENROOS, L.; VÄISÄNEN, J.M. Digital technologies catalyzing business model innovation for circular economy — Multiple case study. *Resources, Conservation and Recycling*, Elsevier, 164 (2021), p. 105155. Disponível em: <https://doi.org/10.1016/j.resconrec.2020.105155>. Acesso em: 11 set. 2022.

RECYCLING MAGAZINE. First recycling initiative from blockchain, 11 nov. 2017. Disponível em: <https://www.recycling-magazine.com/2017/11/11/first-recycling-initiative-blockchain/ >. Acesso em: 29 jul. 2022.

SABERI, S., KOUHIZADEH, M., SARKIS, J., SHEN, L. "Blockchain technology and its relationships to sustainable supply chain management". *International Journal of Production Research*, Taylor & Francis Online, 57, nº 7 (2018), pp. 2117-2135. Disponível em: <https://doi.org/10.1080/00207543.2018.1533261>. Acesso em: 11 set. 2022.

SARKIS, J.; HELMS, M.M.; HERVANI, A.A. "Reverse logistics and social sustainability". *Corporate Social Responsibility and Environmental Management*, Wiley Online Library, 17, nº 6 (2010), pp. 337-354. Disponível em: <https://doi.org/10.1002/csr.220>. Acesso em: 11 set. 2022.

SCARPELLINI, S.; MARÍN-VINUESA, L.M.; ARANDA-USÓN, A.; PORTILLO-TARRAGONA, P. "Dynamic capabilities and environmental accounting for the circular economy in businesses". *Sustainability Accounting, Management and Policy Journal,* Emerald, 11, nº 7 (2020), pp. 1129-1158. Disponível em: <https://doi.org/10.1108/SAMPJ-04-2019-0150>. Acesso em: 11 set. 2022.

SCHRODER, P. *et al.* "Advancing sustainable consumption and production in cities-A transdisciplinary research and stakeholder engagement framework to address consumption-based emissions and impacts". *Journal of Cleaner Production*, Elsevier, 213 (2019), pp. 114-125. Disponível em: <https://doi.org/10.1016/j.jclepro.2018.12.050>. Acesso em: 11 set. 2022.

SEHNEM, S.; DE QUEIROZ, A.A.F.S.; PEREIRA, S.C.F.; DOS SANTOS CORREIA, G.; KUZMA, E. "Circular economy and innovation: A look from the perspective of organizational capabilities". *Business Strategy and the Environment*, Wiley Online Library, 31, nº 1 (2022), pp. 236--250. Disponível em: <https://doi.org/10.1002/bse.2884>. Acesso em: 11 set. 2022.

SEURING, S.; MÜLLER, M.. "From a literature review to a conceptual framework for sustainable supply chain management". *Journal of Cleaner Production*, Elsevier, 16, nº 15 (2008), pp. 1699-1710. Disponível em: <https://doi.org/10.1016/j.jclepro.2008.04.020>. Acesso em: 11 set. 2022.

SILVA, H. I. G., PELLIZONI, L. N., VIANA, M. C. B., BARRETO, L. K. S. "Cocriação e colaboração: como funciona essa relação no segmento de hospedagem". *Revista Gestão e Desenvolvimento*, 18, nº 3 (2021), pp. 80-101. Disponível em: <https://doi.org/10.25112/rgd.v18i3.2778>. Acesso em: 11 set. 2022.

SINCTRONICS. Relatório Anual de 2020. Disponível em: <https://sinctronics.com.br/wp-content/uploads/2021/07/312_relatorio-anual_2020_sinctronics_a4_final-digital.pdf>. Acesso em: 29 jul. 2022.

SUDUSINGHE, J.I.; SEURING, S. "Supply chain collaboration and sustainability performance in circular economy: A systematic literature review". *International Journal of Production Economics*, Elsevier, 245 (2022), p. 108402. Disponível em: <https://doi.org/10.1016/j.ijpe.2021.108402>. Acesso em: 11 set. 2022.

TANG, C.S.; VEELENTURF, L.P. "The strategic role of logistics in the industry 4.0 era". *Transportation Research Part E: Logistics and Transportation Review*, Elsevier, 129 (2019), pp. 1-11. Disponível em: <https://doi.org/10.1016/j.tre.2019.06.004>. Acesso em: 11 set. 2022.

THOMAS, D. "Costs, benefits, and adoption of additive manufacturing: a supply chain perspective". *The International Journal of Advanced Manufacturing Technology*, Springer, 85 (2016), pp. 5-8. Disponível em: <https://doi.org/10.1007/s00170-015-7973-6>. Acesso em: 11 set. 2022.

TRAPPEY, A. J. C. *et al.* "A review of essential standards and patent landscapes for the Internet of Things: A key enabler for Industry 4.0". *Advanced Engineering Informatics*, Elsevier, 3 (2017), pp. 208-229. Disponível em: <https://doi.org/10.1016/j.aei.2016.11.007>. Acesso em: 11 set. 2022.

TREVISAN, A. H., CASTRO, C. G., GOMES. L. A. V., MESCARENHAS, J. "Unlocking the circular ecosystem concept: Evolution, current research, and future directions". *Sustainable Production and Consumption*, Elsevier, 29 (2022), pp. 286-298. Disponível em: <https://doi.org/10.1016/j.spc.2021.10.020>. Acesso em: 11 set. 2022.

TSENG, M.-L. *et al.* "Circular economy meets industry 4.0: Can big data drive industrial symbiosis?". *Resources, Conservation and Recycling*, Elsevier, 131 (2018), pp. 146-147. Disponível em: <https://doi.org/10.1016/j.resconrec.2017.12.028>. Acesso em: 11 set. 2022.

XU, L.D.; XU, E.L.; LI, L. Industry 4.0: state of the art and future trends. *International Journal of Production Research*, Taylor & Francis Online, 56, nº 8 (2018), pp. 2941-2962. Disponível em: <https://doi.org/10.1080/00207543.2018.1444806>. Acesso em: 11 set. 2022.

ZHANG, D., PAN, S. L., YU, J., LIU, W. "Orchestrating big data analytics capability for sustainability: A study of air pollution management in

China". *Information & Management*, Elsevier, 59, nº 5 (2022), p. 103231. Disponível em: <https://doi.org/10.1016/j.im.2019.103231>. Acesso em: 11 set. 2022.

ZHU, Q.; SARKIS, J.; LAI, K.H. "Green supply chain management: pressures, practices and performance within the Chinese automobile industry". *Journal of Cleaner Production*, Elsevier, 15 (2022), pp. 1041-1052. Disponível em: <https://doi.org/10.1016/j.jclepro.2006.05.021>. Acesso em: 11 set. 2022.

ZOTT, C.; AMIT, R.; MASSA, L. "The business model: recent developments and future research". *Journal of management*, Sage Journals, 37, nº 4 (2011), pp. 1019-1042. Disponível em: <https://doi.org/10.1177/0149206311406265>. Acesso em: 11 set. 2022.

CAPÍTULO 4

Ecossistemas Circulares

Aline Gabriela Ferrari
Daniel Jugend
Sanderson César Macedo Barbalho

Objetivos

- Apresentar os conceitos de ecossistemas de negócios e de inovação;
- Apresentar o conceito de ecossistemas circulares;
- Descrever objetivos e características dos ecossistemas circulares;
- Mostrar quais atores normalmente compõem os ecossistemas circulares, assim como os seus papéis e responsabilidades;
- Indicar as principais barreiras e estímulos para a colaboração em um ecossistema;
- Apresentar um exemplo de ecossistema circular.

4.1. O conceito de ecossistema

Na natureza, entende-se o ecossistema biológico como um sistema de diferentes organismos que vivem na mesma área, juntamente com os aspectos do ambiente físico com o qual interagem, constituindo um sistema estável, equilibrado e autossuficiente (Pilinkienė e Mačiulis,

2014). Nos últimos anos, tem-se tornado comum analisar e aplicar este conceito proveniente da biologia para se compreender e tentar melhorar as interações e colaborações entre empresas e *stakeholders* diversos, tais como: outras empresas, clientes, fornecedores, varejistas, consultorias, distribuidores, universidades, institutos de pesquisa, governos, concorrentes, entre outros. Sob o ponto de vista da gestão, a importância conferida ao tema dos ecossistemas tem ganhado relevância uma vez que as empresas, cada vez mais, dependem de uma atuação integrada com diversos *stakeholders* presentes no ecossistema para se viabilizarem e serem competitivas no mercado em que atuam.

Neste contexto, principalmente, a partir da década de 90, muitas empresas perceberam que, para se manterem competitivas e inovadoras, precisariam atuar em conjunto com outros atores presentes em um mesmo ecossistema para desenvolverem e oferecerem novos e melhores produtos, processos e serviços e, com isso, incorporarem as inovações consideradas necessárias para atender ao seu mercado atual ou mesmo adentrarem em novos mercados. A literatura de gestão, e especialmente a de gestão da inovação, tem mostrado que estes esforços de inovação de modelos de negócios, produtos, serviços e processos dependem de relacionamentos com atores presentes no ecossistema. Os ecossistemas de negócios ocorrem quando "*...diferentes organizações precisam trabalhar juntas para que uma nova proposição de valor dê certo*" (Adner, 2012, p. 79).

Desta maneira, analisar e compreender os fenômenos da natureza pode contribuir também com a análise sistêmica da organização no contexto do ambiente em que atua. Até mesmo os papéis de cada ser vivo em um ecossistema biológico podem ser comparados com os papéis dos *stakeholders* em um modelo de negócios empresarial, em que todos os envolvidos dependem uns dos outros para sobreviver e para obter uma maior qualidade de vida[1].

O conceito de ecossistema na literatura em gestão se iniciou com as definições de ecossistemas de negócios e, posteriormente, houve

---

[1] A teoria dos sistemas, amplamente discutida pelos trabalhos de Teoria das Organizações, pode auxiliar o leitor a se aprofundar neste tema.

um esforço para se entender e conceituar os ecossistemas de inovação. Recentemente, com a disseminação dos conceitos de economia circular (EC) provenientes de áreas como ecologia industrial e simbiose industrial, observa-se o esforço de pesquisadores e muitas empresas em compreenderem de maneira mais profunda e proporem formas de ecossistemas que atendam aos princípios da EC, isto é, os ecossistemas circulares. Por exemplo, em uma indústria alimentícia, os produtores são responsáveis pela entrada de energia no sistema. Os consumidores são responsáveis por demandar produtos ambientalmente sustentáveis e por promoverem os fluxos de energia e materiais e, os decompositores, por garantirem a reutilização da matéria. Centros de pesquisa podem fornecer soluções tecnológicas regenerativas aos produtores. Instituições governamentais podem favorecer a coordenação entre estes diferentes atores. Agentes de fomento público ou privado podem financiar e estimular o desenvolvimento de soluções tecnológicas. A interação desses atores em um ecossistema pode impulsioná-los em direção à economia circular. Este capítulo aborda essas questões, iniciando-se pela definição dos ecossistemas de negócios e de inovação, abordados no próximo tópico.

4.2. Ecossistemas de negócios e de inovação

O conceito de ecossistema de negócios (EN) foi introduzido por Moore (1993), quando destacou que as empresas não devem ser vistas como parte de uma indústria única e estática, mas sim como parte de um ecossistema intersetorial, uma vez que normalmente existem laços de colaboração para se desenvolver soluções em um processo denominado de "coevolução". Esse modelo de colaboração tende a favorecer o desenvolvimento mais rápido de empresas em direção à inovação. O processo de coevolução envolve também o conceito biológico da "mutação", o qual sugere a necessidade de as empresas se adaptarem às mudanças contínuas no ambiente, como forma de manterem suas vantagens competitivas (Moore, 1993).

É comum que as grandes empresas sejam as impulsionadoras da criação desses ecossistemas, inclusive detendo maior influência sobre as ações dos demais membros. Assim como na natureza, na qual os seres vivos são mutuamente dependentes, as organizações que estão conectadas em um ecossistema de negócios precisam umas das outras para que seja possível a co-criação de valor. Seguindo este raciocínio, o ecossistema de negócios se trata de uma rede de organizações que trabalham em conjunto na busca de um objetivo comum: gerar valor para o cliente.

Alguns fatores importantes devem existir para a sobrevivência de um ecossistema de negócios (Wieninger *et al.*, 2020), são eles: (i) a heterogeneidade de atores, ou seja, a presença de atores com diferentes competências e que se complementam; (ii) a capacidade de identificar atores "parasitas", a fim de prevenir possíveis danos de atores que estão focados em atingir seus objetivos próprios e não os objetivos compartilhados pelo ecossistema; e, (iii) a adaptabilidade, para que os ecossistemas consigam se adequar rapidamente às mudanças vindas do ambiente externo e interno.

A colaboração, proximidade e confiança esperada entre os atores existentes no ecossistema tendem a possibilitar também muitas oportunidades para os envolvidos, uma vez que, além de impulsionarem a troca de experiências e conhecimentos entre os diferentes atores, tendem a contribuir com atividades de vendas e consumo entre os membros, otimizar a logística e a gestão da cadeia de suprimentos e também favorecer o compartilhamento de recursos físicos (como estruturas laboratoriais, produtivas e de armazenamento, por exemplo). Estes fatores podem permitir que empresas participantes de ecossistemas consigam inovar com maior agilidade e arcando com menores custos e riscos.

Esta possibilidade de inovação em conjunto para o desenvolvimento de produtos, processos, serviços e formas com diferentes atores do ecossistema pode ser chamada de "co-desenvolvimento". Para que este "co-desenvolvimento" tenha bom desempenho em um ecossistema, são relevantes três habilidades aos seus atores:

- Capacidade de absorção: é a capacidade da empresa em assimilar os conhecimentos de seus parceiros e conseguir aplicá-los efetivamente nos negócios (Grunwald e Kieser, 2007);
- Capacidade de coordenação: consiste na habilidade de organizar os diversos atores em um ecossistema, gerando também novas formas de colaboração (Ettlie e Pavlou, 2006);
- Capacidade relacional: é a habilidade de estreitar os relacionamentos para a troca de conhecimentos entre os parceiros (Matusik, 2002).

Posteriormente ao conceito de ecossistemas de negócios, surgiu na literatura o conceito de ecossistema de inovação (EI). A principal diferença entre esses dois tipos de ecossistemas é que, enquanto o primeiro foca em capturar valor, o segundo está centrado na co-criação de valor, ou seja, na criação conjunta de valor pelos atores. No EI, os atores trabalham juntos em busca de uma proposta de valor compartilhada, em um ambiente que permite que todos compartilhem suas ideias e encontrem formas de apoio mútuo, o que é essencial para a existência do ecossistema.

Em ambos os ecossistemas (de negócios e de inovação), os atores são vistos como interdependentes - termo usado para caracterizar a relação de dependência entre os membros. Apesar de serem organizações independentes, normalmente existe uma relação de dependência para que o ecossistema exista, gerando a consciência de que o desenvolvimento de um ator depende também das relações de colaboração com outros atores. A interdependência é uma característica fundamental em ecossistemas, já que são as parcerias e as relações benéficas entre os atores que tendem a impulsionar o crescimento do ecossistema. Esta dependência pode ocorrer em diferentes níveis dentro do ecossistema, desde simples contribuições que um membro pode oferecer a outro até relações em que um ator realmente depende do outro para existir. Em um ecossistema de inovação, destaca-se a importância de aspectos como: colaboração, cooperação, co-criação e co-inovação entre atores para a criação de valor aos clientes (Adner, 2012).

Os atores dos EI normalmente são classificados em três categorias principais (Torlig e Resende Júnior, 2018): (i) recursos materiais (fundos, equipamentos e instalações); (ii) capital humano (estudantes, professores, funcionários, gestores, pesquisadores e colaboradores de empresas) e (iii) entidades participantes do ecossistema (universidades, empresas, institutos de pesquisa, agências de fomento, órgãos governamentais e decisores políticos). De maneira macro, existem agentes e relações econômicas, bem como agentes e relações não-econômicas compondo um EI. É importante notar que os papéis dos atores de um ecossistema (principalmente de inovação) são dinâmicos e devem ser revistos continuamente, pois mudam e se renovam conforme surgem mudanças no ambiente, tais como aquelas de hábitos dos consumidores, novas tecnologias, mudanças macro ou microeconômicas, e conforme os atores entram ou saem do ecossistema.

Em um EI, a colaboração dos atores tem como objetivo a busca pelo desenvolvimento de inovações em produtos, processos, métodos organizacionais e de mercado. São diversos participantes que têm envolvimento ativo e direto em todas as etapas do processo de inovação, e em direção a uma mesma proposta de valor, e para isso compartilham tecnologias e complementam competências. Por isso, é importante que todos os elementos de um ecossistema (EN ou EI), sejam entendidos sob uma perspectiva sistêmica, pois cada ator faz parte de um todo e desempenha um papel importante no ecossistema.

A sociedade constitui a base do EI, pois são indivíduos que impactam o desenvolvimento da inovação à medida que geram demandas e necessidades a serem atendidas por produtos e/ou serviços. Em seguida, estão os atores de conhecimento, ou seja, instituições educacionais ou de P&D que formam novos empreendedores ou novas tecnologias. No terceiro nível, estão os atores empresariais e atores de *habitat* de inovação, que são empresas ou desenvolvedores de P&D, novos produtos, processos, serviços e formas de gestão. O topo da estrutura é composto por atores públicos (instituições fornecedoras de mecanismos de programas, regulamentos, políticas e incentivos), institucionais (organizações que prestam assistência e conhecimento) e de fomento (fornecedores de mecanismos de financiamento, como bancos e governos). É importante notar que, apesar desta classificação, esses níveis são interdependentes e, para se estimular a inovação, é importante fomentar a sinergia entre eles, especialmente, em ecossistemas potenciais ou já existentes.

Apresentados sinteticamente os conceitos de EN e de EI, o próximo tópico aborda os ecossistemas circulares, foco central deste capítulo.

4.3. Ecossistemas circulares

Após discorrer sobre os conceitos de ecossistemas de negócios e de inovação, é possível compreender o cenário em que surgiu o conceito de ecossistema circular (ESC), que surge como forma de adoção e, até mesmo, como forma de impulsionar a EC, considerando especialmente o seu nível meso[2]. A noção de "ecossistema" se tornou importante para entender como modelos lineares podem ser transformados em circulares, considerando o papel de diversos atores presentes em um mesmo ecossistema.

Alguns estudos recentes têm destacado os ecossistemas circulares como forma de promover a EC (Alhola *et al.*, 2019; Parida *et al.*, 2019; Zucchella e Previtali, 2019), uma vez que são sistemas nos quais os atores buscam criar e aprimorar conjunta e colaborativamente produtos, soluções e serviços com base nos princípios da EC (Parida *et al.*, 2019). Assim, o ESC procura coordenar modelos de negócios de diferentes atores baseados em princípios da EC, com o objetivo de criar propostas de valor sustentáveis com ciclos de recursos fechados.

Apesar do ESC ser ainda um objeto recente de investigação, assim como o próprio conceito de EC, o seu interesse vem aumentando significativamente nos últimos anos entre empresas e acadêmicos interessados no tema. A EC requer uma mudança no nível dos sistemas e um novo tipo de mentalidade de criação de valor (Fontell e Heikkilä, 2017).

---

[2] Os níveis de EC foram detalhados no capítulo introdutório deste livro.

Eliminar os resíduos e manter os produtos e materiais em seu mais alto nível de utilidade e valor pelo maior período possível normalmente requer relações de colaboração estreitas entre toda a rede de valor, o que explica a dificuldade para que uma empresa que atue independentemente consiga implantar os princípios da EC. Ou seja, a necessidade de colaboração entre diversos atores em direção à EC é vital e, portanto, faz sentido analisar as relações entre os diferentes atores pertencentes a um mesmo ecossistema e que visem desenvolver e entregar produtos e serviços aos clientes que estejam alinhados aos princípios da EC.

Neste sentido, faz-se importante analisar a aplicação da EC em âmbito sistêmico, pois a transição da economia linear para a circular exige mudanças não só na empresa em nível individual, mas em seu modelo de negócios e, também, no modelo de negócios dos seus parceiros (Parida *et al.*, 2019). Em um modelo de negócios circular, é importante que todas as partes interessadas adotem propostas de valor sustentáveis e que visem atender aos princípios da EC. Os modelos de negócios devem, portanto, ir além do *design* de produtos, mas também desenvolver serviços de suporte relacionados e uma infraestrutura que garanta a possibilidade de ações como reuso, compartilhamento, atualização e reciclagem dos mesmos, como ocorre, por exemplo, por meio de ações como o *leasing*, em que há a contratação e o compartilhamento de produtos entre usuários, buscando prolongar a vida útil dos produtos (Alhola *et al.*, 2019).

Isso implica que produtores, fornecedores, clientes, distribuidores, universidades, institutos de pesquisa e outros atores em um ecossistema devam compartilhar os mesmos objetivos em busca da EC. Essa ação, no entanto, não é tarefa simples, uma vez que exige não apenas uma cultura organizacional voltada aos princípios da EC, mas também possibilidades tecnológicas, mercadológicas e econômicas que viabilizem a adoção desses princípios de maneira paralela em um conjunto de atores que tenham por objetivo adotar os princípios da EC.

De maneira geral, o objetivo de um ESC é reunir diversos atores que são hierarquicamente independentes, mas interdependentes, e que produzem bens e serviços industriais de forma sustentável e em colaboração simbiótica. A essência da simbiose industrial é aproveitar ao máximo a utilização de subprodutos, reduzindo os resíduos ou tratando-os com eficiência em busca de um melhor desempenho ambiental, social e econômico (Veiga, 2007). Geralmente, existe uma proximidade física entre estes atores, o que tende a facilitar o contato e a troca de recursos entre eles, facilitando, por exemplo, que o resíduo de um dos atores sirva como matéria-prima para outro e podendo, desta forma, serem classificados como ecossistemas que permitem a energia sustentável e fluxos de materiais dentro de um contexto geograficamente definido.

A colaboração é, portanto, uma característica essencial para a existência do ESC, pois o desenvolvimento de soluções para a EC requer a integração de conhecimentos e tecnologias entre os atores que compõem o ecossistema. O modelo de negócios neste ambiente precisa ser caracterizado também pela confiança entre os atores, tomada de decisões compartilhadas e objetivos comuns ligados à operacionalização da EC. Também é importante, para a existência do ESC, que os fluxos de informação sejam gerenciados e armazenados de maneira descentralizada (Tate *et al.*, 2019), de tal forma que todos os atores do ecossistema possuam o conhecimento necessário e consigam otimizar os fluxos de materiais e informações necessários para se cumprir os objetivos da EC. O desenvolvimento conjunto de soluções tecnológicas que propõem estender ao máximo o ciclo de vida dos produtos é um exemplo disto, o que pode implicar em relações entre consumidores, institutos de pesquisas e fornecedores no processo de criação de produtos em tarefas, como a de co-desenvolvimento ou de P&D para a produção de uma nova solução tecnológica.

Alguns exemplos são fornecidos na literatura a respeito dos ESCs. Em um projeto de reciclagem de resíduos na agricultura, parceiros menores do ecossistema, como por exemplo os agricultores, se beneficiaram do compartilhamento de ativos intangíveis com centros de pesquisa e universidades presentes no ecossistema (Zucchella e Previtali, 2019). Os ESCs podem também criar redes nas quais os resíduos de um ator são utilizados como matéria-prima para outro ator. Por exemplo, Alhola *et al.* (2019) observaram redes de atores em um mesmo ecossistema, nos quais os resíduos de um ator são usados como matéria-prima para outro, como os ônibus que rodam com a bioenergia produzida localmente e canteiros de obras que reutilizam materiais.

A questão da governança também tem chamado atenção como aspecto relevante para o sucesso desses ecossistemas. O próximo tópico deste capítulo trata desse tema.

4.4. Governança em um ecossistema circular

Um conceito que tem se tornado comum ao se tratar dos ecossistemas circulares é o papel da governança, ou seja, como é gerenciada a relação entre os atores, e como se dá o processo de entrada e saída dos atores no ecossistema. Neste contexto, é importante observar quais são os mecanismos formais e informais para fomentar a colaboração entre os atores envolvidos neste sistema. No que se refere aos mecanismos formais, pode-se entender como forma de gerenciamento a utilização de documentos, tais como contratos, podendo ainda serem usados entre os atores do ESC para se definir, por exemplo, preços, métodos de produção, a adoção de determinada certificação, quantidades e qualidade de matérias-primas e uso de resíduos. Os mecanismos informais consistem, sobretudo, na colaboração baseada no compartilhamento de informações, na interação e na relação de confiança entre os atores. A cultura organizacional dos ecossistemas, bem como de seus participantes, é aspecto determinante, portanto, para orientar um padrão mais ou menos formal para o gerenciamento do ecossistema. Por exemplo, a cultura organizacional de um ecossistema vinculado à construção civil será muito diferente daquele presente em um setor de alimentos orgânicos.

Alguns autores (ex.: Trevisan *et al.*, 2022) citam a possibilidade de que a estrutura do ESC seja descentralizada e colaborativa, de tal maneira que todos os parceiros sejam vistos como "iguais" e tenham autonomia relativa na sua tomada de decisão. Entretanto, grande parte dos estudos (ex.: Zucchella e Previtali, 2019; Konietzko *et al.*, 2020; Parida *et al.*, 2019; Boldrini e Antheaume, 2021) sugerem a necessidade de existir um modelo de "orquestração" do ecossistema, no qual se observa a dependência de um ator que possui maior influência sobre os demais. O ator responsável por garantir a orquestração do ecossistema, normalmente, tem o papel de ser um "coordenador", também chamado de orquestrador de rede. É esse ator que, em geral, lidera e coordena o ecossistema não somente sob a perspectiva da tecnologia, alocação de recursos, determinação de padrões de trabalho e desempenho; mas também com capacidade de influenciar o modelo de negócios dos diversos atores, exigindo, por exemplo: certificações para que as empresas possam fornecer produtos e serviços ao ecossistema; determinados níveis de maturidade (tais como: idade, reputação e excelência em operações) para novos entrantes; e culturas organizacionais alinhadas aos valores do ecossistema.

Em ecossistemas circulares é importante que todos os atores possuam papéis relevantes no alcance dos princípios da EC. Os consumidores, por exemplo, precisam mudar seus hábitos direcionando seus padrões de consumo a soluções que atendam aos princípios da EC (Fontell e Heikkilä, 2017). Os fornecedores, por sua vez, precisam de conhecimento técnico e tecnológico para desenvolver, produzir e entregar produtos e serviços que também atendam a estes princípios. Neste caso, a logística reversa (tal como apresentado no capítulo de gestão da cadeia de suprimentos circulares) passa a ser importante também para o bom desempenho do ecossistema.

Universidades, institutos de pesquisa e consultorias também são apontados como atores que podem colaborar para o cumprimento dos objetivos da EC no ecossistema, cada um com suas competências. Afinal, estes atores podem contribuir com o desenvolvimento de conhecimentos e tecnologias que serão transferidas aos demais atores do ecossistema e que atendam aos princípios da EC. Por exemplo, o desenvolvimento de material mais durável e que aumente o tempo de vida do produto pode ser desenvolvido colaborativamente entre determinado fabricante e laboratórios de universidades que estejam conectadas ao ecossistema. Uma solução de pesticida natural pode ser desenvolvida por institutos de pesquisa e transferida aos produtores rurais pertencentes a um ecossistema.

O governo também desempenha um papel relevante para impulsionar os ESCs, uma vez que pode estabelecer políticas públicas que estimulem as empresas a adotar os princípios da EC em seus modelos de negócios, como por meio de incentivos tributários que impulsionem a adoção de práticas orientadas à simbiose industrial, reuso, remanufatura e reciclagem, por exemplo. Além disso, os governos locais e regionais também podem exercer papéis de coordenadores entre os diferentes atores envolvidos no ecossistema, facilitando e estimulando as suas interações e colaborações.

Desta forma, quando se analisa a transição dos modelos de negócios lineares para os circulares, é importante observar também o comportamento do ecossistema no qual uma empresa está inserida, pois os ecossistemas, a partir de um enfoque sistêmico, podem estimular e influenciar a mudança de modelos de negócios (do linear para o circular) entre diferentes atores que atuam colaborativamente. Portanto, para que exista um ESC, é necessário que os modelos de negócios e os comportamentos dos atores estejam alinhados aos princípios da EC, tais como: o desenvolvimento de novos produtos e tecnologias; cadeias de suprimentos e logística; e comportamentos de clientes. Os outros capítulos tratam especificamente desses elementos.

Quando já existe uma rede de atores que ainda não opera dentro de um conceito de modelo de negócios circular e visa iniciá-lo, podem ser aplicadas algumas avaliações para verificar quais capacidades e recursos seriam necessários para o ecossistema se tornar circular (Parida *et al.*, 2019). A primeira delas é uma avaliação do ambiente externo do ecossistema, no sentido de se coletar informações sobre mudanças regulatórias e tendências circulares que podem afetar o potencial de negócios do ecossistema (como por exemplo, interesses de clientes e oportunidades tecnológicas). A segunda é uma avaliação do modelo de negócios em termos de criação, captura e entrega de valor. Por fim, avaliar os parceiros do ecossistema com o objetivo de compreender as funções e responsabilidades de cada um; e, além disso, entender os desafios dos diferentes atores para inovar em direção à EC. Normalmente, estas três avaliações não seguem um processo linear, ou seja, até que o ecossistema esteja maduro e preparado para sua transição ao modelo de negócios circular, acontecem diversas iterações desses processos para avaliar as características que ainda não estão conforme o necessário.

Por isso, é importante que os orquestradores auxiliem as empresas parceiras do ecossistema a alcançarem os modelos de negócios circulares. O investimento em infraestrutura e sistemas de tecnologia da informação, por exemplo, pode permitir que orquestradores incentivem seus parceiros a se engajarem nesta transformação (Parida *et al.*, 2019). Os orquestradores também tendem a determinar os padrões pelos quais o ecossistema será avaliado e as principais práticas a serem adotadas pelos parceiros. Outra maneira de se fomentar a transição de um ecossistema para um modelo circular é por meio da simulação de como acontece na natureza, fazendo uso da biomimética[3].

De acordo com Tate *et al.* (2019), seis princípios diferenciam ecossistemas circulares dos de negócios e que, ao mesmo tempo, podem auxiliar na transição dos ecossistemas de negócios para os circulares, são eles:

1. Os ecossistemas circulares precisam de um equilíbrio entre os atores. Diferentemente de um ecossistema de negócios, em que normalmente há um excesso de consumo, nos ecossistemas circulares deve-se envolver e engajar todos os atores de maneira equilibrada e com o objetivo de manter o valor dos produtos pelo maior tempo possível.
2. O rastreamento dos fluxos de informações e materiais é fundamental e deve ter uma forma de gerenciamento integrada. É necessário, por exemplo, que alguns indicadores fiquem claros

[3] Área que estuda os fenômenos e os processos da natureza e utiliza as estratégias da natureza para buscar soluções com eficácia, eficiência e sustentabilidade aos processos atuais da humanidade.

para os atores da cadeia, tais como o percentual de material reciclado, a composição química dos materiais e a infraestrutura necessária para processar materiais secundários.
3. Utilização de fluxos de materiais reversos: é fundamental que, desde as atividades de projeto, sejam planejados produtos que utilizem materiais secundários. Isso exige uma nova mentalidade, na qual se assume que os produtos projetados a partir de resíduos não são de pior qualidade do que aqueles que utilizam materiais primários ou virgens.
4. Os fluxos de materiais precisam estar sempre se movendo dentro de um sistema de valor circular. Diferentemente da abordagem linear, os ecossistemas circulares se orientam por uma abordagem de múltiplos ciclos de vida nos quais produtos, componentes ou matérias-primas se orientam dentro de um sistema circular, ao invés de encerrarem seu ciclo de vida em um aterro sanitário.
5. Assim como nos ecossistemas naturais, a rede de membros deve ser heterogênea, garantindo atores com capacidades complementares e que trabalhem em conjunto e de forma multidisciplinar para resolver problemas.
6. O armazenamento das informações deve ser confiável e descentralizado, garantindo transparência aos atores. A mudança do ecossistema de negócios para o circular requer informações integradas sobre o fluxo de materiais, o que inclui características dos materiais e a sua origem, otimização de rotas, informações sobre quais resíduos de um processo podem ser aproveitados por outros atores, uso de tecnologia de passaporte de materiais, dentre outros.

Por fim, é interessante citar alguns benefícios que os atores obtêm ao participarem de um ESC. Parceiros menores, por exemplo, costumam se beneficiar muito com os ativos intangíveis que são compartilhados, como o acesso a novas fontes de conhecimento e a novos métodos de fazer negócios, o que representa um estímulo para enfrentarem os desafios impostos pela transição em direção à EC. A colaboração com centros de pesquisa e universidades também tende a possibilitar o início de pesquisas para o desenvolvimento de novas tecnologias que favoreçam a adoção da EC, além do fato de que os resíduos de um ator muitas vezes são usados como matéria-prima para outro.

4.5. Estudo de caso: Ecossistema de alimentos orgânicos de Brasília, DF

O estudo de caso apresentado neste capítulo trata de uma estratégia de *co-working* e co-criação, articulando cinco Laboratórios de Inovação no formato *Fab-Labs*® do *Massachussets Institute of Technology* (MIT). Os laboratórios têm como objetivo, nesta estratégia, fornecer suporte à integração de ações que viabilizem o fortalecimento e a consolidação do ecossistema de inovação de empreendimentos orgânicos e de base agroecológica no Distrito Federal (DF) e sua RIDE (Região Integrada de Desenvolvimento do Distrito Federal e Entorno). O ecossistema abrange uma grande quantidade de municípios do DF, Goiás e Minas Gerais.

Tal objetivo é proposto considerando que o ecossistema de inovação de empreendimentos de produtos e serviços orgânicos e de base agroecológica no DF e RIDE já existe e representa um aspecto relevante da economia brasiliense com significativo potencial de crescimento, geração de emprego, renda e impacto na sustentabilidade e na saúde da população da capital/do Distrito, mas que ainda funciona de maneira pouco estruturada e necessita de aportes para viabilizar o seu fortalecimento e pleno desenvolvimento.

Segundo levantamento realizado pelo Núcleo de Estudos em Agroecologia (NEA) da Universidade de Brasília (UnB), atualmente existem pelo menos 19 grupos de ensino, pesquisa e extensão entre os diferentes centros de pesquisa da Embrapa, na UnB e no Instituto Federal de Brasília, envolvendo aproximadamente 250 profissionais (pesquisadores, professores e extensionistas) e mais de 300 estudantes dos mais variados cursos. Estes atores atuam no desenvolvimento de soluções para os desafios tecnológicos de empresas (65, aproximadamente) e produtores (mais de 1250) que desenvolvem atividades relacionadas às cadeias de valor dos orgânicos e agroecológicos, restauração ecológica e produtos de sócio-biodiversidade, como frutos do cerrado.

Segundo estudo realizado pela Codeplan (2017)[4], aproximadamente 120 mil consumidores utilizam produtos orgânicos e agroecológicos no DF a cada ano. Este mercado já ultrapassa os R$ 50 milhões/ano, em que são produzidas aproximadamente 15 mil toneladas de alimentos. Nos últimos 15 anos, a taxa de crescimento do setor foi de 25% a 35% ao ano, e tem estabelecido uma demanda crescente de soluções tecnológicas não triviais.

Há mais de 1.000 produtores orgânicos e agroecológicos na região já cadastrados no Ministério da Agricultura, e ainda centenas de agricultores potenciais identificados, que estão interessados em promover a transição de seus sistemas de produção buscando mais sustentabilidade e redução do custo das suas atividades. Há uma diversidade de experiências inovadoras, tais como: produtores consolidados que produzem orgânicos há décadas; empresas rurais que realizam atividades desde a produção, passando pelo processamento e a comercialização de seus produtos no DF, dentre as quais se destaca a Malunga, Manu Velho e outras; até agricultores familiares e produtores em assentamentos rurais que adotam as técnicas de produção orgânica e agroecológica há pouco tempo e que fazem uso do CEASA (mercado orgânico e de pequenas feiras) para comercializar seus produtos.

Há um conjunto de organizações da sociedade civil que se articulam em torno da temática, desde ações voltadas para a organização e mobilizações coletivas de produção dos produtores familiares, quanto de comercialização, como entrega das cestas verdes da Cooper Carajás, uma das cooperativas envolvidas neste projeto, as quais conectam diretamente agricultores e consumidores. No contexto da alimentação

---

[4] Caracterização de consumidores, atributos de mercado e estratégias para o crescimento da cadeia produtiva de hortaliças orgânicas no Distrito Federal, Codeplan, Brasília-DF, 2017.

saudável e valorização das espécies locais e de uso tradicional, o *Slow Food* tem abrangido redes de restaurantes na região do DF e RIDE. Existem ainda formas inovadoras de comercialização através de circuitos curtos de mercado entre as quais destacamos as Comunidades que Sustentam a Agricultura (CSA), movimento relevante em países como Estados Unidos da América, França e Alemanha, que estabelecem e fortalecem relações em um ambiente de valorização da produção agroecológica e orgânica. Das cerca de 123 CSA no Brasil, 35 estão no Distrito Federal, demonstrando solo fértil para transformações e inovações.

Movimentos de *chefs* de cozinha e consumidores, como o *Slow Food,* vem desenvolvendo novos produtos, a partir da sócio-biodiversidade do cerrado que, a exemplo do açaí da Amazônia, tem levado o baru (*Dipteryx alata*), o pequi (*Caryocar brasiliense*) e outras espécies endêmicas do bioma para a mesa dos brasileiros de todas as regiões do país, inclusive de outros países. Novos produtos farmacêuticos como o Fitoscar, pomada cicatrizante lançada em 2007 pelo laboratório Apsen - fabricado a partir de compostos isolados no barbatimão (*Stryphnodendron barbadetiman Vell.*), e dezenas de produtos cosméticos baseados em óleos de espécies do cerrado assim como essências aromáticas como as identificadas pelo projeto "Espécies Aromáticas do Cerrado" apontam o potencial econômico da sócio-biodiversidade do bioma. Tais iniciativas, apesar de inovadoras, não conseguem ter a abrangência e alavancagem suficiente para atingir todo o seu potencial de mercado.

Há políticas públicas para esse contexto, especialmente, no que concerne ao apoio à comercialização desses produtos em feiras de orgânicos, por meio das políticas como o Programa Nacional de Alimentação Escolar (PNAE) e o Programa de Aquisição da Produção da Agricultura – PAPA/DF que viabiliza a compra direta pelo governo brasiliense de alimentos e produtos artesanais de agricultores familiares, no mercado de orgânicos e na feira da agricultura familiar com comercialização no CEASA. Mais especificamente, há iniciativas em rede, envolvendo a Universidade de Brasília, nos *campi* Darcy Ribeiro e Planaltina, o Instituto Federal de Brasília (IFB) que consiste nos Núcleos de Agroecologia (NEAs) que são articulações de pesquisadores da Universidade, do IFB e da Embrapa com organizações da sociedade civil e organizações de produtores que discutem, realizam ações conjuntas e aprofundam a pesquisa e inovação nas cadeias de valor de produtos orgânicos e agroecológicos.

Em 2019, um grupo de pesquisadores da UnB, EMBRAPA e Instituto Federal de Brasília, e algumas organizações não-governamentais (como o WWF e o Instituto Brasil Orgânico) avançaram neste processo de articulação, que tem agregado distintos formatos de produtores e consumidores de orgânicos. Exemplo disso é a Malunga, empresa agrícola baseada em orgânicos que conta com marca própria de venda em boutiques orgânicas de Brasília e *chefs* de restaurantes associados ao *slow food* Brasil.

O projeto tem buscado também estruturar o trabalho das universidades e dos centros de pesquisa da Embrapa, sob uma ótica de inovação nas cadeias de valor orgânica, agroecológica, de restauração ecológica e dos produtos da sócio-biodiversidade (frutos do cerrado). A proposta era integrar agentes importantes nos aspectos de investimento e alavancagem de inovações que surjam nas cadeias de valor, mais especificamente, empresas de pré-aceleração, aceleração e fundos de investimento.

Desta forma, o objetivo dos atores foi aprofundar e consolidar o processo de integração das ações que já estavam em curso. Para isso, foi constituído um *eco-hub* de inovação, por meio de uma estratégia de *co-working* e co-criação, integrando e fortalecendo projetos, estruturas e atividades já em desenvolvimento pelos atores através de cinco laboratórios de inovação.

Foram abordados temas relacionados às principais demandas de inovações das cadeias de valor que conformam o ecossistema de produtos orgânicos e de base agroecológica do DF e da RIDE: a) Laboratório de Inovação em Tecnologias de Transformação Digital; b) Laboratório de Inovação em Bioinsumos; c) Laboratório de Inovação para o Desenvolvimento de Novos Negócios; d) Laboratório de Inovação em Manejo e Conservação da Agrobiodiversidade e e) Laboratório de Inovação para o Desenvolvimento de Máquinas, Equipamentos e Ferramentas Adaptadas.

Esses laboratórios foram planejados para funcionar como estratégia de articulação e fortalecimento de diferentes projetos e estruturas e se articulam mais efetivamente com empreendedores de forma a contribuir para fortalecer as cadeias de valor de orgânicos, agroecológicos, da restauração ecológica e dos produtos da sócio-biodiversidade como frutos do cerrado. A meta foi a de criar um motor de inovação que constitua e consolide novos negócios e *startups* nessa área, em que o DF tem proeminência nacional, mas não tradição de novos negócios.

Essa articulação exemplifica alguns dos conceitos tratados neste capítulo, uma vez que os atores da cadeia de valor de orgânicos e agroflorestais são articulados por grupos de pesquisa em universidades que fazem uma interface entre eles e mercados consumidos emergentes como o *slow food* e redes privadas de comercialização de orgânicos, representando relações de hélice quadrupla. O governo, neste caso, participa por meio da participação em editais de financiamento que viabilizam as ações de articulação necessárias, tais como reuniões, *workshops*, treinamentos e oficinas de trabalho para construir novas estratégias de produção e comercialização. Além disso, pelas compras públicas, o governo estabelece uma base mínima que permite que o produtor construa novos mercados como os propostos pelo ecossistema.

Do ponto de vista circular, a rede estabelecida permite que o produto oferecido pelos agricultores seja comercializado diretamente ao consumidor, e por meio do desenvolvimento de soluções como biodigestores e iniciativas de compostagem comunitária, mediante a coleta de resíduos orgânicos em parceiros como o *slow food*, de modo com que o ciclo seja fechado e o resíduo da produção seja inserido como insumo para novos ciclos de produção agrícola.

Nesse contexto, mediante os laboratórios de inovação propostos, em que um deles é focado no desenvolvimento de sistemas de informação, os dados das cadeias de produção e consumo de orgânicos e agroflorestais vão sendo consolidados e disponibilizados aos parceiros por meio do *eco-hub*, a princípio instalado na UnB, o qual serve como uma espécie de observatório das cadeias de produção relacionadas à iniciativa.

Assim, o fluxo de informações das cadeias de produção é sistematizado e democratizado entre os parceiros.

Diferentemente dos elementos teóricos apresentados anteriormente, observa-se que não há uma empresa responsável pela orquestração do ecossistema investigado. Por outro lado, existe uma iniciativa das universidades e centros de pesquisa com o objetivo de gerar uma maior articulação e racionalidade produtiva para a atividade, algo a ser pesquisado em outras situações de projetos similares no futuro.

4.6. Considerações finais

O conceito de ecossistemas circulares tem ganhado cada vez mais atenção no que diz respeito ao interesse de empresas em se tornarem competitivas adotando modelos de negócios circulares. Para isso, faz-se necessária a integração de diversos *stakeholders* para a colaboração de experiências, conhecimentos e recursos e que todos eles adotem propostas de valor sustentáveis com um mesmo objetivo em direção à EC. Dentre os atores presentes em ESCs, podem ser citados: empresas, fornecedores, consumidores, universidades, institutos de pesquisa, institutos de fomento e o governo, por meio da adoção de políticas públicas que incentivem a adoção da EC.

Uma das características de ecossistemas circulares e que tem sido muito discutida é a governança, que trata dos mecanismos formais e informais utilizados para o gerenciamento do ecossistema e dos atores que o compõem, além da presença ou não de um orquestrador, responsável por coordenar os demais atores, gerenciar os recursos e a entrada e saída destes no ecossistema. De acordo com a literatura sobre ESCs, o papel do orquestrador do ecossistema é muito importante, visto que o sistema é formado por diversos atores com diferentes culturas organizacionais e padrões gerenciais, e o orquestrador pode auxiliar na conciliação dos interesses de todos de maneira a alcançar o objetivo do sistema como um todo.

O capítulo trouxe também um exemplo prático de ESC localizado na região de Brasília e Minas Gerais, com a participação do governo, de empresas, universidades, laboratórios de pesquisa e de inovação, consumidores e produtores de orgânicos, que tem o objetivo de impulsionar os empreendimentos de produtos e serviços orgânicos e de base agroecológica da região, auxiliando agricultores a implantarem mudanças em seus modelos de produção buscando os princípios da EC, o que acontece mesmo sem a presença de uma empresa orquestradora, mas sim pela articulação entre universidades, centros de pesquisa e diversos *stakeholders*.

Questões para Discussão:

1. Por que se tornou comum utilizar o conceito de "ecossistemas" para caracterizar os modelos de negócios e melhorar o desempenho de empresas?
2. Qual a principal diferença entre o ecossistema de negócios (EN) e o ecossistema de inovação (EI)?
3. Estabeleça relações entre ecossistemas circulares (ESC) com a sustentabilidade ambiental e social.
4. Quais os principais benefícios que diferentes organizações podem usufruir ao participarem de um ecossistema circular?
5. Quais atores geralmente compõem um ecossistema circular?
6. O que significa governança, em ecossistemas circulares?
7. Qual o papel do orquestrador de rede em um ecossistema circular? Ele foi necessário no estudo de caso apresentado? Justifique a sua resposta.
8. Compare os conceitos de ecossistema circular apresentados neste capítulo com os resultados do estudo de caso do ecossistema de alimentos orgânicos de Brasília.

Referências

ADNER, R. *Sob a lupa da inovação*: uma abordagem sistêmica inovadora para gerar valor e criar negócios duradouros. São Paulo: Elsevier, 2012.

ALHOLA, K., RYDING, S.-V., SALMENPERÄ, H., BUSCH, N. J. "Exploiting the potential of public procurement: Opportunities for circular economy". *Journal of Industrial Ecology*, Wiley Online Library, 23, nº 1 (2019), pp. 96-109. Disponível em: <https://doi.org/10.1111/jiec.12770>. Acesso em: 11 set. 2022.

BOLDRINI, J. C., ANTHEAUME, N. "Designing and testing a new sustainable business model tool for multi-actor, multi-level, circular, and collaborative contexts". *Journal of Cleaner Production*, Elsevier, 309 (2021), p. 127209. Disponível em: <https://doi.org/10.1016/j.jclepro.2021.127209>. Acesso em: 11 set. 2022.

ETTLIE, J. E., PAVLOU, P. A. Technology-based new product development partnerships. *Decision Sciences,* Wiley Online Library, 37, nº 2 (2006), pp. 117-147. Disponível em: <https://doi.org/10.1111/j.1540-5915.2006.00119.x>. Acesso em: 11 set. 2022.

FONTELL, P., HEIKKILÄ, P. "Model of circular business ecosystem for textiles". *VTT Technology*. Tampere: Juvenes Print, 313 (2017), pp. 1-62. Disponível em: <https://publications.vtt.fi/pdf/technology/2017/T313.pdf>. Acesso em: 11 set. 2022.

GRUNWALD, R., KIESER, A. "Learning to reduce interorganizational learning: An analysis of architectural product innovation in strategic alliances". *Journal of Product Innovation Management*, Wiley Online Library, 24, nº 4 (2007), pp. 369-391. Disponível em: <https://doi.org/10.1111/j.1540-5885.2007.00256.x>. Acesso em: 11 set. 2022..

KONIETZKO, J., BOCKEN, N., HULTINK, E. J. "Circular ecosystem innovation: An initial set of principles". *Journal of Cleaner Production*, Elsevier, 253 (2020), p. 119942. Disponível em: <https://doi.org/10.1016/j.jclepro.2019.119942>. Acesso em: 11 set. 2022.

MATUSIK, S. F. "An empirical investigation of firm public and private knowledge". *Strategic Management Journal*, Wiley Online Library, 23, nº 5 (2002), pp. 457-467. Disponível em: <https://doi.org/10.1002/smj.238>. Acesso em: 11 set. 2022.

MOORE, J. F. "Predators and prey: a new ecology of competition". *Harvard Business Review*, 71, nº 3 (1993), pp. 75-86. Disponível em: <https://hbr.org/1993/05/predators-and-prey-a-new-ecology-of-competition>. Acesso em: 11 set. 2022.

PARIDA, V., BURSTROM, T., VISNJIC, I., WINCENT, J. "Orchestrating industrial ecosystem in circular economy: A two-stage transformation model for large manufacturing companies". *Journal of business research*, Elsevier, 101 (2019), pp. 715-725. Disponível em: <https://doi.org/10.1016/j.jbusres.2019.01.006>. Acesso em: 11 set. 2022.

PILINKIENĖ, V., MAČIULIS, P. "Comparison of different ecosystem analogies: The main economic determinants and levels of impact". *Procedia--social and behavioral sciences*, Elsevier, 156 (2014), pp. 365-370. Disponível em: <https://doi.org/10.1016/j.sbspro.2014.11.204>. Acesso em: 11 set. 2022.

TATE, W. L., BALS, L., BALS, C., FOERSTL, K. "Seeing the forest and not the trees: Learning from nature's circular economy". *Resources, Conservation and Recycling*, Elsevier, 149 (2019), pp. 115-129. Disponível em: <https://doi.org/10.1016/j.resconrec.2019.05.023>. Acesso em: 11 set. 2022.

TORLIG, E. G. D. S., RESENDE JÚNIOR, P. C. "Uma discussão sobre o papel das universidades nos ecossistemas de inovação". *In*: *TMS Algarve 2018: Tourism & Management Studies International Conference*, Algarve, 2018.

TREVISAN, A. H., CASTRO, C. G., GOMES, L. A., MASCARENHAS, J. "Unlocking the circular ecosystem concept: Evolution, current research, and future directions". *Sustainable Production and Consumption*, Elsevier, 29 (2022), pp. 286-298. Disponível em: <https://doi.org/10.1016/j.spc.2021.10.020>. Acesso em: 11 set. 2022.

VEIGA, L. B. E. "Diretrizes Para a Implantação de um Parque Industrial Ecológico: Uma Proposta Para o PIE de Paracambi, RJ" (Doctoral dissertation, Federal University of Rio de Janeiro - UFRJ), 2007. Disponível em: <http://www.ppe.ufrj.br/index.php/pt/publicacoes/teses-e-dissertacoes/2007/1047-diretrizes-para-a-implantacao-de-um-parque-industrial-ecologico-uma-proposta-para-o-pie-de-paracambi-rj>. Acesso em: 11 set. 2022.

WIENINGER, S., CONRAD, R., BITTNER, M., WIESMANN, A. "Framework for Business Ecosystem Roles". *In*: *2020 IEEE European Technology and Engineering Management Summit* (E-TEMS), 2020, pp. 1-9. Disponível em: <https://doi.org/10.1109/E-TEMS46250.2020.9111753>. Acesso em: 11 set. 2022.

ZUCCHELLA, A., PREVITALI, P. "Circular business models for sustainable development: A "waste is food" restorative ecosystem". *Business Strategy and the Environment*, Wiley Online Library, 28, nº 2 (2019), pp. 274-285. Disponível em: <https://doi.org/10.1002/bse.2216>. Acesso em: 11 set. 2022.

CAPÍTULO 5

Gestão Ambiental em Cadeias de Suprimentos e Economia Circular

Adriano Alves Teixeira
Talita Borges Teixeira

Objetivos

- Apresentar os conceitos e práticas de Gestão Ambiental em Cadeia de Suprimentos (GSCM);
- Apresentar os conceitos e princípios da Economia Circular (EC);
- Discutir as interfaces entre as agendas de pesquisa GSCM e EC;
- Propor um *framework* relacional entre GSCM-EC.

5.1. Visão geral

A globalização proporcionou inúmeros benefícios, em contrapartida trouxe vários desafios, como um mercado mais amplo e mais competitivo, que vem tornando a gestão das cadeias de suprimentos cada vez mais complexa (Sheffi, 2018) e sujeita a rupturas.

Além disso, consumidores mais ambientalmente conscientes, recursos limitados (Ellen Marcathur Foundation, 2017), uma taxa crescente de consumo mundial e a estimativa de que a utilização de recursos deve triplicar até 2050 (Lucas *et al.*, 2014), tem impulsionado as empresas a repensar e projetar novos modelos de negócios para resposta a esses desafios, especialmente nas cadeias de suprimentos, colocando os tópicos relacionados à sustentabilidade cada vez mais em evidência entre governos, organizações e área acadêmica.

Percebe-se a necessidade da busca pela resiliência nas cadeias de suprimentos (Takeda *et al.*, 2018) uma vez que o atual modelo linear pegar-fazer-consumir-dispor está se tornando cada vez mais insustentável (Jawahir e Bradley, 2016). Assim, tópicos relacionados à implementação da Economia Circular (EC) dentro da concepção da cadeia de suprimentos, em que estudos ainda são insuficientes (Govindan e Hasanagic, 2018) e podem oferecer uma transição mais suave para a sustentabilidade, estão se tornando essenciais.

A EC é um conceito de economia regenerativa que tem por objetivo fazer "circular" materiais/recursos/produtos por muito mais tempo, aumentando o seu ciclo de vida (Webster, 2017) e vem sendo alvo de pesquisas recentes, inclusive nas cadeias de suprimentos (Liu *et al.*, 2018).

Em comum, essas pesquisas vêm apontando estratégias para a implementação da EC nas cadeias de suprimentos (Pan *et al.*, 2015) ou ainda apontam a importância que a Gestão Ambiental em Cadeias de Suprimentos (GSCM) tem na adoção de práticas de EC (Liu *et al.*, 2018), portanto, estudos mostram que adotar práticas de GSCM na EC são necessárias para que se alcance o desempenho econômico, social, operacional e ambiental de uma organização (Zeng *et al.*, 2017).

Entretanto, pouco ainda se sabe sobre as possíveis interfaces entre a GSCM e a EC, neste contexto, este capítulo se propõe justamente identificar as interfaces entre esses dois temas de pesquisa emergentes e propor um *framework* relacional.

Este capítulo traz contribuições importantes para a teoria e a prática organizacional. Primeiro ele apresenta conceitos e práticas importantes de Gestão Ambiental em Cadeias de Suprimentos e Economia Circular úteis para alunos, professores, profissionais e estudiosos que queiram aprender mais sobre o assunto. Em segundo lugar, apresenta um *framework* relacional com as interfaces entre GSCM e EC ainda muito pouco discutidas pela literatura. Em terceiro e último lugar, este capítulo contribui, principalmente, para o desenvolvimento sustentável em nível micro (consumidores, empresas e produtos) e meso (parques eco-industriais) demonstrando a importância que a Gestão da Cadeia de Suprimentos e a Economia Circular tem para a sustentabilidade ao proporcional prosperidade econômica, equidade social e qualidade ambiental.

5.2. Gestão ambiental em Cadeias de Suprimentos

Apesar do desenvolvimento industrial ser de suma importância para o desenvolvimento da economia, é necessário equilibrar o sucesso econômico e a poluição para manter a sustentabilidade em níveis aceitáveis (Sueyoshi *et al.*, 2017).

Neste contexto, as organizações estão adotando práticas de *Green Supply Chain Management* (GSCM) – Gestão Ambiental em Cadeias de Suprimentos - como um meio para atingirem benefícios econômicos e danos ambientais mínimos (Bai *et al.*, 2017).

A GSCM é a aplicação das preocupações ambientais nas práticas da administração de uma cadeia de suprimentos comum (Sarkis *et al.*, 2011) sendo considerada uma abordagem indispensável para organizações que almejam se tornar ambientalmente sustentáveis (Zhu *et al.*, 2005).

Para Awan *et al.* (2017), as práticas de GSCM são consideradas importantes pela academia, pois promovem desenvolvimento sustentável e influenciam positivamente os aspectos de desempenho ambiental, social e financeiro (Bag *et al.,* 2020), além de aumentar a satisfação e atração de clientes (Shaikh *et al.*, 2020).

Diversos autores realizaram estudos procurando mapear e sintetizar as práticas de GSCM que podem ser adotadas por uma organização, em especial, Zhu *et al.* (2008), apresentaram um conjunto de 21 práticas que foram categorizadas em cinco grupos: gestão ambiental interna, compras verdes, cooperação com os clientes, *ecodesign* e retorno de investimento.

As práticas internas de GSCM podem ser classificadas em 3 tipos: gestão ambiental interna, *ecodesign* e recuperação de investimentos. Já as externas são: compras verdes e cooperação com os clientes (Zhu *et al.*, 2008).

As práticas de "gestão ambiental interna" são consideradas antecessoras as demais práticas, ou seja, devem ser implementadas antes das externas (Zhu *et al.*, 2012) e podem ser subdivididas em: (i) apoio da alta administração e média gerência; (ii) cooperação interfuncional para a implementação de melhorias ambientais; (iii) desenvolvimento de um sistema de gestão ambiental (SGA); (iv) auditoria interna e (v) proposição de metas ambientais.

A prática de "compras verdes" engloba à cooperação com fornecedores para atingir objetivos ambientais, auditorias ambientais e certificação ISO 14001 dos fornecedores (Lin, 2013).

A "cooperação com o cliente" diz respeito as práticas de colaboração com o cliente para melhorias de *ecodesign* em produtos, embalagem verde e para implementação bem-sucedida da produção mais limpa da organização (Zhu *et al.*, 2008).

Já o "*ecodesign*" prega que os produtos devem ser projetados com materiais, componentes e peças que possibilitem a reciclagem e a desmontagem para a reutilização (Green *et al.*, 2012; Shi *et al.*, 2012; Zhu *et al.*, 2012). Além disso, os processos de fabricação são projetados para reduzir emissões, resíduos, o uso de energia e recursos (Shi *et al.*, 2012; Zhu; Sarkis; Lai, 2012).

Por fim, a "recuperação de investimentos" é a obtenção de "valor" com a reciclagem e revenda (ou técnicas semelhantes) de materiais ou de produtos no final de vida (Zhu *et al.*, 2008).

Apesar de não haver uma unanimidade na literatura quanto as terminologias e práticas de GSCM que podem ser adotadas, Jabbour *et al.*, (2013) apontam para 4 práticas/iniciativas principais: (i) gestão de fornecedores aqui entendido critérios de seleção, controle e monitoramento e colaboração; (ii) *design* de produtos quando se refere ao *ecodesign*, à análise do ciclo de vida do produto e à cooperação com o cliente; (iii) a gestão de produção quando a tecnologia e o sistema de embalagem são levados em consideração e, por fim, (iv) logística reversa.

Assim, as práticas de GSCM podem melhorar a imagem corporativa, minimizar o consumo de recursos ocasionando um melhor desempenho operacional a partir de uma melhor sinergia entre clientes, fornecedores, sociedade e meio ambiente o que pode favorecer a EC.

5.3. Economia Circular

A economia circular possui inúmeras definições na literatura, por exemplo: (i) um sistema que mantém o valor dos produtos e materiais evitando resíduos e mantendo recursos quando o produto atinge seu fim de vida (Geisendorf e Pietrulla, 2017). Além disso, a EC pode ser considerada a adoção de práticas de recuperação, reutilização, reciclagem, compartilhamento e colaboração que redefinem o modelo de negócio corporativo com o objetivo de facilitar o alcance de benefícios econômicos, ambientais e sociais (Moktadir *et al.*, 2020).

Para Ellen MacArthur Foundation (2022) a EC é um conceito que visa dissociar a atividade econômica do consumo de recursos finitos e possui 3 princípios impulsionados pelo *design*: (i) eliminar o lixo (desperdício) e a poluição; (ii) fazer circular produtos e materiais (no seu mais alto valor) otimizando o rendimento dos recursos e (iii) regenerar a natureza, sendo sustentada pelo uso de energias e materiais renováveis.

A EC vem sendo apontada como um modelo alternativo para manufatura e consumo mais sustentável (Stahel, 2016), uma vez que pode ser motivadora de mudanças para aumentar a sustentabilidade, ampliar a resiliência (Wuyts *et al.*, 2020) e garantir o crescimento econômico oferecendo uma saída à "escassez de recursos", a partir da reutilização e do re-consumo (Upadhyay *et al.*, 2020) contribuindo, assim, com uma comunidade mais sustentável (De Jesus *et al.* , 2018) e para a consecução dos Objetivos de Desenvolvimento Sustentável (ODS's) (Schoder *et al.*, 2019).

Além disso, a integração dos princípios da economia circular nas cadeias de suprimentos pode fornecer vantagens claras do ponto de vista ambiental (Genovese *et al.*, 2017) e ainda auxiliar a gestão sustentável da cadeia de suprimentos fornecendo vantagens competitivas para as organizações (Nasir *et al.*, 2017).

Para alcançar essas oportunidades na cadeia de abastecimento, algumas práticas de EC são necessárias. Govindan e Hasanagic (2018) realizaram um estudo com o intuito de fornecer um diagnóstico dos fatores, barreiras e práticas que induzem a execução da economia circular em cadeias de suprimentos. Como resultado, obtiveram ao todo 34 práticas de EC que foram classificadas em oito categorias: iniciativas de governança, iniciativas econômicas, produção limpa, desenvolvimento de produto, apoio à gestão, infraestrutura, conhecimento e questões sociais e de cultura.

As práticas incluídas nas iniciativas de governança dizem respeito à necessidade de criação de leis, políticas e indicadores que apoiem a EC, bem como o desenvolvimento de *marketing* (Govindan e Hasanagic, 2018) para incutir nos consumidores a necessidade de, por exemplo, entender a remanufatura de produtos como necessária e de mesma qualidade que os produtos feitos pela primeira vez. Trata-se de uma mudança de *mindset* considerada relevante para a sustentabilidade.

As práticas relacionadas às iniciativas econômicas são aquelas que visam a criação de instrumentos financeiros capazes de proporcionar a realização da EC. No entender de Govindan e Hasanagic (2018) é preciso dissociar o crescimento econômico dos impactos ambientais, incentivando as empresas a adotarem a EC ao mesmo tempo em que reduzirem o seu risco de implantação.

As práticas de produção limpa caracterizam-se por proporcionar o aumento da ecoeficiência nos processos produtivos. Portanto, alterações nos processos produtivos, implantação de critérios para compras mais limpas, cooperação com empresas e implementação de sistemas logísticos que visem o menor uso de recursos naturais e a menor geração de poluentes são suas premissas.

O desenvolvimento de produtos (*ecodesign*) significa projetar produtos que em sua essência incluam critérios ecológicos em todas as suas etapas, por exemplo, concepção, desenvolvimento, transporte e reciclagem.

Já as práticas de apoio da alta gestão estão alicerçadas em conceitos básicos de gestão em que se reconhece a importância da alta administração de uma organização no processo de disseminação, apoio e implantação de práticas relacionadas a sustentabilidade.

Outra categoria mencionada por Govindan e Hasanagic (2018) é a infraestrutura. Ela consiste no desenvolvimento e implantação de um sistema de infraestrutura e de informação eficientes nas organizações e em suas cadeias de suprimentos capazes de nortear e proporcionar suporte para que se possa atingir os objetivos e metas traçados.

A categoria "conhecimento" alerta para a importância de a sociedade ter ciência do que é EC e sua relevância para a sustentabilidade. Ações relacionadas à educação e treinamentos necessários para dar ciência, conscientizar e proporcionar capacitação para a EC são considerados tópicos relevantes para o desenvolvimento de ações sustentáveis nas cadeias de suprimentos.

Por fim, a última categoria proposta por Govindan e Hasanagic (2018) aborda a necessidade da mudança de atitude de toda a sociedade em relação aos produtos remanufaturados. É preciso mudar a visão e o comportamento das pessoas do modelo tradicional de produção para o modelo de economia circular. É preciso criar um modelo mais simplificado de estilo de vida que vá ao encontro dos princípios da EC.

Apesar dos benefícios que a EC pode trazer, sua implementação nas organizações não é uma tarefa simples, pois existem várias barreiras, por exemplo: falta e/ou complexidade de legislação e regulamentos (Gonvidan e Hasanagic, 2018), falta de pessoal qualificado (Xia e Ruan, 2020), falta de consciência dos envolvidos, falta de tecnologia (Bilal *et al.*, 2020), complexidade e/ou falta de coordenação das cadeias de suprimentos (Dieckman *et al.*, 2020), questões culturais/sociais (hábitos e comportamentos, por exemplo) (Singh *et al.*, 2020).

Vale ressaltar que a boa parte destas barreiras também são barreiras à GSCM (ver, por exemplo, Kaur; Awasthi, 2018), portanto, como a GSCM está mais desenvolvida do que a EC, suas práticas podem facilitar a implantação da EC nas organizações (Yu e Chen, 2021).

Além disso, a GSCM pode ajudar as organizações a expandirem sua participação no mercado, aumentar a vantagem competitiva, alcançar o desenvolvimento sustentável e manter o equilíbrio entre os benefícios econômicos, fiscais, sociais e ambientais (Yu e Chen, 2021), requisitos essenciais à EC. Assim, podemos afirmar que existe uma interface positiva entre essas duas áreas de estudo que precisa ser explorada e nosso próximo tópico almeja propor um *framework* relacional para discutir as principais sinergias entre essas duas agendas emergentes (GSCM-EC).

5.4. Proposta de um *framework* relacional entre GSCM e EC

Na GSCM espera-se uma interação colaborativa entre os membros da cadeia de suprimentos, visando reduzir o impacto ambiental e capturar o valor acrescentado a partir desta colaboração, por exemplo, sessões de planejamento conjuntas, compartilhamento de conhecimentos, modificações em processos, redução de desperdícios (Vachon e Klassen, 2006), colaboração/cooperação com clientes e fornecedores para *design* de produtos e processos com o intuito de reduzir materiais e energia, para a reutilização e reciclagem de componentes e para evitar o uso ou fabricação de produtos perigosos (Zhu *et al.*, 2008).

A GSCM possibilita o desenvolvimento mais coordenado de ambientes socioeconômicos e ecológicos e exige que as organizações considerem os fatores de proteção ambiental no *design* do produto, embalagem, aquisição, produção, vendas, logística, resíduos, reciclagem e remanufatura (Feng e Gong, 2020) que passam a ser melhor monitorados e avaliados, proporcionando impacto positivo no *design* e na logística de produtos ambientalmente sustentáveis e um melhor desempenho das organizações (Zhu *et al.*, 2012) e de seus parceiros na cadeia de suprimentos.

Ainda nesta perspectiva, Sarkis (2003) considera que o principal elemento da GSCM é a redução dos impactos ambientais através da redução de recursos, reutilização de componentes, reciclagem e remanufatura em toda a cadeia de suprimentos. A ideia é recuperar parte do dinheiro investido com a reciclagem ou revenda de produtos ao final de sua vida útil (Zhu *et al.*, 2008). Essa prática é chamada de retorno de investimento e pode ser realizada através dos princípios denominados 3Rs (redução, reciclagem e reutilização de materiais). As principais atividades desses princípios incluem logística reversa, programas de devolução de produtos, sistemas de reciclagem e venda de materiais excedentes (Bing *et al.*, 2015).

Assim, a GSCM é um dos campos de estudo mais promissores para contribuir com a sustentabilidade, pois as cadeias de suprimentos contemplam desde os fornecedores de matérias primas até a entrega final do produto acabado ao consumidor, passando pelo descarte pós-consumo e à logística reversa (Zhu e Sarkis, 2004) e essa amplitude de atuação pode ser um passo importante na adoção de práticas rumo à sustentabilidade, portanto, gestores e profissionais precisam e devem ser conscientizados sobre a importância de estabelecer parcerias nas cadeias de suprimentos (Gotschol *et al.*, 2014).

Resumidamente, como demonstrado na Figura 5.1 – *Framework* relacional entre GSCM-EC, espera-se que as práticas internas GSCM sejam apoiadoras de práticas externas e que estas, em contrapartida, facilitem a adoção de práticas internas de GSCM (simbolizado pelas flechas contrárias na Figura 5.1) influenciando a competitividade e o desempenho das organizações, por exemplo, as compras verdes são consideradas um pré-requisito para o *ecodesign* dos produtos (Zhu *et al.*, 2012) uma vez que é necessário adquirir/projetar materiais, insumos, componentes e peças "amigos do ambiente", ou seja, que permitam a reciclagem e a desmontagem para a reutilização (Zhu *et al.*, 2012).

Espera-se, ainda, que as práticas de GSCM propiciam novas estratégias para otimizar recursos (Kazancoglu *et al.*, 2018), por exemplo, a colaboração com fornecedores para melhorar o *design* e a logística de produtos ambientalmente sustentáveis (Mitra; Datta, 2014), contribuindo para a comercialização de remanufaturados e para facilitar a circularidade de produtos e materiais ao longo do seu ciclo de vida, que por sua vez pode influenciar a competitividade e o desempenho econômico das organizações.

Neste contexto, as práticas de GSCM aliadas a uma boa gestão da informação são considerados fatores críticos de sucesso para a EC (simbolizado na Figura 5.1 pelas flechas interligando as práticas internas e externas de GSCM e os princípios de EC) e para a sustentabilidade (simbolizado pelas flechas interligando os princípios de EC e o tripé da sustentabilidade), contribuindo diretamente para os princípios da EC de eliminar o lixo e a poluição, fazer circular produtos e materiais (no seu mais alto valor), otimizando o rendimento dos recursos e regenerar a natureza, sendo sustentada pelo uso de energias e materiais renováveis.

Figura 5.1. Framework relacional entre GSCM e EC

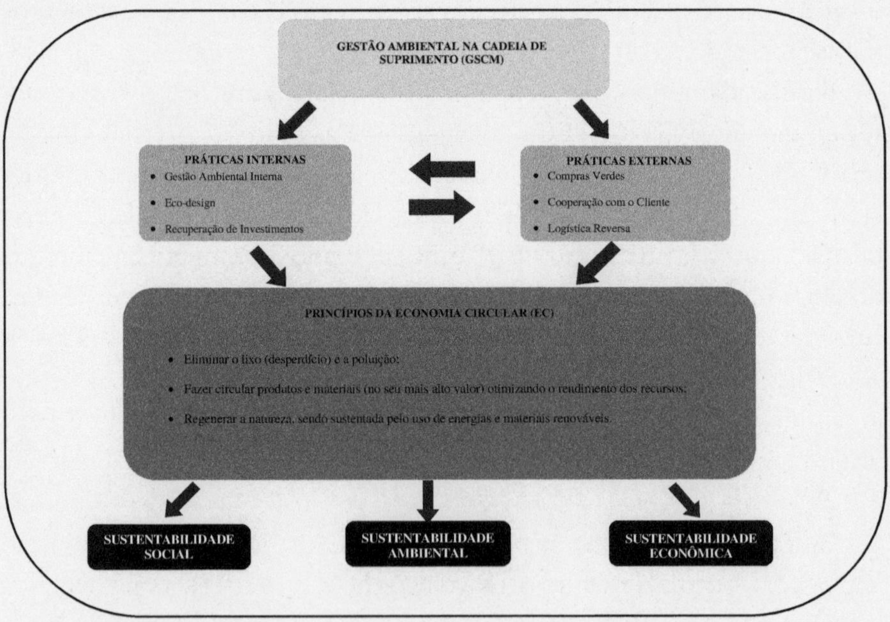

Fonte: Elaborado pelos autores.

5.5. Considerações Finais

O crescimento da população mundial e da classe média tem pressionado o consumo de recursos naturais e provocado uma geração de resíduos sem precedentes, tornando inconcebível o atual modelo linear de produção e consumo. Segundo muitos estudiosos, a solução seria mudar para um modelo de economia em que produtos circulam perfazendo um círculo "fechado" e virtuoso em que toda a cadeia de suprimentos (clientes, consumidores, fabricantes, fornecedores de materiais, prestadores de serviços, entre outros) trabalhassem em cooperação/colaboração em prol da sustentabilidade. Este novo sistema de produção e consumo está sendo chamado de Economia Circular (EC).

Como vimos, práticas de gestão de cadeias de suprimentos (GSCM) e a economia circular (EC) podem fornecer caminhos de longo prazo para a construção de resiliência econômica e da cadeia de suprimentos, enquanto contribuem para a sustentabilidade social e ambiental (Sarkis et al., 2020).

Neste sentido, este capítulo objetivou demonstrar as possíveis interfaces entre essas duas importantes e promissoras agendas de pesquisa: GSCM e EC. Foi proposto um *framework* relacional demonstrando que, de fato, as práticas da GSCM e EC possuem semelhanças (Sarkis, 2012), que a GSCM é uma importante ação em direção a EC (Aminoff e Kettunen, 2016) e que, portanto, possuem uma relevante sinergia (Genovese *et al.*, 2017).

Questões para Discussão

1. O que é Gestão Ambiental de Cadeias de Suprimentos (GSCM)?
2. Quais são os 3 princípios básicos da Economia Circular?
3. Quais são as práticas de Green Supply Chain Management (GSCM)? Descreva resumidamente cada uma delas.
4. Como a GSCM e a EC podem contribuir para prolongar a vida útil dos produtos?

5. Quais os benefícios da implantação da GSCM e princípios de EC nas organizações?

Referências

AMINOFF, A.; KETTUNEN, O. Sustainable supply chain management in a circular economy—towards supply circles. In:*International Conference on Sustainable Design and Manufacturing*. Springer, Cham, 2016. pp. 61-72.

ANSARI, Z. N.; KANT, R. "A state-of-art literature review reflecting 15 years of focus on sustainable supply chain management". *Journal of cleaner production*, v. 142 (2017), pp. 2524-2543.

AWAN, U.; KRASLAWSKI, A.; HUISKONEN, J. "Understanding the relationship between stakeholder pressure and sustainability performance in manufacturing firms in Pakistan". *Procedia Manufacturing*, v. 11 (2017), pp. 768-777.

BAI, C.; KUSI-SARPONG, S.; SARKIS, J. "An implementation path for green information technology systems in the Ghanaian mining industry". *Journal of Cleaner Production*, v. 164 (2017), p. 1105-1123.

BAG, S., GUPTA, S., KUMAR, S., SIVARAJAH, U. "Role of technological dimensions of green supply chain management practices on firm performance". *Journal of Enterprise Information Management*, v. 34, nº 1 (2020), pp. 1-27.

BILAL, M., KHAN, K. I. A., THAHEEM, M. J., NASIR, A. R., "Current state and barriers to the circular economy in the building sector: Towards a mitigation framework". *Journal of Cleaner Production*, v. 276 (2020), pp. 123250.

BING, X., BLOEMHOF-RUWAARD, J., CHAABANE, A., VAN DER VORST, J. "Global reverse supply chain redesign for household plastic waste under the emission trading scheme". *Journal of cleaner production*, v. 103 (2015), pp. 28-39.

DE JESUS, A., ANTUNES, P., SANTOS, R., MENDONÇA, S. "Eco-innovation in the transition to a circular economy: An analytical literature review". *Journal of Cleaner Production*, v. 172 (2018), pp. 2999-3018.

DE OLIVEIRA, U. R. *et al.* “A systematic literature review on green supply chain management: Research implications and future perspectives”. *Journal of cleaner production*, v. 187 (2018), pp. 537-561.

ELLEN MAcARTHUR FOUNDATION. *O que é uma economia circular?* Disponível em: <https://ellenmacarthurfoundation.org/topics/circular-economy-introduction/overview>. Acesso em: 29 jul. 2022.

ELLEN MAcARTHUR FOUNDATION. *What is a circular economy?* Disponível em: <https://www.ellenmacarthurfoundation.org/circular-economy/concept>. Acesso em: 29 jul. 2022.

FAROOQUE, M. *et al.* “Circular supply chain management: A definition and structured literature review”. *Journal of Cleaner Production*, v. 228 (2019), pp. 882-900.

FENG, J.; GONG, Z.. “Integrated linguistic entropy weight method and multi-objective programming model for supplier selection and order allocation in a circular economy: A case study”. *Journal of Cleaner Production*, v. 277 (2020), pp. 122597.

GEISENDORF, S., PIETRULLA, F. “The circular economy and circular economic concepts—a literature analysis and redefinition”. *Thunderbird International Business Review*, v. 60, n. 5 (2018), pp. 771-782.

GENOVESE, A., ACQUAYE, A. A., FIGUEROA, A., KOH, S. L. “Sustainable supply chain management and the transition towards a circular economy: Evidence and some applications”. *Omega*, v. 66 (2017), pp. 344-357.

GREEN, K. W., ZELBST, P. J., MEACHAM, J., BHADAURIA, V. S. “Green supply chain management practices: impact on performance”. *Supply Chain Management: An International Journal,* v. 17, nº 3 (2012), pp. 290-305.

GOVINDAN, K.; HASANAGIC, M. “A systematic review on drivers, barriers, and practices towards circular economy: a supply chain perspective”. *International Journal of Production Research*, v. 56, n. 1-2 (2018), p. 278--311.

HAFEZALKOTOB, A. “Competition, cooperation, and coopetition of green supply chains under regulations on energy saving levels”. *Transportation Research Part E: Logistics and Transportation Review*, v. 97 (2017), p. 228-250.

HU, A. H.; HSU, C. "Critical factors for implementing green supply chain management practice: an empirical study of electrical and electronics industries in Taiwan". *Management research review*, v. 33, nº 6 (2010), pp. 586-608.

JABBOUR, A. B. L. S., ARANTES, A. F., JABBOUR, C. J. C. "Green supply chain management: mapping the territory". *International Journal of Environment and Sustainable Development*, Bucks. v. 12, n. 2 (2013), p. 145-167.

JACKSON, T. *Prosperity without growth: Economics for a finite planet*. Londres: Routledge, 2009.

JAWAHIR, I. S.; BRADLEY, R. "Technological elements of circular economy and the principles of 6R-based closed-loop material flow in sustainable manufacturing". *Procedia Cirp*, v. 40 (2016), p. 103-108.

KAUR, J.; AWASTHI, A. "A systematic literature review on barriers in green supply chain management". *International Journal of Logistics Systems and Management*, v. 30, n. 3 (2018), p. 330-348.

KAZANCOGLU, Y.; KAZANCOGLU, I.; SAGNAK, M., "A new holistic conceptual framework for green supply chain management performance assessment based on circular economy". *Journal of Cleaner Production*, v. 195 (2018), p. 1282-1299.

LIN, R.-J. "Using fuzzy DEMATEL to evaluate the green supply chain management practices". *Journal of Cleaner Production*, Amsterdam. v. 40, n. February (2013), p. 32-39.

LIU, J., FENG, Y., ZHU, Q., SARKIS, J. "Green supply chain management and the circular economy: Reviewing theory for advancement of both fields". *International Journal of Physical Distribution & Logistics Management*, v. 48, nº 8 (2018), pp. 794-817.

LUCAS, P. L. *et al.* "Integrating biodiversity and ecosystem services in the post-2015 development agenda: goal structure, target areas and means of implementation". *Sustainability*, v. 6, n. 1 (2014), pp. 193-216.

MOKTADIR, M. A. *et al.* "Circular economy practices in the leather industry: A practical step towards sustainable development". *Journal of Cleaner Production*, v. 251 (2020), pp. 119737.

NASIR, M. H. A. *et al.* "Comparing linear and circular supply chains: A case study from the construction industry". *International Journal of Production Economics*, v. 183 (2017), pp. 443-457.

NOBRE, G. C., TAVARES, E. "The quest for a circular economy final definition: A scientific perspective". *Journal of Cleaner Production*, v. 314 (2021), pp. 127973.

PAN, S. Y. *et al.* "Strategies on implementation of waste-to-energy (WTE) supply chain for circular economy system: a review". *Journal of Cleaner Production*, v. 108 (2015), pp. 409-421.

SADHUKHAN, J. *et al.* "Perspectives on "game changer" global challenges for sustainable 21st century: plant-based diet, unavoidable food waste biorefining, and circular economy". *Sustainability*, v. 12, n. 5 (2020), pp. 1976.

SARKIS, J. "A strategic decision framework for green supply chain management". *Journal of cleaner production*, v. 11, n. 4 (2003), pp. 397-409.

SARKIS, J., COHEN, M. J., DEWICK, P., SCHODER, P. "A brave new world: Lessons from the COVID-19 pandemic for transitioning to sustainable supply and production". *Resources, Conservation, and Recycling*, v. 159 (2020), pp. 104894.

SARKIS, J.; ZHU, .Q.; LAI, K. "An organizational theoretic review of green supply chain management literature". *International journal of production economics*, v. 130, n. 1 (2011), pp. 1-15.

SARKIS, J. "A boundaries and flows perspective of green supply chain management". *Supply chain management: an international journal*, v. 17, nº 2 (2012), pp. 202-216.

SINGH, R. K., KUMAR, A., GARZA-REYES, J. A., DE SÁ, M. M., "Managing operations for circular economy in the mining sector: An analysis of barriers intensity". *Resources Policy*, v. 69 (2020), pp. 101752.

SUEYOSHI, T.; YUAN, Y.; GOTO, M.; "A literature study for DEA applied to energy and environment". *Energy Economics*, v. 62 (2017), pp. 104-124.

STAHEL, W. R. "The circular economy". *Nature News*, v. 531, n. 7595 (2016), pp. 435.

SHAIKH, F. A.; SHAHBAZ, M. S.; ODHANO, N.. "A Short Review on Green Supply Chain Management Practices". *Engineering, Technology & Applied Science Research*, v. 10, n. 2 (2020), pp. 5367-5370.

SHANKAR, K. M.; KANNAN, D.; KUMAR, P. U., "Analyzing sustainable manufacturing practices–A case study in Indian context". *Journal of cleaner production*, v. 164 (2017), p. 1332-1343.

SHEFFI, Y. *Balancing green: When to embrace sustainability in a business (and when not to)*. Cambridge: MIT Press, 2018.

SHI, V. G. *et al.* "Natural resource based green supply chain management". *Supply Chain Management: An International Journal*, v. 17, nº 1 (2012), pp. 54-67.

TAKEDA, M.; JONES, R.; HELMS, M. "Bureaucracy meets catastrophe: Global innovations from two decades of research". *Japan Studies Review*, v. 12 (2018), pp. 101-124.

UPADHYAY, A. *et al.* "A review of lean and agile management in humanitarian supply chains: analysing the pre-disaster and post-disaster phases and future directions". *Production Planning & Control*, v. 33, nº 6-7 (2022), pp. 641-654.

VACHON, S., KLASSEN, R. D. "Extending green practices across the supply chain: the impact of upstream and downstream integration". *International journal of operations & Production Management*, v. 26, nº 7 (2006), pp. 795-821.

WEBSTER, K. *The circular economy: A wealth of flows*. Nova Iorque: Ellen MacArthur Foundation Publishing, 2017.

WUYTS, W., MARIN, J., BRUSSELAERS, J., VRANCKEN, K. "Circular economy as a COVID-19 cure?". *Resources, Conservation, and Recycling*, v. 162 (2020), pp. 105016,.

ZENG, H., CHEN, X., XIAO, X., ZHOU, Z. "Institutional pressures, sustainable supply chain management, and circular economy capability: Empirical evidence from Chinese eco-industrial park firms". *Journal of cleaner production*, v. 155 (2017), pp. 54-65.

YUAN, Z.; BI, J.; MORIGUICHI, Y., "The circular economy: A new development strategy in China". *Journal of Industrial Ecology*, v. 10, n. 1-2 (2006), pp. 4-8.

YU, D.; CHEN, Y. "Dynamic structure and knowledge diffusion trajectory research in green supply chain". *Journal of Intelligent & Fuzzy Systems*, n. Preprint (2021), pp. 1-13.

XIA, X.; RUAN, J. "Analyzing Barriers for Developing a Sustainable Circular Economy in Agriculture in China Using Grey-DEMATEL Approach". *Sustainability*, v. 12, n. 16 (2020), p. 6358.

ZHU, Q.; SARKIS, J.; GENG, Y.; "Green supply chain management in China: pressures, practices and performance". *International journal of operations & production management*, v. 25, nº 5 (2005), pp. 449-468.

ZHU, Q.; SARKIS, J.; LAI, K.; "Confirmation of a measurement model for green supply chain management practices implementation". *International journal of production economics*, v. 111, n. 2 (2008), pp. 261-273.

ZHU, Q., SARKIS, J., CORDEIRO, J. J., LAI, K. H.; "Firm-level correlates of emergent green supply chain management practices in the Chinese context". *Omega*, v. 36, n. 4 (2008), pp. 577-591.

ZHU, Q., SARKIS, J. "Relationships between operational practices and performance among early adopters of green supply chain management practices in Chinese manufacturing enterprises". *Journal of Operations Management*, Amsterdam. v. 22, n. 3 (2004), p. 265-289.

CAPÍTULO 6

Importância da Avaliação do Ciclo de Vida para a Economia Circular

Ricardo Gabbay de Souza
Ana Mariele Domingues

Objetivos

- Conhecer as técnicas de Avaliação do Ciclo de Vida (ACV) e a estrutura metodológica das normas ISO 14040 e ISO 14044;
- Conhecer a estrutura de Avaliação da Sustentabilidade do Ciclo de Vida (*Life Cycle Sustainability Assessment* - LCSA);
- Entender a aplicação e relevância da ACV para a Economia Circular (EC);
- Entender como as técnicas podem suportar decisões de EC nos níveis nano/micro, meso e macro.

6.1. ACV e estrutura metodológica das normas ISO 14040 e ISO 14044

6.1.1. O que é a ACV e a importância do Pensamento do Ciclo de Vida (*Life Cycle Thinking*-LCT)?

A Avaliação do Ciclo de Vida (ACV) é uma técnica científica, estruturada e padronizada internacionalmente para a avaliação quantitativa dos potenciais impactos ambientais associados ao ciclo de vida de produtos, processos e serviços. É definida como "a compilação e avaliação das entradas, saídas e dos impactos ambientais potenciais de um sistema de produto ao longo do seu ciclo de vida" (ABNTa, 2009, p. 2).

Um sistema de produto é definido como "o conjunto de processos elementares que modela o ciclo de vida de um produto, com fluxos elementares e de produto, desempenhando uma ou mais funções definidas" (ABNT, 2009a, p. 4). Em síntese, o sistema de produto compreende todos os processos que fazem parte do escopo analisado do ciclo de vida do produto investigado.

No contexto da ACV, ciclo de vida é definido como os "estágios consecutivos e encadeados de um sistema de produto, desde a aquisição da matéria-prima ou de sua geração a partir de recursos naturais até a disposição final" (ABNTa, 2009, p. 1).

A Figura 6.1 ilustra um diagrama simplificado que representa os principais estágios envolvidos no ciclo de vida de um produto.

O ciclo de vida refere-se a toda a cadeia de suprimentos da produção de um produto, tanto a montante como a jusante. A produção de qualquer produto tem início com a etapa de extração de recursos naturais (ex. extração de minérios, petróleo) do meio ambiente para a produção de matérias-primas (ex. transformação de minérios em materiais metálicos pela metalurgia). Em seguida, no estágio de manufatura, os materiais processados são transformados em produtos, de acordo com os requisitos de *design* (projeto) de cada produto. A próxima etapa embala o produto e realiza a logística para

Figura 6.1. Estágios do ciclo de vida de um produto.

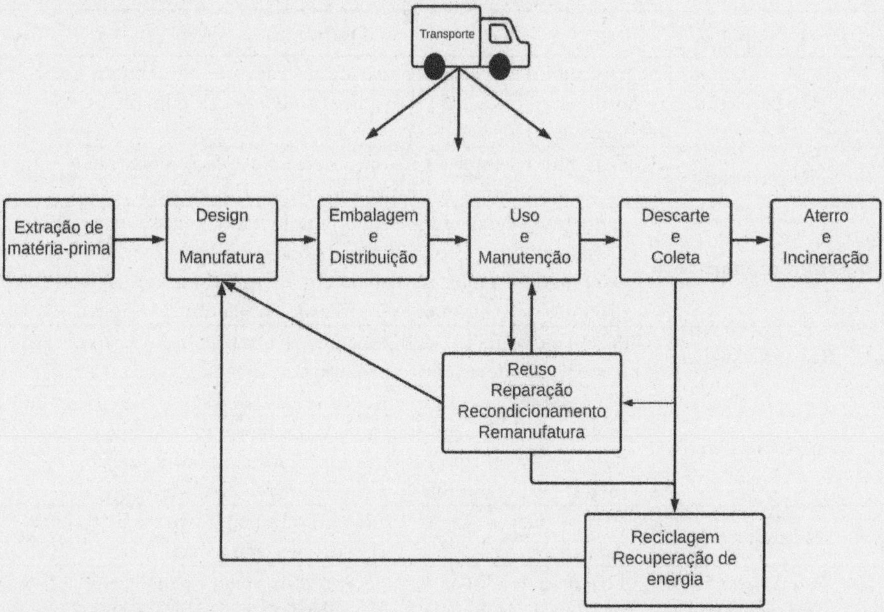

Fonte: Elaborado pelos autores (2022).

os pontos de venda. Quando o consumidor adquire o produto, este move-se para o estágio de uso, cumprindo a função para o qual foi concebido. Após a perda de utilidade do produto para o consumidor que o adquiriu, este torna-se resíduo. Feito o descarte, o produto pode ser enviado para diferentes destinos de gerenciamento de resíduos, por exemplo, reutilização, reciclagem, incineração ou aterros sanitários. O transporte está envolvido em todas as etapas do ciclo de vida e entre elas.

As opções de gerenciamento de resíduos no contexto da EC para estender o ciclo de vida de produtos e materiais, as chamadas estratégias “R”, são apresentadas no Quadro 6.1.

Quadro 6.1. Estratégias "R" para gerenciamento de produtos descartados.

Estratégia "R"	Definição
Reutilização	O produto descartado é reutilizado para a mesma função por um segundo usuário, sem a necessidade de grandes reparos ou adaptações.
Reparação	O produto retoma a sua função original após o reparo de pequenos defeitos e substituição de peças quebradas.
Recondicionamento	A estrutura geral de um produto multicomponente é mantida, enquanto alguns componentes e peças são substituídos, reformados e/ou modernizados, resultando em uma atualização melhorada do produto, que continua a ser utilizado na sua função original.
Remanufatura	A remanufatura usa componentes de um produto descartado para a fabricação de um novo produto da mesma função.
Reaproveitamento	O reaproveitamento usa produtos descartados, ou suas peças, em novos produtos com uma função diferente. Ao reutilizar bens descartados ou componentes adaptados para outra função, o material ganha um novo ciclo de vida distinto do original.
Reciclagem	Processamento físico, térmico ou químico de fluxos de resíduos para recuperação de matérias-primas secundárias.
Recuperação energética	Por meio de processos de incineração a energia incorporada nos resíduos é recuperada e utilizada para a produção de energia.

Fonte: Elaborado pelos autores (2022) a partir de (Reike *et al.*, 2018; Potting *et al.*, 2018).

Para a execução de um estudo de ACV são recolhidas informações sobre:

- o tipo e a quantidade de materiais e recursos consumidos em cada etapa;
- quais processos são utilizados para produzir cada componente e o produto;
- o local onde são extraídos e beneficiados os materiais;
- local onde são manufaturados os produtos;
- o tipo de transporte e as distâncias percorridas;
- como os produtos são usados pelos consumidores;
- como é realizado o gerenciamento do resíduo no fim da vida útil (ex. reciclagem, incineração, aterro).

A aplicação da ACV permite mapear, de forma sistemática, quais as atividades envolvidas em cada estágio do ciclo de vida de um determinado produto, fornecendo informações sobre o consumo de recursos naturais, geração de resíduos e emissões em cada uma das etapas. A perspectiva de ciclo de vida expande a análise das implicações ambientais de um produto, pois não se limita apenas ao estágio de manufatura. Essa perspectiva holística é importante, pois cada etapa do ciclo de vida tem potencial para afetar o meio ambiente, devido à realização de trocas ambientais por intermédio do consumo de recursos (ex. água, energia, matéria-prima) ou geração de resíduos e emissões.

No entanto, a ACV não se limita apenas a mapear os recursos e emissões e onde estes ocorrem. O objetivo central da ACV é quantificar os potenciais impactos ambientais dessas intervenções no meio ambiente, em diferentes categorias de impacto que abrangem diferentes compartimentos ambientais (ar, água e solo). Por exemplo, ao extrair um quilo de minério de ouro da crosta terrestre pelas atividades de mineração, serão causados impactos ambientais. Mas quais tipos de impactos e qual a sua magnitude? É essa a resposta que a ACV fornece. Portanto, após o mapeamento dos fluxos envolvidos no ciclo de vida dos produtos, a ACV quantifica a relevância ambiental do consumo de cada recurso e de cada emissão poluente, convertendo os impactos ambientais em indicadores ambientais (Huijgbrets *et al.*, 2016). A Figura 6.2 apresenta alguns exemplos de categorias de impacto e suas unidades de medida.

Em resumo, a ACV é uma técnica que adota uma perspectiva de sistema para compreender os potenciais impactos ambientais de produtos, mediante a identificação, caracterização e quantificação de todas as emissões e consumo de recursos, do "berço ao túmulo" (EC-JRC, 2010). O termo do "berço ao túmulo" é empregado para se referir a uma análise que considera todas as etapas do ciclo de vida de um sistema de produto: extração de recursos naturais, beneficiamento, transporte, manufatura, uso, manutenção, descarte, reciclagem ou outras opções de fim de vida.

A técnica de ACV é internacionalmente padronizada pela Organização Internacional de Padronização (*International Organization for*

Figura 6.2. Exemplos de categorias de impactos ambientais e unidades de medida.

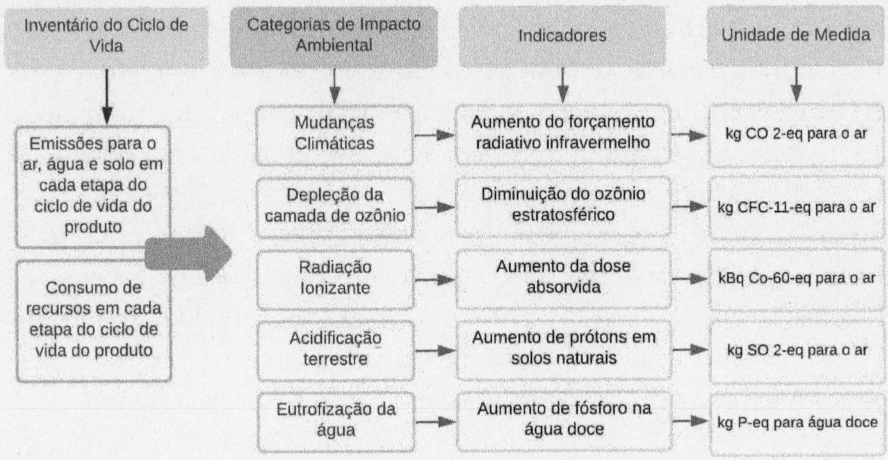

Fonte: Elaborado pelos autores (2022) a partir de Huijbregts *et al.* (2016).

Standardization - ISO) por meio das normas ISO 14040 e ISO 14044 (ISO, 2006a; ISO 2006b). A normatização apresenta princípios básicos e uma estrutura metodológica para a execução de estudos transparentes e confiáveis. As normas estão disponíveis em português e são disponibilizadas pela Associação Brasileira de Normas Técnicas (ABNT):

- ABNT NBR ISO 14040:2009 - Gestão Ambiental - Avaliação do Ciclo de Vida - Princípios e estrutura;
- ABNT NBR ISO 14044:2009 - Gestão Ambiental - Avaliação do Ciclo de Vida - Requisitos e orientações.

Além das normas supracitadas, que fornecem uma estrutura geral para conduzir os estudos de ACV, o Guia Geral para Avaliação do Ciclo de Vida, doravante denominado Manual ILCD (EC-JRC, 2010), integrante do Sistema de Referência Internacional de Dados para Ciclo de Vida, desenvolvido pelo Centro Conjunto de Pesquisa da Comissão Europeia, traz orientações detalhadas sobre boas práticas na condução dos estudos de ACV, cobrindo eventuais lacunas deixadas pelas normas ISO.

6.1.2. Princípios da ACV ambiental

A execução dos estudos de ACV deve respeitar princípios fundamentais descritos em suas normas. Esses princípios devem ser utilizados como preceitos para as decisões dos estudos, tanto no planejamento quanto na execução. São descritos na norma ISO 14040 sete princípios orientadores (ABNT, 2009a, pp. 6-7), sendo eles:

1. **Perspectiva do ciclo de vida**: a ACV considera todo o ciclo de vida de um produto, desde a extração de matérias-primas, produção de energia e materiais, manufatura, uso, tratamento de fim de vida e disposição final. Com base nessa visão sistêmica, a transferência de cargas ambientais potenciais entre etapas do ciclo de vida ou entre processos individuais pode ser identificada e evitada.
2. **Foco Ambiental**: a ACV ambiental evidencia os aspectos e impactos ambientais de um sistema de produto. Aspectos e impactos econômicos e sociais estão, tipicamente, fora do escopo da ACV ambiental. Outras ferramentas podem ser combinadas para avaliações mais abrangentes, como a Avaliação Social do Ciclo de Vida e Custeio do Ciclo de Vida, bem como outros métodos que capturem implicações sociais e econômicas.
3. **Abordagem relativa à unidade funcional**: a ACV é uma abordagem relativa, estruturada em torno de uma unidade funcional. A Unidade Funcional (UF) é uma medida de desempenho que quantifica a função entregue por um produto. A função caracteriza, de forma inequívoca, qual finalidade do produto está sendo avaliada (Silva *et al.*, 2014). Todas as análises subsequentes, como o inventário e o perfil de avaliação de impactos ambientais, são relativas à UF.
4. **Abordagem interativa**: a ACV é uma abordagem interativa, pois as fases individuais utilizam os resultados das outras fases. A interatividade contribui para a consistência e completeza dos estudos e dos resultados relatados.

5. **Transparência**: em virtude de um estudo de ACV ser um processo complexo, a transparência é um princípio orientador, de modo a assegurar a interpretação adequada dos resultados. Para tanto, todas as premissas assumidas e limitações devem ser claramente declaradas.
6. **Completeza**: a ACV considera todos os atributos ou aspectos do ambiente natural, da saúde humana e dos recursos. Idealmente, todas as etapas e fluxos elementares envolvidos no ciclo de vida devem ser mapeados, quantificados e avaliados.
7. **Prioridade da abordagem científica** - As decisões em uma ACV devem ser preferencialmente embasadas nas ciências naturais. Se isto não for possível, outras abordagens científicas (derivadas, por exemplo, das ciências econômicas e sociais) podem ser utilizadas ou pode-se ainda recorrer a convenções internacionais.

6.1.3. Pensamento do Ciclo de Vida (Life Cycle Thinking - LCT)

O LCT é um conceito filosófico, baseado na abordagem de sistemas, que orienta a ACV na consecução da visão holística dos potenciais impactos ambientais, mas também das potenciais implicações sociais e econômicas ao longo de todos os estágios do ciclo de vida de um produto. Tal visão identifica como decisões tomadas em um estágio podem impactar e gerar consequências em outro estágio ou dimensão da sustentabilidade (Finkbeiner *et al.*, 2010).

A abordagem sistêmica do LCT provê um suporte valioso nas avaliações de sustentabilidade (Pena *et al.*, 2021), pois incorpora o desenvolvimento sustentável nos processos de tomada de decisão, examinando um sistema e todas as suas intersecções, do começo ao fim (Wulf *et al.*, 2019). Assim, o LCT é importante ao se avaliar o ciclo de vida de produtos, pois fornece um suporte valioso para evitar a transferência de problemas (Cordella *et al.*, 2020). Esse escopo abrangente e sistêmico evita a transferência de problemas de:

- **um estágio do ciclo de vida para outro**: melhorias em uma etapa do ciclo de vida podem deslocar impactos ambientais para outra etapa. Por exemplo, a substituição de uma matéria-prima pode deslocar os impactos da manufatura para a extração de matéria-prima ou outras etapas;
- **um problema ambiental para outros problemas ambientais**: a redução de impactos em uma categoria ambiental, devido a mudanças que reduzem emissões específicas dessa categoria, pode acarretar aumento de emissões em outras categorias ou outros compartimentos ambientais;
- **uma região geográfica para outra**: por exemplo, a exportação de resíduos para aterro ou reciclagem em outros países pode deslocar graves impactos ambientais, principalmente se os resíduos são enviados para países que não possuem operações de aterro e reciclagem formalizadas e controladas;
- **uma dimensão da sustentabilidade para outra**: melhorias ambientais podem acarretar problemas sociais e econômicos;
- **presente para o futuro:** decisões tomadas no presente podem resultar em falta de acesso, ou acesso limitado, a recursos no futuro.

Em suma, o Pensamento do Ciclo de Vida é um conceito amplo que visa reduzir o uso de recursos e as emissões que geram impactos para o meio ambiente ao mesmo tempo que melhora o desempenho socioeconômico de um produto ao longo do seu ciclo de vida.

6.1.4. Aplicações dos estudos de ACV

Com a identificação dos pontos críticos de impactos, em todos os estágios do ciclo de vida, os resultados de um estudo de ACV suportam diversos processos decisórios (Sala *et al.*, 2020). As aplicações dos resultados desse tipo de estudo são amplas, avaliando desde produtos individuais e cadeias de suprimentos até padrões de produção e consumo de cidades e nações. O Quadro 6.2 apresenta algumas das aplicações dos resultados de um estudo de ACV de acordo com o campo de decisão.

Quadro 6.2. Exemplos de aplicações finais de estudos de ACV.

Desenvolvimento e aperfeiçoamento de produtos	- Identificar indicadores-chave de desempenho ambiental de um produto ou grupo de produtos para *Ecodesign*/ACV simplificada;
	- Análise dos pontos fracos e monitoramento de um produto específico;
	- *Ecodesign* detalhado/Projetos para reciclagem;
	- Comparação de produtos, processos e serviços específicos;
	- Contratos de Compras Verdes.
Certificações de produtos - Marketing	- Desenvolvimento de critérios de rotulagem ambiental do Tipo I baseadas no ciclo de vida;
	- Desenvolvimento de Regras de Categorias de Produtos;
	- Desenvolvimento de declarações ambientais do Tipo III.
Suporte para políticas públicas	- Contratos de Compras Verdes Públicas;
	- Desenvolvimento de políticas: previsão e análise dos impactos ambientais de tecnologias difundidas, estratégias para matérias-primas;
	- Informações sobre políticas: estudos sobre grupos de produtos, identificação de grupos de produtos com o maior impacto ambiental, identificação de grupos de produtos com o maior potencial de melhoria ambiental;
	- Monitoramento dos impactos ambientais de uma nação, setor industrial, grupo de produtos.

Fonte: Elaborado pelos autores (2022) a partir de EC-JRC (2010).

Nas decisões de desenvolvimento e aperfeiçoamento de produtos, a ACV subsidia a melhora do perfil ambiental destes, provendo informações aos tomadores de decisão quanto às oportunidades de melhoria em projetos/reprojetos de produtos e processos. Com isso, o planejamento estratégico é direcionado para a seleção e ação sobre os indicadores ambientais mais relevantes.

Os resultados de um estudo de ACV também são utilizados para fornecer certificações de sustentabilidade e rotulagem ambiental para produtos. As rotulagens ambientais são um mecanismo de comunicação com o mercado consumidor sobre o perfil ambiental e os potenciais benefícios do produto, os quais o diferenciam da concorrência.

Os resultados da ACV também podem suportar o desenvolvimento e acompanhamento de políticas públicas mais sustentáveis em nível local, regional e nacional. Os resultados podem guiar as compras públicas para aquisição de bens e serviços mais sustentáveis. Além disso, a ACV pode subsidiar informações aos tomadores de decisão sobre as consequências da implementação de novas tecnologias, estratégias de matérias-primas nacionais, bem como no cálculo dos impactos ambientais de um país e de todos os seus setores econômicos.

6.1.5. Estrutura metodológica da ACV ambiental

A ACV é normatizada em uma estrutura metodológica que compreende quatro etapas interativas e obrigatórias (Figura 6.3) (ABNT, 2009a).

Figura 6.3. Etapas da estrutura metodológica da ACV.

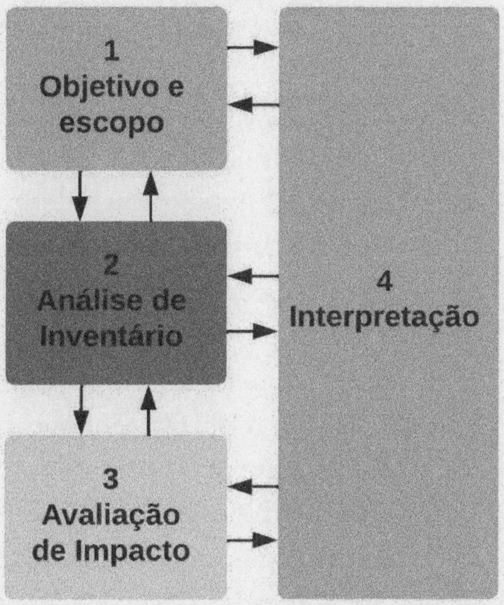

Fonte: Elaborado pelos autores, a partir de ABNT (2009).

Cada etapa da estrutura metodológica exige a execução de atividades específicas, respeitando-se as orientações normativas. As decisões sobre o nível de análise, abrangência do estudo, tipo de modelagem do inventário e os impactos ambientais analisados determinam o nível de esforço requerido para a execução de um estudo de ACV (Finnveden *et al.*, 2009). O desenvolvimento de um estudo de ACV é um processo sistemático e envolve a execução de etapas sequenciais e interativas. A interatividade é uma característica inerente da técnica ACV, pois, devido à natureza das relações entre o sistema de produto e o meio ambiente, novas informações, limitações e premissas podem ser incluídas ao longo do desenvolvimento do estudo (EC-JCR, 2010). A abordagem interativa, dentro e entre as quatro fases, contribui para a amplitude e consistência do estudo e dos resultados encontrados.

6.1.5.1. Definição do Objetivo e escopo

A primeira etapa da metodologia da ACV é a definição clara do objetivo e do escopo do estudo. Nesta etapa, todas as decisões sobre a condução do estudo são tomadas.

A definição do objetivo guia todos os aspectos do escopo e da estrutura de trabalho na coleta de dados, avaliação de impactos e interpretação (EC-JRC, 2010; Sala *et al.*, 2020). Nesta fase, delimita-se a aplicação pretendida do estudo, as razões para condução do estudo, as premissas e limitações, o público-alvo e se existe a intenção de utilizar os resultados em afirmações comparativas.

As aplicações pretendidas do estudo devem ser indicadas de maneira precisa e inequívoca, sendo um requisito obrigatório. Algumas das aplicações pretendidas mais frequentemente usadas são apresentadas no Quadro 6.2 (Seção 6.1.4); por exemplo, análise de pontos fracos de produtos e identificação de indicadores-chave de desempenho.

A definição das razões para o estudo deve esclarecer as razões específicas para a realização, nomeando fatores de estímulo e motivação para o estudo e, especialmente, delimitando o contexto de decisão em que o estudo será aplicado. A delimitação do contexto de decisão guia escolhas de etapas seguintes. Os contextos de decisão são classificados em três categorias, A, B e C (EC-JRC, 2010):

- **Contexto A - Nível micro:** neste contexto, os estudos de ACV apoiam decisões relacionadas a produtos ou processos específicos, sendo, portanto, considerado um estudo limitado e sem consequências estruturais fora do contexto de decisão não altera a capacidade de produção disponível, por exemplo. Como os efeitos são muito pequenos, não há consequências em grande escala nos sistemas que interagem com o sistema de produto de interesse ou outras partes da tecnosfera[1];
- **Contexto B - Nível meso/macro**: neste contexto, os estudos de ACV apoiam decisões em um nível estratégico (por exemplo, estratégias de matérias-primas, cenários de tecnologia, opções de política). Portanto, as decisões resultam em consequências estruturais fora do contexto de decisão, acarretando consequências de grande escala nos sistemas de produtos que fornecem insumos e recursos para o sistema de produto ou em outras partes da tecnosfera, por exemplo, ao alterar a capacidade de produção disponível de determinada matéria-prima;
- **Contexto C - Contabilização**: neste tipo de situação, a execução do estudo é puramente descritiva do ciclo de vida do sistema em análise (por exemplo, um produto, setor ou país), sem estar interessada em quaisquer consequências adicionais potenciais em outras partes da economia.

As limitações do estudo devem ser evidenciadas e discutidas quanto às possíveis implicações para a usabilidade dos resultados entregues

---

[1] *Tecnosfera* refere-se ao sistema humano, isto é, o ambiente construído ou modificado pelo homem, sendo um subsistema da biosfera. A biosfera refere-se a todos os ecossistemas da terra e sua atmosfera, onde vivem os organismos vivos (Navare *et al.*, 2021).

(EC-JRC, 2010). As limitações podem estar relacionadas à cobertura de categorias de impactos, cobertura geográfica dos dados, premissas e cenários assumidos. Um exemplo de limitação na cobertura de impactos são estudos focados em apenas uma categoria de impacto (ex. Mudanças Climáticas), pois analisa de forma limitada as emissões do ciclo de vida (ex. somente emissões de gases de efeito estufa).

A definição do público-alvo é importante, pois os diferentes públicos (ex. internos, externos, técnicos, não técnicos), implicam em diferentes requisitos de comunicação, documentação e avaliação de resultados (EC-JRC, 2010).

6.1.5.2. Definição do escopo

A definição do escopo delimita o que e como analisar (EC-JRC, 2010). Nesta fase, as diretrizes para operacionalização do estudo são definidas, estabelecendo-se os requisitos metodológicos e de qualidade para as fases seguintes. O escopo orienta os executores sobre como o estudo será realizado, direcionando a coleta de dados e avaliação de impactos. As principais atividades desta fase estão relacionadas à definição do sistema de produto e fronteira do sistema, estrutura de modelagem do inventário, função, UF e fluxo de referência.

A definição do sistema de produto e da fronteira do sistema é uma questão primordial na execução dos estudos, pois a correta análise do sistema e dos processos relevantes para cumprir a unidade funcional é essencial para que os resultados do estudo sejam confiáveis (EC-JRC, 2010). Enquanto o sistema de produto compreende todos os processos que fazem parte da cadeia de produção do produto investigado, a fronteira do sistema define quais as etapas e processos desse sistema estão sendo realmente avaliados no estudo.

Um estudo completo avalia o sistema do "berço ao túmulo" ("*Cradle-to-grave*"), incluindo na fronteira do sistema todos os processos de todas as etapas. Entretanto, nem sempre dados completos estão disponíveis ou a análise do estudo objetiva um alcance mais limitado. Em vista disso, diferentes fronteiras de sistema podem ser definidas. Porém, o corte de etapas, processos ou fluxos elementares deve ser justificado e limita as conclusões que podem ser extraídas do estudo. A Figura 6.4 exemplifica um sistema de produto simplificado com setas indicativas das diferentes fronteiras do sistema e respectiva nomenclatura.

Figura 6.4. Exemplos de fronteira do sistema.

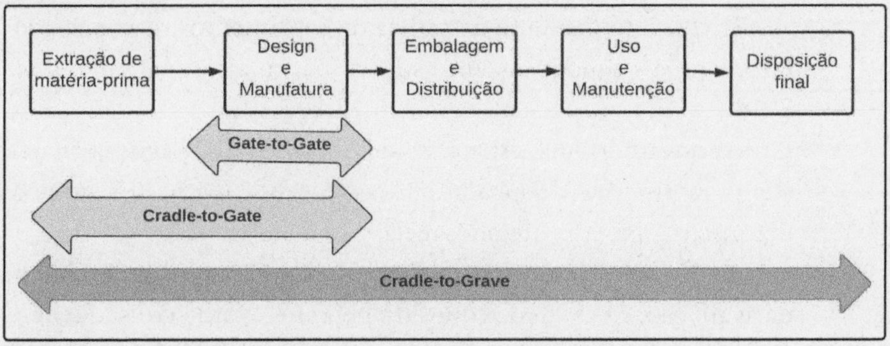

Fonte: Elaborado pelos autores (2022).

Em fronteiras de sistema "Portão ao Portão" ("*Gate-to-Gate*") e do "Berço ao portão" ("*Cradle-to-Gate*"), somente uma parte do ciclo de vida está incluída no estudo. Em um limite de sistema "*Gate-to-Gate*", apenas os processos executados dentro de uma única etapa (ex. uma indústria) são estudados e avaliados. Em limites do sistema "*Cradle-to--Gate*", avalia-se processos desde a extração de matéria-prima até a saída de uma etapa (ex. produto pronto saindo do portão da fábrica).

Outra questão relevante na definição de sistema é a diferenciação de sistemas de primeiro e segundo plano, *foreground* e *background*, respectivamente. O sistema de primeiro plano (*foreground*) é composto pelos processos que são diretamente afetados pelo estudo, vinculando-se diretamente à unidade funcional definida. O sistema de segundo plano (*background*) é aquele que fornece energia e materiais para o sistema de primeiro plano. Essa distinção entre primeiro e segundo plano é importante também para definir os requisitos de dados: dados do sistema de primeiro plano são específicos dos processos, enquanto os de segundo plano podem ser compostos por dados médios de mercado, englobando um *mix* de diferentes tecnologias e processos (Weidema, 2018).

A escolha da estrutura de modelagem do inventário é orientada pelo tipo de contexto de decisão. Existem duas estruturas para a modelagem do inventário, nomeadamente, Atribucional e Consequencial:

- **Atribucional**: estrutura de modelagem clássica que visa descrever o estado corrente da cadeia de suprimentos, sem considerar eventuais mudanças em cadeias marginais (Weidema *et al.*, 2018).
- **Consequencial**: na estrutura de modelagem Consequencial, além do sistema do produto de interesse, dados de sistemas marginais, que são afetados pelas decisões tomadas no sistema objeto de estudo, devem ser identificados, mapeados e incluídos na avaliação. O esforço requerido para um estudo consequencial é aumentado devido a necessidade de coleta de dados de outros sistemas de produto (Zamagni *et al.*, 2012). A modelagem consequencial é uma abordagem robusta para estimar efeitos indiretos importantes da inserção ou mudanças na demanda de produtos (Weidema *et al.*, 2018).

A função, UF e fluxo de referência é a base para a coleta de dados de inventário, avaliação de impacto e interpretação. A definição clara da função do produto descreve, de forma inequívoca, para qual fim o produto é útil, bem como identifica eventuais funções secundárias. Exemplificando: um *shampoo* hidratante possui a função primária de higiene dos cabelos e uma função secundária de hidratação. Descrever exatamente a função é importante para que comparações de produtos sejam justas. No exemplo do *shampoo*, ele não pode ser comparado a um outro que não tenha a função hidratante, pois os produtos não são comparáveis, já que não fornecem a mesma função. A UF é a quantificação da função do produto por meio de uma medida de desempenho.

O fluxo de referência dimensiona a quantidade de produto necessário para cumprir a unidade funcional definida. Os dados do inventário são coletados com base nas quantidades de recursos e emissões para produzir o fluxo de referência.

O Quadro 6.3 apresenta um exemplo de função, UF e fluxo de referência para o exemplo anterior do *shampoo*.

Quadro 6.3. Exemplo de função, unidade funcional e fluxo de referência.

Função do shampoo hidratante	Limpeza e hidratação de cabelos.
Unidade Funcional	Uso do shampoo por uma pessoa durante 1 ano.
Fluxo de referência	Se uma pessoa lava o cabelo em média 4 vezes por semana (= 192 vezes por ano) e para cada lavagem são utilizados em média 12 ml de shampoo, então, para cumprir a unidade funcional, seriam necessários 2,304 litros de shampoo por pessoa por ano (esse é o Fluxo de referência).

6.1.5.3. Análise do inventário

A segunda etapa da ACV é a Análise de Inventário do Ciclo de Vida. Esta etapa é considerada a mais complexa e extensa de um estudo (EC-JRC, 2010). Nesta fase, são coletados os dados para construção dos Inventários do Ciclo de Vida (ICV), no qual os fluxos de massa e energia são mapeados e compilados para cada unidade de processo integrante do limite do sistema e em relação a unidade funcional (Finnveden *et al.*, 2009). A etapa de inventário envolve a coleta de dados para cada processo unitário dentro da fronteira do sistema, tipos e quantidades, dos seguintes fluxos (EC-JRC, 2010):

- Fluxos elementares (diretamente de ou para a natureza, ex.: recursos primários, emissões, uso da terra);
- Fluxos de produtos (fluxos intermediários de produtos/materiais), que vinculam o processo analisado a outros processos;

- Fluxos de resíduos (resíduos sólidos/líquidos), que precisam ser vinculados a processos de gestão de resíduos.

A Figura 6.5 exemplifica os fluxos citados em uma unidade de processo de laminação de chapa de aço.

Figura 6.5. Processo unitário de laminação de chapa de aço.

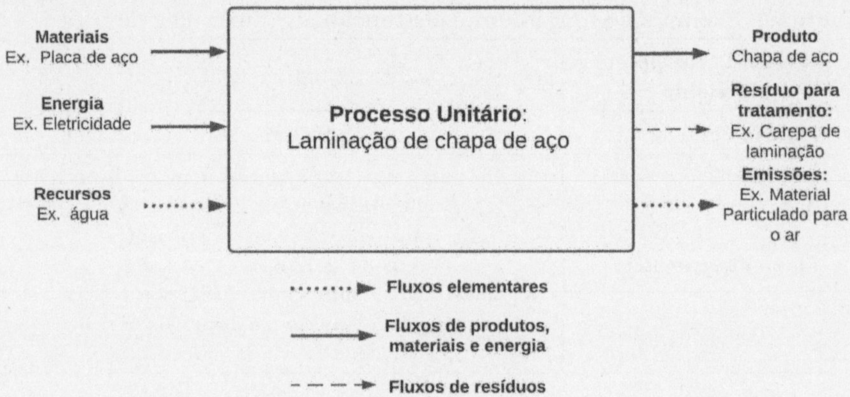

Fonte: Elaborado pelos autores a partir de Ecoinvent (2021).

O resultado da etapa de Análise de Inventário apresenta todas as entradas e saídas, de todos os processos dentro da fronteira do sistema (EC-JRC, 2010). Além de dados primários, para construir os inventários, diversas fontes de dados podem ser consultadas, por exemplo, bancos de dados próprios de ACV (ex. Ecoinvent), literatura científica e manuais técnicos.

6.1.5.4. Avaliação de impactos

A etapa de Avaliação de Impactos do Ciclo de Vida (AICV) tem o objetivo de compreender e avaliar a magnitude e a significância dos potenciais impactos ambientais do sistema de produto estudado. Para tanto, os dados coletados na etapa de Inventário do Ciclo de Vida são traduzidos em indicadores ambientais (Finnveden *et al.*, 2009). As emissões de substâncias e uso de recursos são vinculados a um número limitado de pontuações de impacto ambiental, por meio de modelos de caracterização (EC-JRC, 2010). Os modelos de caracterização utilizam fatores de conversão para nivelar diferentes mecanismos ambientais a uma unidade de medida em comum. Isso é necessário, pois diversas substâncias contribuem para um mesmo efeito, ainda que, em magnitudes diferentes. A Tabela 6.1 apresenta um exemplo para a categoria de Mudanças Climáticas. As emissões de diferentes gases de efeito estufa são nivelados em função do potencial de aquecimento global, sendo a unidade comum de medida "kg de CO_2-equivalente".

Tabela 6.1. Substâncias e o Potencial de Aquecimento Global (PAG) (em kg de CO_2 – equivalente).

Composto químico (1kg)	Fórmula	Potencial de Aquecimento Global 100 anos[2] (kg de CO_2 – equivalente)
Dióxido de Carbono	CO_2	1
Metano	CH_4	27
Óxido Nitroso	N_2O	273
Clorofluorocarboneto (CFC-11)	CCI3F	6,226
Clorofluorocarboneto (CFC-12)	CCl2F2	11,200
Hidroclorofluorcarbonos (HCFC-22)	CHCIF2	1,960

Fonte: Elaborado pelos autores (2022) a partir de IPCC (2021).

Observa-se que 1 kg de metano emitido tem potencial de aquecimento global 27 vezes maior em 100 anos que o dióxido de carbono, ou seja, 1 kg de metano emitido equivale a 27 kg de CO_2-equivalente (IPCC, 2021). Do mesmo modo, a emissão de 1 kg de óxido nitroso equivale a 273 kg de CO_2-equivalente para o aquecimento global.

2 O PAG mede o forçamento radiativo após a emissão de uma unidade de massa de uma determinada substância, acumulada ao longo de um horizonte de tempo escolhido (20 anos, 100 anos ou 500 anos) em relação à substância de referência (CO_2). O horizonte de tempo diferencia o potencial de aquecimento global do gás de acordo com o tempo de permanência na atmosfera.

Para cada categoria de impacto ambiental existe um modelo de caracterização, que classifica as substâncias de acordo com seus efeitos em cada compartimento ambiental. Por exemplo, a Tabela 6.2 apresenta as substâncias e fatores de caracterização para outra categoria de impacto, a categoria de Potencial de Acidificação Terrestre (PAT). A emissão de 1 kg de dióxido de nitrogênio (NO_2) equivale a 0,36 kg de SO_2. Por outro lado, a emissão de 1 kg de hidróxido de amônia (NH_3) equivale a 1,96 kg de SO2.

Tabela 6.2. Substâncias e o PAT (em kg de dióxido de enxofre (SO_2) – equivalente).

Composto químico (1kg)	Fórmula	Potencial de Acidificação Terrestre[3] (kg de SO_2 – equivalente)
Dióxido de Enxofre	SO_2	1
Monóxido de Enxofre	SO	1,33
Trióxido de Enxofre	SO_3	0,8
Dióxido de Nitrogênio	NO_2	0,36
Hidróxido de Amônia	NH_3	1,96
Nitrato	NO_3	0,27

Fonte: Elaborado pelos autores (2022) a partir do modelo de caracterização para PAT do método ReciPe *midpoint* (H) (Huijbregts *et al.*, 2016, p. 63).

Para que os resultados da etapa de avaliação de impacto apresentem consistência, a norma ISO 14044 define elementos obrigatórios para esta etapa (ABNTb, 2009b):

- Seleção de categorias de impacto, indicadores de categorias e modelos de caracterização - Existem diferentes métodos de avaliação disponíveis (ex. *Recipe*; ILCD);
- Classificação - correlaciona os resultados do inventário às categorias de impactos;
- Caracterização - cálculo dos indicadores de categoria.

[3] O PAT quantifica quanto a acidez do solo pode aumentar devido a emissão de uma substância em relação ao SO_2.

A Figura 6 apresenta um exemplo genérico desse passo a passo dos elementos obrigatórios para as categorias de impacto PAG e PAT. O exemplo calcula os impactos utilizando os fatores de caracterização para o PAG apresentados na Tabela 6.1 e para o PAT na Tabela 6.2.

Figura 6.6. Exemplo do cálculo do potencial impacto nas categorias PAG e PAT.

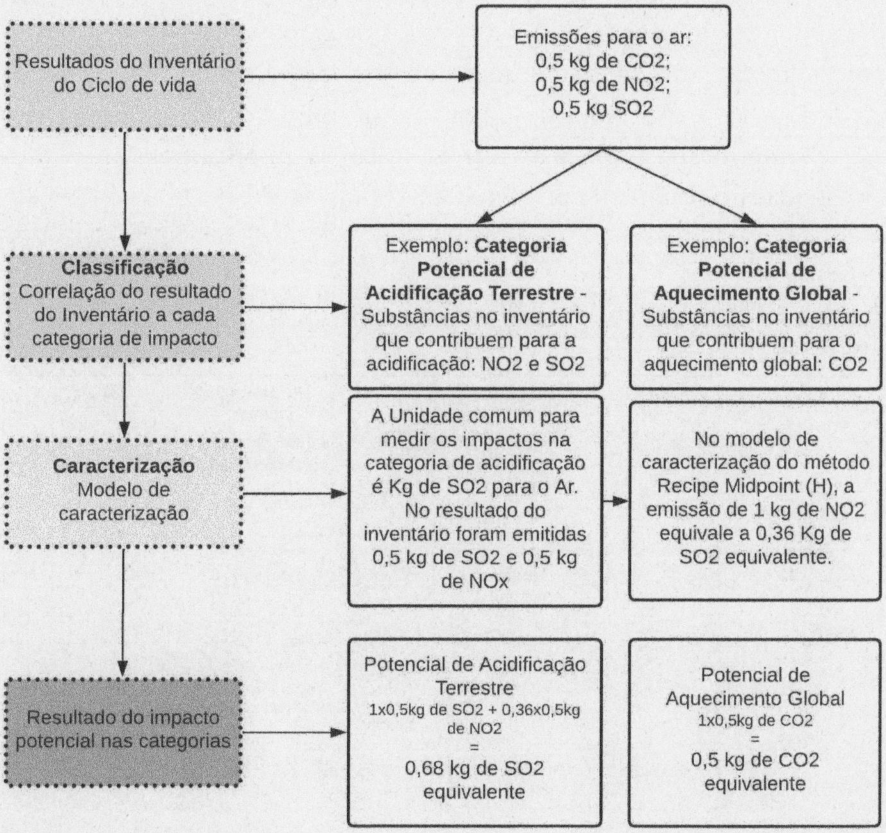

É importante salientar que a AICV pode ser realizada em dois níveis, *Midpoint* e *Endpoint,* conforme apresentado na esquematização dos caminhos de impactos (Figura 6.7). A caracterização no *Midpoint* tem uma relação mais estreita com os fluxos ambientais e vem, em geral, com menor incerteza de parâmetros que as categorias *Endpoint* (Finnvenden *et al.*, 2009). As categorias *Endpoint*, ou categorias de danos, referem-se às áreas de proteção final, nomeadamente, saúde humana, qualidade dos ecossistemas e escassez de recursos (Huijbregts *et al.*, 2017). As duas abordagens são complementares e auxiliam a entender as vias de impacto.

O escopo da AICV também depende do objetivo do estudo. Um estudo pode abranger diversos indicadores ambientais ou apenas um indicador, como nas avaliações de pegada de carbono ou pegada hídrica, por exemplo. Entretanto, estudos com escopo reduzido, de etapas do ciclo de vida e cobertura de categorias de impactos, são considerados ACV simplificada, pois não retrata todas as implicações ambientais envolvidas no sistema de produto.

Figura 6.7. Etapas esquemáticas do inventário até os pontos de extremidade de categorias.

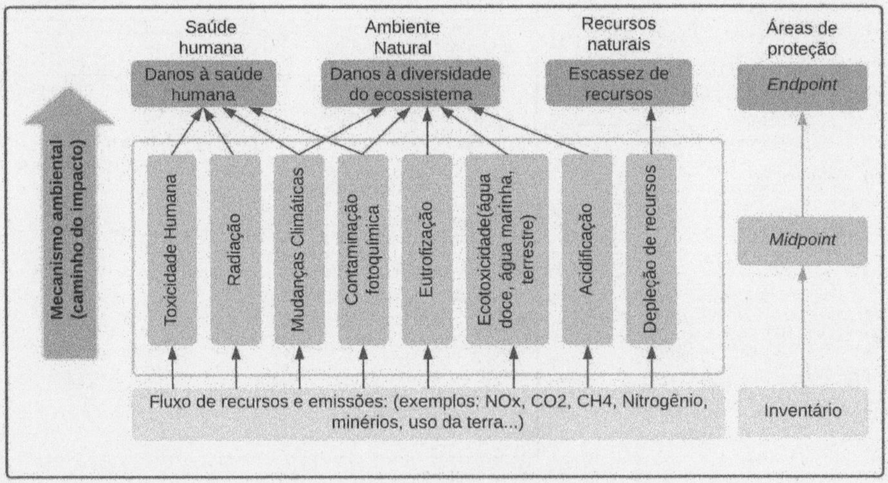

Fonte: Elaborado pelos autores a partir de Huijbregts *et al.* (2016).

6.1.5.5. *Interpretação*

A quarta etapa da ACV diz respeito à interpretação, onde os resultados obtidos nas etapas anteriores são analisados à luz do objetivo e escopo, para a identificação dos pontos críticos (*hotsposts*) e oportunidades de melhorias. A fase de interpretação requer uma avaliação crítica dos resultados encontrados, englobando as fases de ICV e AICV de acordo com o objetivo e escopo do estudo (SALA *et al.*, 2020). Nesta etapa, são elaboradas as conclusões e recomendações do estudo. A avaliação e interpretação dos resultados deve guiar-se em requisitos de completeza, consistência, análise de sensibilidade e incerteza.

Para determinar os *hotspots* do ciclo de vida, os principais contribuintes para os resultados de cada categoria de impacto são identificados por estágio do ciclo de vida e por processo. No contexto da ACV, o termo *hotspot* refere-se a um estágio do ciclo de vida ou processo que responde por uma proporção significativa do impacto por unidade funcional. A análise dos pontos críticos é feita por meio do ranqueamento da contribuição para o impacto total por categoria. A identificação dos *hotspots* permite que ações prioritárias sejam tomadas nos estágios do ciclo de vida ou processos que mais contribuem para a geração dos potenciais impactos.

6.2. O que é a Avaliação da Sustentabilidade do Ciclo de Vida (LCSA)?

A ACV foi inicialmente concebida como uma técnica para a avaliação dos aspectos ambientais associados a um produto, com foco na dimensão ambiental da sustentabilidade. No entanto, conforme prevê o LCT, é necessária uma visão integrada de todas as implicações associadas a um sistema de produto, para evitar que decisões desloquem problemas. Com base em tal premissa, novos desenvolvimentos expandiram a técnica para incluir aspectos sociais e econômicos (Klopffer, 2008; Traverso, *et al.*, 2012; Wulf *et al.*, 2019). As técnicas de Avaliação Social do Ciclo de Vida (S-ACV) e Custeio do Ciclo de Vida foram acopladas à técnica ambiental, surgindo assim a LCSA.

A LCSA é uma estrutura integrativa que possibilita avaliar as três dimensões da sustentabilidade em uma abordagem de ciclo de vida. Sendo definida como "a avaliação de todos os impactos negativos e benefícios ambientais, sociais e econômicos nos processos de tomada de decisão em relação a produtos mais sustentáveis ao longo de seu ciclo de vida" (UNEP, 2011, pag. 3). Portanto, a estrutura LCSA orienta a mudança do padrão de proteção ambiental para a um padrão de sustentabilidade, medindo o desempenho de um sistema de produto em relação ao meio ambiente, economia e sociedade (Traverso, *et al.*, 2012; Souza *et al.*, 2015). A Figura 6.8 mostra a estrutura conceitual da LCSA.

Figura 6.8. Visão geral da estrutura de avaliação da sustentabilidade do ciclo de vida.

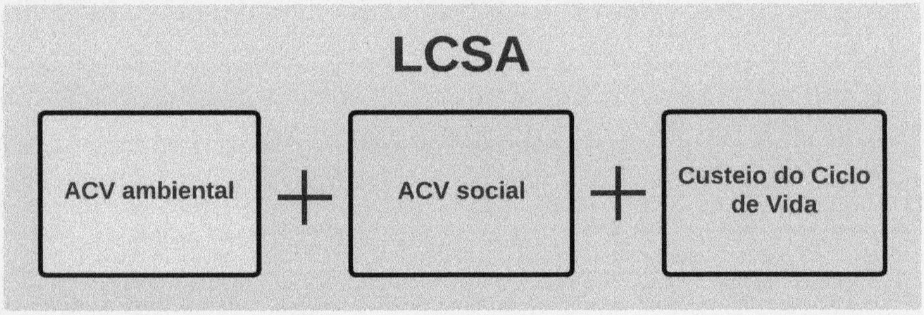

Fonte: Elaborado pelos autores (2022).

A Avaliação Social do Ciclo de Vida (ACV social) examina as consequências sociais do ciclo de vida de um produto. Essa técnica avalia e analisa os aspectos negativos e positivos que podem gerar potenciais impactos e afetar as diversas partes interessadas presentes ao longo de todo o ciclo de vida (Traverso *et al.*, 2012). A ACV social coleta dados e avalia indicadores relacionados a questões sociais, como direitos humanos, condições de trabalho e herança cultural, que afetam direta ou indiretamente as partes interessadas integrantes do ciclo de vida do produto estudado. A Figura 6.9 apresenta alguns exemplos de partes

Figura 6.9. Exemplo simplificado de partes interessadas, categorias de impacto e indicadores da ACV social.

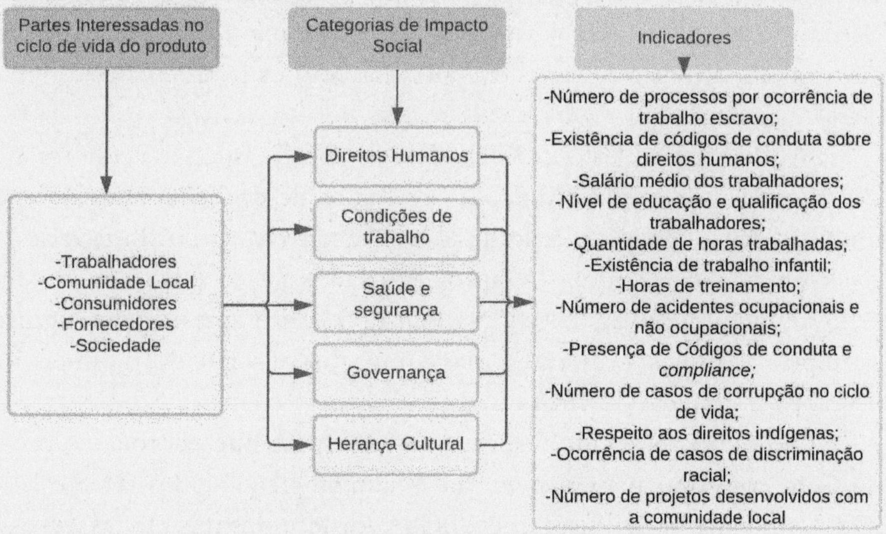

Fonte: Elaborada pelos autores (2022), adaptada de (UNEP, 2011).

Figura 6.10. Exemplos de categoria de impacto, indicadores e unidade medida do método de Custeio do Ciclo de Vida.

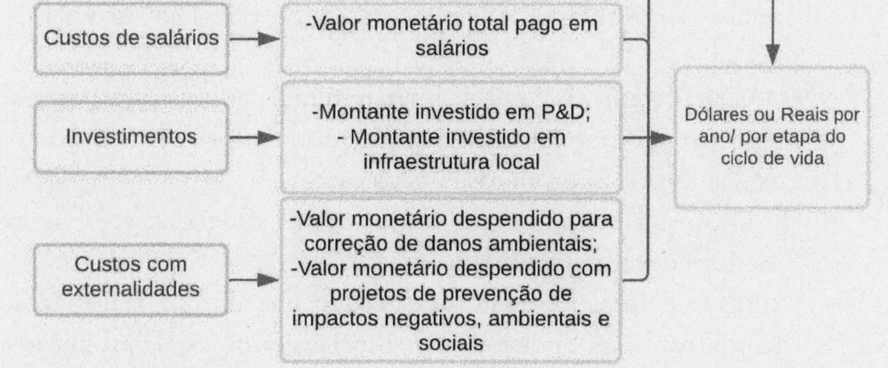

Fonte: Elaborada pelos autores (2022), adaptada de (UNEP, 2011).

interessadas, categorias de impacto social e indicadores utilizados para a avaliação das categorias. A etapa de avaliação de impacto da ACV social é feita em um nível de subcategoria para cada parte interessada, onde são comparados os resultados encontrados com os padrões regulamentares de cada país.

A Avaliação do Custo do Ciclo de vida aborda aspectos econômicos do ciclo de vida, resumindo todos os fluxos de dinheiro associados a um produto ao longo do ciclo de vida (Traverso *et al.*, 2012). Portanto, essa técnica compila todos os custos associados a cada ator da cadeia do ciclo de vida (Klopffer, 2008). Na Figura 6.10 são apresentados alguns exemplos de indicadores, categorias e impactos relacionados à dimensão econômica do ciclo de vida.

A avaliação integrada fornece subsídios para que padrões de produção e consumo mais sustentáveis sejam implementados (Sala *et al.*, 2020). A avaliação holística que a LCSA fornece dos três pilares da sustentabilidade em uma abordagem de ciclo de vida traz diversos benefícios, tais como:

- Permite que os profissionais organizem informações e dados ambientais, econômicos e sociais complexos de uma forma estruturada;
- Ajuda a esclarecer as compensações entre os três pilares da sustentabilidade, estágios e impactos do ciclo de vida, produtos e gerações, fornecendo uma imagem mais abrangente dos impactos positivos e negativos ao longo do ciclo de vida do produto;
- Mostra às empresas como se tornarem mais responsáveis por seus negócios, levando em consideração todo o espectro de impactos associados a seus produtos e serviços;
- Promove a conscientização dos atores da cadeia de valor sobre questões de sustentabilidade;
- Apoia as empresas e os atores da cadeia de valor na identificação de pontos fracos e possibilita melhorias nos meios de produção e no *design* de produtos;

- Apoia os tomadores de decisão na priorização de recursos e no seu investimento, onde houver mais chances de impactos positivos e menos chances de impactos negativos;
- Apoia os consumidores na determinação de quais produtos são mais sustentáveis;
- Estimula a inovação nas empresas e nos atores da cadeia de valor, pois a LCSA fornece uma visão geral do desempenho de sustentabilidade de diferentes empresas em uma mesma cadeia, por exemplo, destacando os pontos críticos de ação, o que estimula a busca por soluções inovadoras para a melhoria ambiental, social e econômica.

6.3. Aplicação e relevância da ACV para a Economia Circular

A aplicação do conceito de EC tem recomendado algumas estratégias para estender a vida útil dos recursos, como reuso, remanufatura, recondicionamento ou reciclagem. Entretanto, é um desafio entender como o uso dos recursos e impactos podem ser afetados devido à adoção de uma determinada estratégia. A pergunta mais frequente durante a incorporação de estratégias de EC é: "entre as estratégias de EC, qual é a mais benéfica para o meio ambiente, bem como para o produto?" (Mannan e Al-Ghamdi, 2022). Os indicadores de circularidade baseados em massa, como o Indicador de Circularidade do Material (MCI) ou Indicador de Circularidade de Serviço Cumulativo (Circ(T)), são capazes de avaliar a circularidade de qualquer processo ou produto, porém, não são capazes de responder qual abordagem de EC é a melhor opção para o meio ambiente (Corona *et al.*, 2019; Mannan e Al-Ghamdi, 2022).

A tomada de decisão sobre as estratégias de EC geralmente faz perguntas que podem ser respondidas pela aplicação da ACV (Pena *et al.*, 2021). Afinal, a ACV avalia diferentes estratégias relacionadas à eficiência de materiais para se avançar na transição para uma EC, provendo informações baseadas na ciência sobre as intervenções de circularidade e eventuais compensações de impactos entre, por exemplo, uso de água, energia, carbono, uso de materiais e questões sociais e impactos econômicos. A transição para uma EC precisa ser apoiada por estruturas de avaliação, quantitativas e sistêmicas, que permitam monitorar as mudanças e apoiar a tomada de decisão. Assim, para a EC, a ACV é um suporte valioso para que se alcance as metas de redução do consumo de recursos e redução da geração de resíduos (Corona *et al.*, 2019).

O pensamento sistêmico é o conceito que relaciona a técnica ACV com o conceito de EC (Singh *et al.*, 2021). Para a EC, o pensamento sistêmico provê a compreensão das conexões entre os sistemas de produção e consumo de recursos. A visão sistêmica é necessária para o fechamento dos ciclos, pois fornece informações sobre como os sistemas circulares operam para a recuperação de recursos e quais são os atores e barreiras para implementação das estratégias de circularidade (Iacovidou *et al.*, 2021). A ACV é a ferramenta que operacionaliza o Pensamento do Ciclo de Vida (LCT), um conceito orientado pelo pensamento sistêmico, que determina a inclusão nas avaliações de todos os recursos, emissões e processos envolvidos na produção de um produto, buscando compreender holisticamente todas as implicações ambientais de todas as partes integrantes de um sistema de produto, para evitar a transferência de cargas (UNEP, 2011). Portanto, enquanto a EC busca fechar os ciclos de recursos com diferentes estratégias de estreitamento, desaceleração e fechamento de ciclos, a ACV avalia, numa perspectiva de ciclo de vida, os impactos relacionados a essas diferentes estratégias de EC, fornecendo indicadores ambientais para as diferentes estratégias de circularidade, permitindo identificar as estratégias de EC com a melhor performance ambiental em uma abordagem de sistemas.

No contexto da EC, uma avaliação holística como a ACV é importante, pois as estratégias de EC, muitas vezes, assumem que é sempre benéfico manter os recursos individuais dentro da economia, seja em uso pelo maior tempo possível ou por meio de ciclos técnicos e biológicos. No entanto, podem existir ocasiões em que manter os recursos dentro da economia por mais tempo pode ser contraproducente, por exemplo:

- O alto consumo de energia, água e produtos químicos para a remoção de substâncias tóxicas ou recuperação de materiais na reciclagem - gerando altos impactos adicionais e resíduos perigosos;
- O uso de materiais reciclados pode afetar a vida útil do produto devido à perda de qualidade;
- A reutilização de produtos ou componentes podem aumentar os impactos. Por exemplo, para produtos consumidores de energia na fase de uso, como os eletroeletrônicos, desenvolvimentos tecnológicos levam a melhorias na eficiência energética, portanto, substituir produtos antigos por modelos mais novos pode ser mais benéfico ao meio ambiente que estender a vida útil, devido ao menor consumo de energia (Bockin *et al.*, 2020).

Assim, podem ocorrer casos em que determinada estratégia de fechamento de *loops* ou extensão da vida útil acarretem maiores problemas ambientais (Scheepens *et al.*, 2016; Corona *et al.*, 2019). As afirmações de superioridade ambiental das estratégias de EC nem sempre se concretizam quando avaliadas por uma técnica ambiental sistêmica (Roos Lindgreen *et al.*, 2020). A utilidade da ACV/LCSA reside principalmente no fato de ela não defender nenhuma estratégia específica, mas fornecer uma estrutura de avaliação para entender as implicações ambientais, sociais e econômicas das diferentes opções para entregar uma função ou serviço (Pena *et al.*, 2021).

Assim, as possibilidades de uso da ACV são ilimitadas no contexto da EC. Diante da incerteza sobre as melhores opções de *design*, reciclagem, reutilização ou outras opções de recuperação no fim da vida útil, a ACV é uma ferramenta poderosa para avaliar essas opções de forma consistente e eficaz, pois permite responder a questões como:

- Qual o processo que consome menos recursos para a produção de um produto?
- Qual tipo de material reduz os impactos ambientais de um produto?
- Qual a mudança de impactos ao se utilizar energias renováveis?

- Que tipo de transporte é menos impactante?
- Qual é o melhor caminho para a reciclagem de um tipo de resíduo específico?
- Qual o impacto de um sistema de coleta de resíduos?
- É melhor, do ponto de vista ambiental, reutilizar ou reciclar um produto?
- Quais os potenciais impactos adicionais da extensão da vida útil?

A principal vantagem da aplicação da metodologia da ACV está no fato de ela responder questões sobre qual o impacto de um produto ou processo específico, mas também qual seria o uso mais benéfico para o meio ambiente dos recursos e resíduos (Hanssen e Huijbregts, 2019). No caso da reciclagem, a ACV permite verificar qual rota de reciclagem é menos impactante para um produto, mapeando o consumo de recursos para a reciclagem dos materiais, bem como quantificando o benefício dessa recuperação, ao avaliar os impactos evitados da substituição da produção virgem pelo material reciclado. Essa análise holística é importante para mapear os sistemas de produção e de gerenciamento de resíduos e obter eficiência máxima dos recursos.

Em suma, a ACV permite entender e avaliar se os benefícios ambientais reivindicados pelas soluções de EC podem ser alcançados e em que medida; e quais são os processos e aspectos mais críticos que precisam ser gerenciados adequadamente. A ACV apoia a avaliação e comparação das estratégias e opções de EC mais promissoras para melhorar o desempenho ambiental dos padrões de consumo e produção da sociedade (Pena *et al.*, 2021). A ACV e LCSA fornecem uma base abrangente e sistemática para garantir que os impactos dos recursos primários a montante e os componentes a jusante das cadeias de valor sejam verdadeiramente integrados à análise de EC (Corona *et al.*, 2019).

6.3.1. Questões metodológicas e desafios na aplicação da ACV para avaliar estratégias de circularidade

A técnica ACV é considerada uma ferramenta promissora para avaliar estratégias no contexto da EC (Corona *et al.*, 2019; Pena *et al.*, 2021), pois ajuda a destacar as interações entre sistemas complexos, permitindo avaliar as intervenções de circularidade destinadas a minimizar e recuperar recursos, quantificando o desempenho ambiental de produtos em múltiplos ciclos e a eficácia desses sistemas circulares para evitar cargas ambientais negativas (Niero *et al.*, 2016; Singh *et al.*, 2021). No entanto, é necessário que as orientações metodológicas sejam atendidas, para evitar resultados enganosos nas comparações entre estratégias circulares e lineares. Por exemplo, a avaliação de opções de substituição para embalagens plásticas deve considerar características funcionais, potencial de reciclabilidade e a quantidade recursos consumidos para a produção. Opções consideradas circulares, como plásticos de base biológica, podem exigir mais recursos para a produção, como água e energia, em comparação as opções convencionais (Iacovidou *et al.*, 2021). Assim, a superioridade ambiental de um plástico biodegradável depende da avaliação holística de todo o seu ciclo de vida.

Portanto, nas atividades do *design*, ao se comparar diferentes materiais, processos e modelos de negócios deve-se ter atenção à equivalência funcional dos sistemas avaliados, com função e limites dos sistemas iguais.

Na avaliação de estratégias de fim de vida, uma questão muito importante é a modelagem da substituição da produção virgem. Identificar o destino do material secundário, refletindo as trocas físicas que realmente ocorrem no mercado, é fundamental para a correta modelagem dos fluxos de materiais primários que serão deslocados. Se substituições arbitrárias forem identificadas, corre-se o risco de avaliar a obtenção de potenciais benefícios que não são reais. Alguns desafios encontrados na consecução de estudos de ACV em sistemas circulares são: a dificuldade em prever por quantos ciclos um mesmo material pode ser reutilizado; para substituir um material virgem, o material reciclado deve atender a especificações técnicas e de qualidade; restrições de mercado relacionadas a oferta e demanda.

A resposta a esses desafios implica em dois caminhos diferentes para os materiais recuperados e implicações na modelagem dos estudos de ACV:

- **Reciclagem de ciclo fechado** (*Closed-loop*): o material reciclado é usado para produzir o mesmo produto que o originou. No entanto, para a reciclagem em circuito fechado acontecer, propriedades do material reciclado precisam atender a requisitos de qualidade do original. Quando há perda de qualidade no processo de reciclagem, somente é possível uma substituição parcial do material virgem, resultando em uma taxa de substituição menor que 1 – portanto, o benefício da reciclagem é menor, pois a produção do material virgem não é totalmente evitada.
- **Reciclagem de ciclo aberto** (*Open-loop*): o material reciclado é utilizado em sistemas de produtos diferentes daquele que o originou. Isso pode acontecer porque o material tem perda da qualidade durante o processo de reciclagem, comprometendo sua aplicabilidade para o mesmo tipo de produto (EC-JRC, 2010). Uma queda na qualidade do material reciclado reduz as opções de aplicação do material reciclado. No entanto, o reciclado ainda pode substituir materiais virgens em outras cadeias de produção distintas.

6.4. Como as técnicas de ACV podem suportar decisões de EC nos níveis micro, meso e macro?

A implementação da ACV na avaliação da EC pode ser feita para qualquer produto ou processo, real ou hipotético, nos níveis micro, meso e macro.

No nível micro, estão alocadas decisões sobre produtos, empresas e consumidores (Saidani *et al.*, 2019). Conforme apresentado na seção

6.1, as aplicações da ACV suportam diversos processos decisórios relacionado a produtos, processos empresariais e consumidores:

- **Produtos**: no contexto da EC e decisões sobre produtos, a ACV fornece informações para o desenvolvimento e aperfeiçoamento de produtos, tornando-os mais circulares e sustentáveis, avaliando a substituição de materiais, processos e modelos de negócios.
- **Empresas**: empresas podem utilizar a ACV para avaliar as implicações ambientais de toda a sua cadeia de suprimentos, permitindo identificar quais pontos da cadeia de suprimentos causam maiores impactos e agir sobre essas etapas. Podem avaliar e quantificar os potenciais impactos de operações e processos relacionados a um produto individual ou todo um portfólio de produtos.
- **Consumidores**: para os consumidores, certificações baseadas em resultados de um estudo de ACV informam sobre o perfil ambiental de produtos e serviços, fornecendo suporte para a decisões de compra e uso dos produtos mais conscientes e sustentáveis.

No nível meso, a ACV auxilia a EC a definir melhores políticas e a quantificar os potenciais impactos e benefícios de redes de simbiose industrial e ecossistemas circulares (Saidani *et al.*, 2019). A avaliação da implementação de estratégias de simbiose, mediante a aplicação da ACV, evita efeitos adversos indiretos.

No nível macro, a ACV auxilia na consecução de políticas regionais e nacionais voltadas para a circularidade dos recursos (Corona *et al.*, 2019). A execução de estudos de ACV pode auxiliar nações com informações sobre os impactos ambientais de determinado setor econômico, da adoção de políticas, como as diretrizes de reciclagem nacionais e estratégias nacionais de recursos materiais.

6.5. Estudo de caso

Avaliação de um Sistema de Produto-Serviço: O caso de carrinhos de bebê circulares na perspectiva do ciclo de vida

Os modelos de negócios de produto como serviço são fortemente promovidos para apoiar a transição para uma economia circular. Em um sistema de produto-serviço, o consumidor troca a propriedade pela posse do produto por um determinado período. Esse tipo de modelo de negócios incentiva as empresas a estender a vida útil de um produto por meio de programas de aluguel, devolução e manutenção de produtos.

Um produto adequado para sistemas de produtos-serviços são os carrinhos de bebê. Isso ocorre porque os carrinhos de bebê são produtos maduros, amplamente utilizados, possuem ciclos de *design* estabelecidos e são muito duráveis, o que significa que podem ser usados por muitos anos sem perder a sua função. Além disso, podem ser recuperados materiais e energia no final da vida útil. No entanto, apesar da durabilidade dos carrinhos, os comportamentos atuais de seus usuários, que compram os carrinhos, é o descarte antes do fim da vida útil, mesmo estando em boas condições de funcionamento. Pensando em evitar esse descarte antecipado e estender ao máximo a vida útil dos carrinhos, várias empresas de Cingapura fornecem aos clientes um sistema de aluguel de carrinhos.

Existem algumas suposições de que a prestação do serviço de carrinhos de bebê ofereça benefícios ambientais, devido à redução de materiais e energia para a produção de novos carrinhos e a redução da geração de resíduos. Os sistemas de produtos/serviços são capazes de fornecer o mesmo nível de serviço com menos produtos em comparação com o modelo tradicional de propriedade. No entanto, são consumidos recursos, como água, produtos de limpeza e energia, durante a manutenção e eventual reparo. Apesar da afirmação dos benefícios da substituição do modelo de negócio tradicional pelo circular, esses ainda não foram quantificados de forma sistemática e holística.

Deste modo, com o objetivo de avaliar e comparar os potenciais impactos e benefícios do modelo de negócios de aluguel de carrinhos de bebê e do modelo de negócios tradicional (propriedade), pesquisadores de Cingapura executaram uma ACV do "berço ao túmulo", avaliando os impactos do fornecimento dos carrinhos para todas as crianças nascidas em Cingapura em um período de 5 anos. Os limites do sistema incluíram todos os estágios de extração de matéria-prima, fabricação, uso, reparo e manutenção, descarte do carrinho e transporte.

Para avaliar os potenciais impactos dos dois modelos de negócio, foram definidos quatro cenários que representam comportamentos de uso dos carrinhos pelos consumidores quando os carrinhos são comprados e quando são alugados. A Unidade Funcional é a prestação de serviços de carrinhos de bebê para 600 mil crianças em um período de cinco anos em Cingapura.

As categorias de impacto avaliadas foram mudanças climáticas, depleção de fósseis, ecotoxicidade de água doce, eutrofização de água doce, toxicidade humana, radiação ionizante, ecotoxicidade marinha, eutrofização marinha, depleção de metais, depleção de ozônio, formação de material particulado, formação de oxidante fotoquímico, acidificação terrestre, ecotoxicidade terrestre e esgotamento de água.

Os resultados encontrados indicam que os impactos ambientais do ciclo de vida do modelo de aluguel de carrinhos de bebê são 29 a 46% menores, dependendo da categoria de impacto, do que a prática atual de comprar um carrinho e descartá-lo após o primeiro uso. A única categoria de impacto em que o modelo de aluguel teve um impacto maior foi a categoria de depleção de ozônio, devido ao transporte adicional para a limpeza e manutenção.

A partir dos resultados, recomenda-se que os pais aluguem um carrinho de bebê se a opção alternativa for possuir um carrinho e descartá-lo após apenas três anos de uso. Os pais que optam por possuir e usar um carrinho de bebê por três anos podem reduzir seus impactos ambientais em 50% se conseguirem encontrar outra pessoa para usar o carrinho pelos três anos restantes.

No entanto, os dados da ACV indicaram que os resultados são sensíveis ao número de ciclos de limpeza pesada feitos a cada ano nos carrinhos de aluguel. Se um número alto de limpezas for feito por ano, o modelo de aluguel passa a ter maiores impactos que o modelo de propriedade. Assim, é essencial que as empresas de aluguel tentem minimizar a quantidade de ciclos de limpeza pesada para não mais do que uma vez a cada 5 semanas, para garantir que os impactos ambientais do ciclo de vida dos carrinhos de aluguel não excedam aqueles do modelo de negócios de propriedade tradicional.

Na Figura 6.11 são apresentados os impactos ambientais de cada estágio do ciclo de vida do carrinho de bebê, desde a extração da matéria prima até o descarte final.

Figura 6.11. Avaliação de Impactos da produção dos carrinhos de bebê.

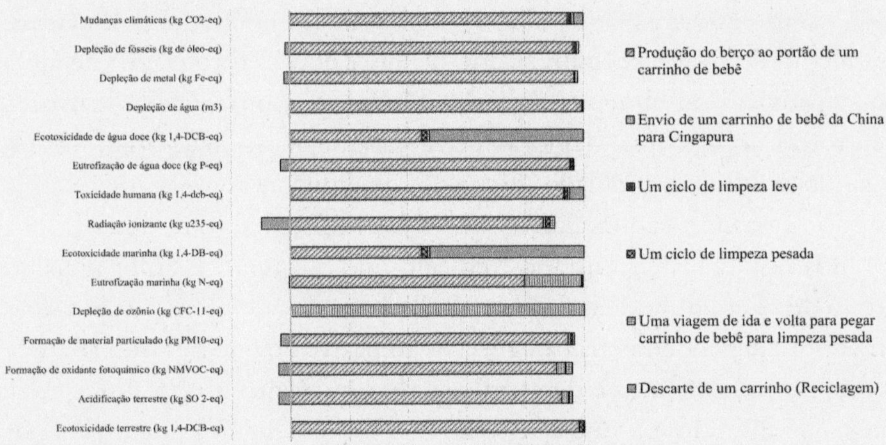

Fonte: Elaborado pelos autores (2022) a partir dos dados de Kerdlap *et al.* (2021).

Questões para discussão do estudo de caso

1. Com base nos resultados do estudo de ACV conduzido, é ambientalmente melhor ter a propriedade ou alugar um carrinho de bebê? Por quê?
2. Ao examinar a Figura 6.11, que detalha os impactos ambientais por etapa do ciclo de vida, qual a etapa que mais contribuí para todas as categorias de impactos ambientais? Isso pode ser uma justificativa para implementar padrões mais circulares?
3. Do seu ponto de vista, quais melhorias poderiam ser implementadas no ciclo de vida para reduzir os impactos ambientais do ciclo de vida do carrinho de bebê? Justifique sua resposta.

Fonte: Kerdlap, P., Gheewala, S. H., & Ramakrishna, S. 'To rent or not to rent: A question of circular prams from a life cycle perspective', *Sustainable Production and Consumption*, Elsevier, 26 (2021), pp. 331-342. Disponível em: <https://doi.org/10.1016/j.spc.2020.10.008>. Acesso em: 11 set. 2022.

Lista de termos

Ciclo de vida: etapas consecutivas e interligadas de um sistema de produto, desde a aquisição de matéria-prima ou geração de recursos naturais até a disposição final.

Função: é a finalidade do produto selecionada para ser o objeto do estudo de ACV.

Unidade Funcional (UF): medida de desempenho que quantifica a função.

Fluxo de referência: medida das saídas de processos em um determinado sistema de produto necessário para cumprir a função expressa pela unidade funcional.

Sistema de Produto: coleção de processos unitários conectados material e energeticamente, que executam uma ou mais funções definidas.

Fronteira do sistema: especifica quais processos unitários de um sistema de produto estão incluídos na avaliação.

Processo unitário: menor elemento considerado na análise de inventário do ciclo de vida, para o qual os dados de entrada e saída são quantificados.

Análise de inventário do ciclo de vida: etapa que compila e quantifica as entradas e saídas de um produto ao longo de seu ciclo de vida.

Avaliação de Impactos do Ciclo de Vida: etapa que visa compreender e avaliar a magnitude e a significância dos potenciais impactos ambientais para um sistema de produto ao longo do ciclo de vida do produto.

Fator de caracterização: fator determinado com base técnico-científica usado para converter os resultados do inventário aos resultados dos indicadores de categoria de impacto ambiental.

Categorias de impacto *midpoint*: categorias de impacto de relação mais estreita com os fluxos ambientais, possibilitando o mapeamento das relações diretas de causa e efeito.

Categorias de impacto *endpoint*: referem-se às áreas de proteção final, nomeadamente, saúde humana, qualidade dos ecossistemas e escassez de recursos.

Fluxo elementar: material ou energia que entra no sistema em estudo que foi retirado do ambiente sem transformação humana anterior, ou material/energia que sai do sistema em estudo que é liberado no ambiente sem transformação humana subsequente.

Foreground: consiste em processos que estão sob o controle do decisor para o qual uma ACV é realizada. Eles são chamados de processos de primeiro plano.

Background: consiste em processos nos quais nenhuma influência ou, na melhor das hipóteses, influência indireta pode ser exercida pelo tomador de decisão para o qual uma ACV é realizada. Esses processos são chamados de processos em segundo plano.

Hotspot: um estágio do ciclo de vida, processo ou fluxo elementar que responde por uma proporção significativa do impacto da unidade funcional.

Questões para Discussão

1. De acordo com os conceitos apresentados neste capítulo, defina a técnica ACV e apresente seus princípios norteadores.
2. Para quais aplicações um estudo de ACV pode ser utilizado?
3. Quais as quatro etapas da metodologia normatizada internacionalmente para a condução de estudos de ACV? Explique as principais atividades que devem ser executadas em cada etapa.
4. Escolha um produto que você utiliza no seu cotidiano, pesquise como esse produto é fabricado, usado e descartado no fim de vida. Apresente em um fluxograma o ciclo de vida desse produto.
5. Quais os benefícios da aplicação da estrutura de avaliação LCSA?
6. Como a ACV contribui para a tomada de decisão em EC?

Referências

ASSOCIAÇÃO BRASILEIRA DE NORMAS TÉCNICAS - ABNT. 'NBR 14040: Gestão Ambiental – Avaliação do Ciclo de Vida – Princípios e Estrutura', Rio de Janeiro: ABNT, 2009a.

ASSOCIAÇÃO BRASILEIRA DE NORMAS TÉCNICAS - ABNT. 'NBR 14044: Gestão Ambiental – Avaliação do Ciclo de Vida – Requisitos e Orientações', Rio de Janeiro: ABNT, 2009b.

BÖCKIN, D. *et al.* "How product characteristics can guide measures for resource efficiency—A synthesis of assessment studies", *Resources, Conservation and Recycling*, 154 (2020), 104582.

CORDELLA, M. *et al.* "Improving material efficiency in the life cycle of products: a review of EU Ecolabel criteria", *The International Journal of Life Cycle Assessment*, 25(5) (2020), pp. 921-935.

CORONA, B. *et al.* "Towards sustainable development through the circular economy—A review and critical assessment on current circularity metrics", *Resources, Conservation and Recycling*, 151 (2019), 104498.

ECOINVENT. (2021). '*Hot rolling, steel* – GLO'. Ecoinvent 3.8 - Dataset Documentation. Disponível em: https://ecoinvent.org/the-ecoinvent-database/.

European Comission – Joint Research Centre. (2010). International Reference Life Cycle Data System (ILCD) Handbook: General guide for Life Cycle Assessment - Detailed guidance. EUR 24708 EN. Luxembourg (Luxembourg): Publications Office of the European Union.

FINKBEINER, M. *et al.* "Towards life cycle sustainability assessment", *Sustainability*, 2, 10 (2010), pp. 3309-3322.

FINNVEDEN, G. *et al.* "Recent developments in life cycle assessment", *Journal of environmental management*, 91, 1 (2009), pp. 1-21.

HANSSEN, S. V., HUIJBREGTS, M. A. "Assessing the environmental benefits of utilising residual flows", *Resources, Conservation and Recycling*, 150 (2019), 104433.

HUIJBREGTS M.A.J. *et al.* 'ReCiPe2016. A harmonized life cycle impact assessment method at midpoint and endpoint level', Report I: characterization. RIVM Report 2016–0104. National Institute for Human Health and the Environment, Bilthoven, 2016.

HUIJBREGTS, M. A. J. *et al.* (2017) 'ReCiPe2016: a harmonised life cycle impact assessment method at midpoint and endpoint level', *The International Journal of Life Cycle Assessment*, 22(2), 138-147.

IACOVIDOU, E., HAHLADAKIS, J. N., & PURNELL, P. (2021) 'A systems thinking approach to understanding the challenges of achieving the circular economy', *Environmental Science and Pollution Research*, 28(19), 24785-24806.

IPCC. (2021) 'Climate Change 2021: The Physical Science Basis', Contribution of Working Group I to the Sixth Assessment Report of the Intergovernmental Panel on Climate Change. Masson-Delmotte, V., P. Zhai, A. Pirani, S.L. Connors, C. Péan, S. Berger, N. Caud, Y. Chen, L. Goldfarb, M.I. Gomis, M. Huang, K. Leitzell, E. Lonnoy, J.B.R. Matthews, T.K. Maycock, T. Waterfield, O. Yelekçi, R. Yu, and B. Zhou (eds.)]. Cambridge University Press, Cambridge, United Kingdom and New York, NY, USA, In press, doi:10.1017/9781009157896.

INTERNATIONAL ORGANIZATION FOR STANDARDIZATION (ISO). *Environmental Management: Life Cycle Assessment – Principles and Framework* (ISO 14040: 2006), ISO: Geneva, Switzerland, 2006a.

INTERNATIONAL ORGANIZATION FOR STANDARDIZATION (ISO). *Environmental Management: Life Cycle Assessment – Requirements and Guidelines*, (ISO 14044: 2006), ISO: Geneva, Switzerland, 2006b.

KLÖPFFER, W. "Life cycle sustainability assessment of products", *The International Journal of Life Cycle Assessment*, 13, 2 (2008), pp. 89-95.

MANNAN, M., AL-GHAMDI, S. G. "Complementing circular economy with life cycle assessment: Deeper understanding of economic, social, and environmental sustainability", *In*: STEFANAKIS, A., NIKOLAOU, I. (Ed.) *Circular Economy and Sustainability*. Elsevier, 2022, pp. 145-160.

NAVARE, K. *et al.* "Circular economy monitoring–How to make it apt for biological cycles?", *Resources, Conservation and Recycling*, 170 (2021), 105563.

NIERO, M., OLSEN, S. I. "Circular economy: To be or not to be in a closed product loop? A Life Cycle Assessment of aluminium cans with inclusion of alloying elements", *Resources, Conservation and Recycling*, 114 (2016), pp. 18-31.

PENA, C. *et al.* "Using life cycle assessment to achieve a circular economy", *The International Journal of Life Cycle Assessment*, 26, 2 (2021), pp. 215-220.

POTTING, J. *et al.* "Circular Economy: what we want to know and can measure, Framework and baseline assessment for monitoring the progress of the circular economy in the Netherlands". *PBL Policy Report*, 3217, 2018.

REIKE, D., VERMEULEN, W. J., & WITJES, S. "The circular economy: new or refurbished as CE 3.0? - exploring controversies in the conceptualization of the circular economy through a focus on history and resource value retention options", *Resources, Conservation and Recycling*, 135 (2018), pp. 246-264.

ROOS LINDGREEN, E., SALOMONE, R., & REYES, T. "A critical review of academic approaches, methods and tools to assess circular economy at the micro level", *Sustainability*, 12, 12 (2020), 4973.

SAIDANI, M. *et al.* "A taxonomy of circular economy indicators", *Journal of Cleaner Production*, 207 (2019), pp. 542-559.

SALA, S. "Implications of LCA and LCIA choices on interpretation of results and on decision support", *The International Journal of Life Cycle Assessment*, 25, 12 (2020), pp. 2311-2314.

SCHEEPENS, A. E., VOGTLÄNDER, J. G., & BREZET, J. C. "Two life cycle assessment (LCA) based methods to analyse and *design* complex (regional) circular economy systems. Case: Making water tourism more sustainable", *Journal of Cleaner Production*, 114 (2016), pp. 257-268.

SILVA, Gil Anderi *et al.* "Avaliação do ciclo de vida: ontologia terminológica", Instituto Brasileiro de Informação em Ciência e Tecnologia- IBICT, Brasília, 2014.

SINGH, S. *et al.* "Thematic exploration of sectoral and cross-cutting challenges to circular economy implementation", *Clean Technologies and Environmental Policy*, 23, 3 (2021), pp. 915-936.

SOUZA, R. G. *et al.* "Definition of sustainability impact categories based on stakeholder perspectives", *Journal of Cleaner Production*, 105 (2015), pp. 41-51.

TRAVERSO, M. *et al.* "Towards life cycle sustainability assessment: an implementation to photovoltaic modules", *The International Journal of Life Cycle Assessment*, 17, 8 (2012), pp. 1068-1079.

UNITED NATIONS ENVIRONMENT PROGRAMME (UNEP). Towards a Life Cycle Sustainability Assessment: Making informed choices on products, Nairobi, 2011.

WEIDEMA, B. P. *et al.* "Attributional or consequential life cycle assessment: a matter of social responsibility", *Journal of cleaner production*, v. 174 (2018), pp. 305-314.

WULF, C. *et al.* "Review of sustainability assessment approaches based on life cycles", *Sustainability*, 11, 20 (2019), 5717.

ZAMAGNI, A. *et al.* "Lights and shadows in consequential LCA", *The International Journal of Life Cycle Assessment*, 17, 7 (2012), pp. 904-918.

CAPÍTULO 7

Desenvolvimento de Produtos para a Economia Circular

Marina Fernandes Aguiar
Daniel Jugend
Marco Antonio Paula Pinheiro

Objetivos

- Destacar o papel do *design* de produtos na transição da economia linear para a circular;
- Introduzir o conceito de *design* de produtos circulares e ressaltar suas particularidades em relação a outras abordagens;
- Apresentar as definições das estratégias circulares e suas respectivas abordagens de *design*;
- Apresentar e discutir exemplos de aplicações práticas do *design* circular.

7.1. O Processo de desenvolvimento de produtos e a relevância dos *early stages*

O processo de desenvolvimento de produtos (PDP) engloba um conjunto de atividades que tem início com a percepção de uma oportunidade de mercado ou tecnológica, a qual, alinhada com a estratégia das empresas, culmina com a produção, venda e entrega de um produto

(Eppinger e Ulrich, 2015). Trata-se de um processo fundamental para a operacionalização da estratégia de inovação das empresas, cujo bom desempenho está atrelado à capacidade de identificar as necessidades do consumidor e criar produtos que podem ter diferentes graus de inovação e que atendam a essas necessidades. Desta forma, as empresas normalmente buscam determinar as especificações de um novo produto ou as melhorias a serem incorporadas a um produto já existente, levando em conta as demandas do mercado e suas possibilidades e restrições tecnológicas (Rozenfeld *et al.*, 2006).

Diversos trabalhos recentes ressaltam o papel de destaque que o PDP possui para a estratégia de inovação e competitividade das empresas. Esta relevância está relacionada às características deste processo, que o distinguem de outros processos empresariais, como planejamento e controle de produção, vendas e de contabilidade. Afinal, o PDP depende de elementos relacionados a fatores como incerteza, criatividade, desenvolvimento de tecnologias, atendimento às necessidades nem sempre claras de determinado público-alvo, esforços de pesquisa e desenvolvimento (P&D), entre outros. Neste contexto, em seu livro clássico sobre o tema no Brasil, Rozenfeld *et al.* (2006) elencaram três principais particularidades sobre este processo: a imprevisibilidade de dados e informações; a criticidade do início do processo e das atividades de pré-desenvolvimento; e o envolvimento de diversas áreas ou departamentos de uma empresa, tais como Engenharia, P&D, Marketing, Finanças, Compras, entre outros, os quais precisam trabalhar colaborativamente com o objetivo comum de desenvolver um novo produto.

Atualmente, com a evolução das tecnologias, e especialmente as de informação, novos elementos têm sido incorporados como particularidades do PDP, tais como o envolvimento de usuários ao longo das etapas de projeto de produto e a obtenção de maiores quantidades de dados e informações relacionados aos padrões de comportamento de consumo dos segmentos de mercado que uma empresa espera atingir. O rastreamento contínuo do desempenho do produto pode ser realizado por meio de sensores e tecnologias, por exemplo, a *internet* das coisas (*internet of things* - IoT) e até mesmo a de *blockchain*. Vale notar que a aplicação da transformação digital no sistema produtivo e, consequentemente, no projeto do produto, pode ser associada às tecnologias da Indústria 4.0, as quais possuem potencial para o oferecimento de soluções voltadas à redução dos impactos negativos das organizações e sociedade sobre o meio ambiente. Neste sentido, a digitalização pode contribuir para o menor consumo de materiais durante o processo produtivo e consumo dos produtos, por exemplo.

Considerando os objetivos deste capítulo, convidamos o leitor a olhar com mais atenção e entender o significado desta segunda particularidade destacada, relacionada ao início do PDP. Há diferentes fatores que justificam o destaque dado às primeiras atividades do projeto do produto. Um destes fatores diz respeito ao princípio de que grande parte (entre 70% e 80%) do custo final de um produto é definida nos estágios iniciais de seu desenvolvimento (Sarkis e Dou, 2017). Um segundo aspecto que explica a importância de tomar decisões acertadas nas primeiras etapas do desenvolvimento está relacionado ao custo de modificação, que aumenta consideravelmente ao longo do projeto. Afinal, conforme se avança nas etapas de desenvolvimento de produtos, maior é o dispêndio de recursos em pessoas, materiais e infraestrutura. Consequentemente, decisões erradas a serem revertidas em etapas mais avançadas de projetos de produtos tendem a ser mais custosas.

Imagine, por exemplo, que no início da produção em larga escala de um produto, com *design* e processos produtivos já preparados, maquinário comprado e logística e distribuição estruturadas, descobre-se que uma importante matéria-prima se tornou escassa e o seu custo dobrou. Isso pode requerer um reprojeto do produto e acarretar perdas de investimentos (em termos de custos e investimentos já realizados). A identificação de problemas como estes nas etapas de planejamento do projeto poderia evitar esse tipo de perda. A adoção de equipes multifuncionais ao longo de todas as fases de projeto de produto e a realização da engenharia simultânea poderiam ser úteis para mitigar estes riscos.

Por fim, um dos mais importantes fatores relacionados à razão pela qual os projetistas devem se atentar aos *early stages* (estágios iniciais) do PDP reside no fato de que, da mesma forma que a fixação dos custos, cerca de 80% (oitenta por cento) do impacto ambiental de um produto também é definido na sua fase de projeto (Ramani *et al.*, 2010). De fato, como resultado do projeto detalhado do produto, são estabelecidas características como sua geometria, os materiais a serem usados, o escopo do processo de fabricação, englobando o total de matéria-prima e energia demandados. Estas decisões exercem grande influência nos próximos estágios, como o desempenho do processo produtivo, as alternativas de gestão de resíduos e destino após o fim de vida do produto, por exemplo. Assim, contrariamente ao segundo fator mencionado, do custo de modificação, que é crescente ao longo do projeto, as chances de reduzir o impacto ambiental do produto vão diminuindo ao longo das fases posteriores do seu ciclo de vida.

Este tópico introdutório apresentou o conceito de desenvolvimento de produtos e justificou a relevância dos estágios iniciais deste processo, do ponto de vista dos impactos ambientais. O próximo tópico deste capítulo discute de que maneira a preocupação em relação à sustentabilidade foi sendo incorporada às abordagens de projeto do produto, até o que se conhece hoje como *design* para a circularidade.

7.2. Evolução da sustentabilidade integrada ao desenvolvimento de produtos

Na tentativa de introduzir a preocupação em reduzir o impacto ambiental de produtos desde o início das atividades de projeto, as abordagens de *design* foram expandindo seu foco paulatinamente, buscando incorporar a sustentabilidade ambiental aos projetos de produtos em conjunto com as preocupações já tradicionais, tais como as questões de custos, manufaturabilidade, ergonomia e funcionalidades, por exemplo. Estas preocupações tendem a se acentuar nos próximos anos, dados os problemas ambientais já apresentados ao longo deste livro, como mudanças climáticas, perda de biodiversidade, diminuição de matérias-primas, entre outros, somados a pressões da sociedade e governos pela produção e consumo mais sustentáveis e que se refletem, por exemplo, nos esforços de empresas a atenderem aos fatores ESG e em adotarem a economia circular.

A princípio, a sustentabilidade era tratada isoladamente, com foco em aspectos pontuais, enfatizando especialmente a eficiência do processo manufatureiro (McAloone e Pigosso, 2017). Sob esta perspectiva, na década de 1970, a abordagem do *Design* Verde (*green design*) tratava do projeto e desenvolvimento de produtos considerando, por exemplo, a seleção de materiais recicláveis. Nas décadas seguintes, ganhou espaço a abordagem do *ecodesign*, fundamentada na proposta de integrar as questões ambientais no desenvolvimento de novos produtos, objetivando o aprimoramento de seu desempenho ambiental. Diversas práticas e ferramentas foram associadas a esta abordagem, tais como o *ecodesign checklist*, a matriz MET (Materiais, Energia e Toxicidade) e a ferramenta de avaliação de ciclo de vida.

No entanto, algumas críticas a essas abordagens apontam para o fato de que ainda seguiam a lógica linear, focando nas etapas finais do processo de produção e consumo, como a reciclagem e a redução de desperdício e de poluição (Sauvé *et al.*, 2016). Em um sistema de produção linear, as matérias-primas são extraídas, transformadas em novos produtos e, em algum momento, chegam ao fim de suas vidas funcionais e são descartadas como resíduos. Para que as empresas contribuam para o desenvolvimento sustentável, é importante repensar seu processo de desenvolvimento de novos produtos, pois, em um sistema linear, a criação de valor é baseada em um fluxo unidirecional de material, no qual o material virgem entra na cadeia de valor a montante, e todo o valor do produto, exceto o valor da matéria-prima, é somado por meio de processos de fabricação (Ghisellini *et al.*, 2018). Neste cenário linear, os clientes são os principais responsáveis pelas escolhas de compra, bem como pelo correto descarte de resíduos. Pode ser um desafio quantificar os resíduos produzidos como parte da economia linear, contudo, se prevê que a quantidade aumentará concomitantemente com o crescimento populacional, aumento da renda e comportamento populacional.

Levando em conta os desafios advindos desse modelo linear, tornou-se necessário adotar uma visão sistêmica ao se considerar a integração da sustentabilidade no PDP, reconhecendo a responsabilidade dos profissionais que tratam do projeto do produto em desenhar soluções que sejam sustentáveis desde a sua concepção, ainda "na prancheta". Conforme visto na seção introdutória deste capítulo, os estágios iniciais do processo de *design* de produtos são o cenário em que muitas decisões são tomadas, e depois de estabelecidos os recursos, a infraestrutura e o plano de atividades operacionais, é mais difícil e custoso fazer alterações nos projetos de produtos (Bocken *et al.*, 2016). Entre essas decisões críticas, há a definição de atributos que impactam o desempenho circular do produto, como a seleção dos materiais, que determinam o grau de toxicidade, o consumo e tipo de energia utilizada e as opções de gestão de resíduos, por exemplo.

Um exemplo de abordagem pautada nessa perspectiva proativa é o *Design for X* (DfX), em que o X é usado para generalizar diferentes objetivos, englobando, por exemplo, o *design* para a reciclagem, para a remanufatura, para a atualização, para o reuso, como também o *design* para a durabilidade, para a fácil manutenção e reparo, para a desmontagem, entre outros exemplos[1].

Observe que, considerando essas estratégias de *design* exemplificadas no parágrafo acima, o foco já está em se atentar para formas de projetar o produto objetivando estender ou fechar o ciclo de recursos. Trata-se, portanto, de um conceito usado para o *design* circular (Moreno *et al.*, 2016; Aguiar *et al.*, 2022), o qual envolve uma maior complexidade quando comparado ao tradicional desenvolvimento de produtos (Subramanian *et al.*, 2019). Ao comparar abordagens lineares e cíclicas para o desenvolvimento de produtos e sistemas, Braungart *et al.* (2008) fazem a distinção entre fluxos de materiais "do berço ao túmulo" e fluxos cíclicos "do berço ao berço". Nesta percepção, muda-se o paradigma de que para obter novos produtos, é necessário extrair novos recursos do meio ambiente. Em vez disso, os produtos devem ser projetados de maneira circular. Desta forma, os gestores e *designers*

[1] O tópico 7.4 deste capítulo aborda de maneira mais detalhada estas estratégias de *design*.

comprometidos com a economia circular se deparam com o desafio de reformular a maneira com que produtos são projetados, adicionando a perspectiva circular.

Nesse sentido, a operacionalização de esforços orientados à adoção de modelos de negócios circulares depende fundamentalmente do processo de desenvolvimento de novos produtos que sejam adequadamente alinhados à economia circular. Isto é, a dimensão de 'criação de valor' avaliada pela literatura de modelos de negócios, quando aplicada aos modelos circulares, depende sobretudo das estratégias de *design* (*design for X*[2]) para o desenvolvimento de produtos orientados para a economia circular. Um exemplo é a mudança do modelo convencional de venda de produtos físicos para a venda de acesso à funcionalidade ou serviço. Nesses modelos de negócios baseados em serviços, incluindo *leasing* ou *pay-per-use*, os fabricantes mantêm a propriedade de seus produtos e os retomam após o uso para fins de recuperação e redistribuição de valor (Lieder *et al.*, 2017).

Diante disso, nota-se o relevante papel do *design* de produtos para alcançar os propósitos da economia circular, visando reduzir a necessidade de extração de matéria-prima virgem e, ao mesmo tempo, promover a recirculação de produtos, componentes e materiais. O próximo tópico apresenta esses temas relacionados ao desenvolvimento de produtos para a economia circular.

7.3. *Design* de produtos circulares

Esta seção dedica-se à definição do conceito e apresentação e discussões das principais estratégias de *design* de produtos para a economia circular. De antemão, é necessário que o leitor note as variadas denominações desta abordagem. Na literatura da área, é possível encontrá-la sendo referida como *design* de produtos circulares, *circular product design* (CPD, em inglês), circularidade a nível de produto, desenvolvimento

---

[2] As estratégias de *design for X* são tratadas ao longo deste capítulo.

de produtos circulares (DPC) ou simplesmente *design* circular. De todo modo, a ideia central é a de preservar os valores econômico e ambiental dos produtos pelo maior tempo possível, seja por meio do prolongamento de seu ciclo de vida ou pela sua reinserção no mercado (em nível de produto, componentes e materiais), mantendo sua utilidade. Esta abordagem demanda que um novo significado seja dado aos produtos em fim de vida, continuando a enxergar seu valor (Moreno *et al.*, 2016). Ou seja, todas estas definições acerca do *design* de produtos circulares são alinhadas aos princípios da economia circular, os quais já foram discutidos em outros capítulos deste livro.

Sabe-se que para a adoção da economia circular, é importante o desenvolvimento de produtos projetados para circularidade. Diante disso, empresas preocupadas com a sustentabilidade ambiental têm buscado adotar estratégias circulares como parte do PDP. Desta forma, enquanto se esforçam para atender e exceder os requisitos do consumidor com seus produtos, elas também podem levar em consideração as questões relacionadas à circularidade, considerando os efeitos ao meio ambiente ao longo de todo o ciclo de vida dos produtos (Bocken *et al.*, 2016). Se estivermos considerando o conceito de modelos de negócios circulares, o desenvolvimento de produtos faz parte da dimensão geração de valor.

O *design* circular pode então representar uma oportunidade de atender às necessidades emergentes dos consumidores e responder a mudanças tecnológicas e sociais dinâmicas, as quais têm exigido em tempos recentes soluções de produtos e serviços mais sustentáveis (Subramanian *et al.*, 2019), pois tem como objetivo dissociar a criação de valor do consumo de recursos finitos, de modo a permitir múltiplos ciclos de vida em que produtos e componentes tenham sua vida útil prolongada (Shahbazi *et al.*, 2020). Como resultado, não apenas o uso de recursos naturais é otimizado economicamente, mas o valor de produtos, componentes e materiais também é retido e os recursos naturais são restaurados.

Ainda em relação às novas avenidas em que o *design* circular avança, existe uma diferença marcante entre o *ecodesign* e o *design* de produtos circulares. O *ecodesign* é guiado por um princípio chamado hierarquia de resíduos, correspondente à ordem de prioridade de práticas para a gestão de resíduos, como o reuso, a reciclagem, a recuperação e o descarte (den Hollander *et al.*, 2017). Desta forma, nota-se que a noção de resíduo norteia as ações a serem tomadas. Já para a economia circular, o termo assume um novo significado, o de recurso em potencial, partindo da ideia de um ciclo fechado que evita o desperdício na geração de resíduos. Nessa linha, Dokter *et al.* (2021) argumentam que o *design* de produtos circulares se sustenta no chamado Princípio da Inércia, desenvolvido por Walter Stahel:

> "Não repare o que não está quebrado, não remanufature algo que pode ser reparado, não recicle um produto que pode ser remanufaturado. Substitua ou trate apenas a menor parte possível para manter o valor econômico existente do sistema técnico".

Den Hollander, Bakker e Hultink (2017) defendem também que o Princípio da Inércia se aproxima do conceito de integridade do produto, ou seja, a extensão com que um produto permanece idêntico ao seu estado original ao longo do tempo. Assim, sob a perspectiva do *design* de produtos, a reciclagem é a opção menos desejada, uma vez que acarreta a destruição da sua integridade. Somando-se esses argumentos, pode-se definir que um produto atende aos princípios da economia circular quando é "*capaz de passar por repetidos ciclos de obsolescência e recuperação enquanto mantém o mais alto nível de integridade possível*" (Kane *et al.*, 2018).

Pode-se notar, portanto, que o *design* de produtos circulares (DPC) apresenta princípios próximos a outras abordagens, tais como o *ecodesign* e *design* para a sustentabilidade. Sumter *et al.* (2021) sumarizam três fatores que diferenciam o *design* para a economia circular: (i) a ênfase no alto valor, (ii) a qualidade na circulação de materiais, e (iii) o uso de modelos de negócios circulares. Boyer e colaboradores (2021) destacam ainda que é possível definir circularidade a nível de produto por meio de um tripé, ou seja, três principais elementos (ou dimensões), que devem ser considerados em conjunto: a recirculação de materiais, a utilização e a resistência. A recirculação de materiais corresponde à priorização do uso de materiais recuperados em substituição à matéria-prima virgem, identificando quanto do material que compõe um produto se origina de outros produtos. A utilização diz respeito à alta frequência de uso do produto, em contraposição ao seu armazenamento e desuso. Já a resistência está relacionada à retenção do valor do produto pelo maior tempo possível, conservando o seu valor. Em resumo, para o desenvolvimento de produtos para a economia circular, é importante que sejam considerados elementos como o uso de materiais recuperados, a possibilidade de ser mantido em uso frequente e por diversos ciclos, e a manutenção de sua funcionalidade por um longo período de tempo (Boyer *et al.*, 2021).

Esses requisitos implicam que o *design* de produtos esteja determinado a impulsionar seu desempenho sustentável, considerando que o objetivo não se restringe a diminuir os impactos ambientais ao longo do ciclo de vida, mas sim prolongar, otimizar e eventualmente compartilhar o uso dos produtos entre clientes. Neste contexto, surge uma importante questão: como desenvolver novos produtos para a economia circular? As estratégias de *design* para o desenvolvimento de produtos alinhado com os princípios da economia circular podem representar um caminho para isso. O próximo tópico deste capítulo apresenta e discute estas estratégias.

7.4. Estratégias circulares e suas abordagens de *design*

Essa seção dedica-se a abordar a sistematização do conhecimento a respeito das diferentes formas de integrar a economia circular ao *design* de produtos, a depender do objetivo pretendido. Considerando essa questão, os autores Bocken *et al.* (2016) e Konietzko *et al.* (2020) propuseram as seguintes estratégias circulares: *Narrowing, Slowing, Closing, Regenerating* e *Informing*, as quais podem ser operacionalizadas em projetos de produtos por meio das abordagens de *Design for X*, como ilustra a Figura 7.1. Na sequência, apresenta-se cada uma destas estratégias, elencando as abordagens que permitem colocá-las em prática.

Figura 7.1. Estratégias de *design* para a economia circular e suas respectivas abordagens

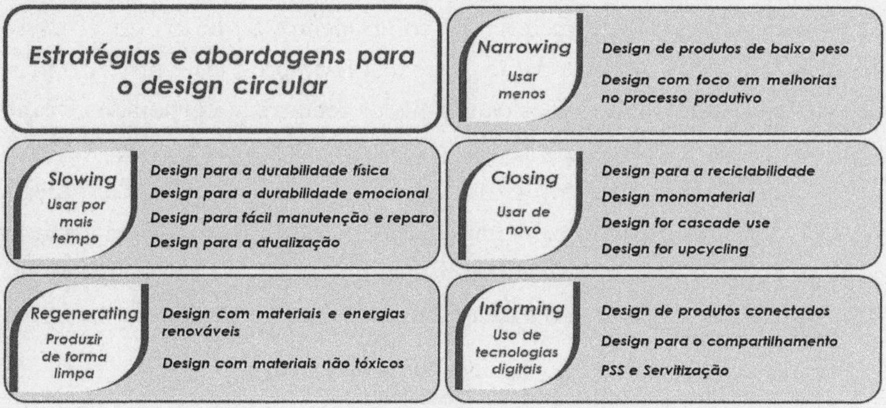

1) *Narrowing* – usar menos

Com o objetivo de minimizar o desperdício de materiais, a estratégia '*narrowing*' visa projetar produtos com base na eficiência dos recursos. Considerando esta estratégia, busca-se a seleção de materiais e métodos de manufatura que possibilitem minimizar o impacto ambiental, considerando todo o ciclo de vida do produto. O *design* de produtos de baixo peso e aquele com foco em melhorias no processo produtivo também são estratégias em direção ao *narrowing.*

- *Design de produtos de baixo peso*

Projetar produtos mais leves, exigindo menos material e menos energia para o transporte, além de reduzir o custo, pode ser útil também para diminuir o impacto ambiental ao longo de todo o ciclo de vida dos produtos. Diferentes mecanismos podem ser usados para atingir esse objetivo, como a substituição de materiais pesados por outros mais leves, a eliminação de componentes redundantes e a combinação de várias partes em uma sem o comprometimento de funcionalidades ou integridade do produto (Mallick, 2021).

- *Design com foco em melhorias no processo produtivo*

Nesta estratégia, busca-se projetar produtos considerando maneiras de evitar falhas e perdas de materiais e componentes ao longo do processo produtivo. O foco está na relação entre *design* do produto e processo produtivo, analisando, sobretudo, os chamados recursos incorporados, como água e energia, matérias-primas que não são apontadas na lista de materiais que compõem o produto em si, mas que são necessárias para sua produção. A ideia central é utilizar os princípios da eficiência de recursos para verificar se existem *inputs* que não são integralmente utilizados e se há a possibilidade de reduzir o seu uso, ou de até mesmo eliminar alguns destes *inputs*.

2) *Slowing* – usar por mais tempo

Esta estratégia refere-se à extensão da vida útil de produtos, componentes e materiais. A vida útil de um produto pode ser prolongada por meio da utilização de materiais mais duráveis, sob o ponto de vista físico e emocional, por exemplo. Além disso, o produto pode ser projetado para ser mais facilmente reparável, permitindo que o usuário o desmonte para substituir componentes falhos ou para atualizá-los. A seguir são apresentadas as estratégias de *design* orientadas ao *slowing*.

- *Design para a durabilidade física*

A durabilidade de um produto refere-se a sua capacidade de desempenhar suas funções em um nível esperado, por um dado período, sob condições de uso pré-determinadas e ações previsíveis (Boulos *et al.*, 2015). Dois fatores influenciam este atributo do produto. Um deles é a confiabilidade, referente à probabilidade de o produto funcionar durante determinado período de tempo de acordo com as suas especificações, sem ocorrências imprevistas. O outro fator é a eficiência do processo de reparo, considerando a possibilidade de o produto retomar o estado funcional, pelo qual foi inicialmente projetado e produzido (Cordella *et al.*, 2021). Então, projetar produtos considerando sua durabilidade física implica em uma cuidadosa seleção de materiais que possam resistir a danos e desgastes ao longo do tempo, permitindo que os produtos se degradem da forma mais lenta possível.

- *Design para a durabilidade emocional*

Sabe-se que a durabilidade é uma propriedade física de um produto. Contudo, existe também a chamada durabilidade emocional, que diz respeito a quão relevante e desejável um produto se mantém para o usuário ao longo do tempo. Dessa forma, o *design* para a durabilidade emocional se destina a projetar produtos pelos quais os usuários terão apreço e confiarão por um longo período de tempo. Os diferentes especialistas envolvidos com o projeto do produto terão o desafio de projetar produtos que os usuários/consumidores devem se sentir atraídos não apenas nos primeiros momentos do pós-compra, mas ao longo do tempo. Além disso, esta estratégia envolve criar um apego duradouro com o produto. Questões referentes às memórias afetivas do usuário em relação ao produto, portanto, também são consideradas quando se considera o *design* para a durabilidade emocional.

- *Design para fácil manutenção e reparo*

Seguindo essa abordagem, faz-se relevante projetar produtos para serem facilmente conservados ou reparados, visando a descomplicada resolução de suas falhas com o objetivo de prolongar a sua utilização. A substituição de componentes que apresentaram mal funcionamento deve ser não-desafiadora, visando a rápida recuperação da utilidade do produto e combatendo sua obsolescência. O *design* modular pode contribuir para o desenvolvimento de produtos que permitam a fácil manutenção e reparo. É importante, portanto, que os *designers* e diferentes especialistas envolvidos com o processo de desenvolvimento de produtos já planejem a facilidade de manutenção e reparo desde as etapas iniciais de projetos de produto.

- *Design para a atualização*

O *design* para a atualização, também chamada de *updating,* implica em projetar produtos que possam ser atualizados ao longo do tempo, em função da demanda e novas necessidades de mercado ou necessidades de atualizações tecnológicas, ou mesmo devido a tecnologias emergentes que possam ser transferidas aos produtos. Visa modificar e atualizar funções, desempenho e as usabilidades dos produtos ao longo do tempo, desestimulando o consumidor a se desfazer do produto. Nesse quesito, a adoção de tecnologias da informação e da internet se mostram como facilitadoras do *design* para a atualização. O acesso remoto a *softwares* e aplicativos são exemplos de como as tecnologias da indústria 4.0 podem favorecer o *design* para a atualização.

A manufatura aditiva pode favorecer essas várias estratégias relacionadas ao *slowing*. Ao investigar o tema, Sauerwein *et al.* (2019) sugerem que:

- Os produtos personalizados e produzidos sob demanda por impressoras 3D tendem a aumentar a conexão entre usuários e produtos, o que pode favorecer a durabilidade emocional, ampliando assim a vida útil do produto;
- Facilita a manutenção e reparo, uma vez que possibilita a reposição customizada de peças, o que reduz o consumo e uso de materiais e de estoques;
- Possui potencial para favorecer a atualização de produtos, já que sob condições de mudanças, podem ser impressas de maneira descentralizada e em pequenas escalas opções que podem melhorar a qualidade, valor e desempenho dos produtos.

3) *Closing* – usar novamente

Esta estratégia visa trazer de volta os resíduos para os ciclos econômicos e ocorre, principalmente, quando consideramos os ciclos técnicos para a reciclagem.

- *Design para a reciclabilidade*

Por meio desta estratégia, busca-se projetar produtos considerando materiais reciclados de outros produtos ou componentes. A reciclabilidade, ou seja, a facilidade com que um produto pode ser coletado e reciclado após o uso, pode ser favorecida ao considerar diversos fatores no *design*, como o uso de materiais recicláveis, a facilidade de desmontagem do produto e a substituição de materiais perigosos e contaminantes. Para tornar esse processo mais eficiente, uma prática interessante pode ser o estabelecimento de parcerias entre empresas manufatureiras e empresas responsáveis pela gestão de resíduos, visando a colaboração ainda na fase de *design*. Assim, a estruturação de cadeias de suprimentos e logística que favoreçam o encaminhamento de produtos, componentes e materiais a locais que realizam a reciclagem é fundamental para o sucesso desta estratégia.

Ainda em relação à reciclabilidade, uma abordagem possível está ligada ao *design* monomaterial, ou seja, o projeto de produtos com apenas um material, tornando a reciclagem mais fácil. Nesta abordagem, o esforço está em eliminar o uso de materiais compósitos, como possíveis aditivos, corantes e revestimentos de produtos, a fim de tornar mais simples o processo de recuperação após o uso.

Outras estratégias, como *design for cascade use*, no qual recursos, subprodutos e resíduos de uma empresa são aproveitados por outras (situações muito analisadas no contexto de simbiose industrial); e mesmo o *design for upcycling*, que procura gerar ganhos às empresas convertendo materiais de resíduos em um produto mais valioso, com qualidade e desempenho superiores ao original (Campbell-Johnston *et al.*, 2020), também podem ser considerados meios pelos quais as empresas podem impulsionar o *closing*.

4) *Regenerating* – produzir de forma limpa

Nesta estratégia, o foco está no gerenciamento dos ecossistemas naturais, promovendo o uso de materiais renováveis e não tóxicos, além da opção pela energia renovável ao longo de todo o ciclo de vida do produto. As estratégias de *design* de materiais e energias renováveis e com uso de materiais não tóxicos podem auxiliar empresas a atender o critério de *regenerating*.

- *Design com materiais e energias renováveis*

Pela proposta da economia circular, os recursos finitos devem dar lugar a opção por *inputs* renováveis. Assim, deve-se projetar produtos privilegiando a adoção de materiais renováveis ou de baixo carbono, substituindo, por exemplo, compostos químicos por materiais biológicos. Nesse sentido, deve-se privilegiar também o uso de energias renováveis ao longo de todo o ciclo de vida do produto. A utilização de energias eólica, solar, e da biomassa, por exemplo, pode ser considerada pelos *designers* e gestores desde as etapas iniciais de projetos de produtos.

- *Design com materiais não tóxicos*

Com o intuito de evitar o uso de compostos que possam ter efeitos danosos para a saúde (tanto dos seres humanos quanto de outros seres vivos), esta abordagem objetiva promover projetos de produtos priorizando a escolha de materiais não tóxicos. Trata-se de uma abordagem relacionada ao conceito de química verde (*green chemistry*), a qual está pautada no *design* de produtos e processos que minimizem ou eliminem o uso de substâncias tóxicas e perigosas, preconizando produtos e materiais que, ao fim de uso, possam voltar ao ciclo econômico com segurança.

5) *Informing* – uso de dados e tecnologia da informação

Esta estratégia trata do uso da tecnologia da informação e outras tecnologias, principalmente aquelas advindas da Indústria 4.0, como suporte para o desenvolvimento de produtos circulares. A relação entre as tecnologias digitais (por exemplo: *big data*, computação em nuvem, inteligência artificial, *internet* das coisas, manufatura aditiva, etc.) e a economia circular tem sido muito debatida recentemente. Alguns estudos reconheceram a rápida evolução das tecnologias digitais como um fator facilitador para a adoção do *design* circular (Bressanelli *et al.*, 2018; Jabbour *et al.*, 2018), uma vez que podem permitir a redução dos impactos negativos das organizações e da sociedade ao meio ambiente.

- *Design de produtos conectados*

Por meio das novas tecnologias da indústria 4.0, como a *internet* das coisas (*internet of things* - IoT), tornou-se possível desenvolver produtos inteligentes, com sensores e com identificação por radiofrequência (RFID), por exemplo, que podem enviar e receber diferentes tipos de dados. Essa coleta e monitoramento de condições e padrões de atividade permitem a otimização de processos, mediante o rastreamento do uso de energia e do produto para fins de compartilhamento ou necessidades de manutenção. Assim, produtos inteligentes e que integrem essas tecnologias podem ter seu tempo de vida prolongado, o consumo em uso reduzido, a manutenção controlada mesmo que remotamente, e uma recuperação mais certeira no fim de vida. Devido ao suporte e segurança que pode fornecer à rastreabilidade, sustentabilidade e segurança da informação em todas as etapas do ciclo de vida do produto, a tecnologia de *blockchain* também tem chamado a atenção para as atividades de desenvolvimento de produtos e a sua integração à economia circular.

- *Design para o compartilhamento*

Tecnologias da informação que permitam a criação de plataformas digitais, como os aplicativos de compartilhamento e troca, facilitam o uso de um mesmo produto por múltiplos usuários e ciclos. Trata-se de uma estratégia de *design* circular, uma vez que pode prolongar o ciclo de vida dos produtos. No entanto, requer projetos de produtos mais duráveis (sob os pontos de vista físico e emocional), e também a integração de novas tecnologias desde as etapas de projeto. Nesse contexto do desenvolvimento de novos produtos em uma economia compartilhada, atenção considerável tem sido dada à manufatura aditiva (MA), com o uso de impressoras 3D. Para economizar material e melhorar a customização, as ferramentas de MA estão ganhando espaço entre os profissionais, que buscam apoio nos estágios iniciais do PDP. Tal tecnologia permite a criação de peças de alta complexidade e, portanto, é amplamente empregada em setores econômicos que exigem produtos personalizados ou desempenhos orientados pela geometria (Conner *et al.*, 2014). Ademais, o compartilhamento de produtos e serviços por meio da intensificação da tecnologia da informação também pode ser usado para o PSS (*Product Service System*), ou Sistema Produto Serviço ou Servitização (Jabbour *et al.*, 2018; Tuck *et al.*, 2007). Exploramos esse conceito com mais detalhes no tópico a seguir.

- *PSS e Servitização*

Produtos que abordam novos modelos de negócios por meio da servitização e sistemas produto-serviço ou *product-service system* (PSS) também apresentam sinergia com o *design* para circularidade (den

Hollander *et al.*, 2017). A servitização cresceu com a intensificação do uso da *internet*, da tecnologia da informação e da adoção de aplicativos móveis (McAloone e Pigosso, 2017). Estas alternativas que envolvem a servitização muitas vezes dependem do apoio de esforços de tecnologias da indústria 4.0, incluindo a aplicação de manufatura aditiva, e do desenvolvimento de produtos e serviços inteligentes. Quando os produtos se tornam mais inteligentes, as empresas podem atualizar seus componentes por meios digitais; portanto, a capacidade de atualização do produto (*updating*) também passa a ser aprimorada, o que tende a favorecer a transição para a economia circular, uma vez que contrasta a obsolescência do produto e os desperdícios de materiais.

Os produtos projetados e desenvolvidos para compartilhamento, pagamento por uso ou rendimento, locação ou aluguel também são exemplos de PSS, uma vez que são projetados a partir do conceito de uso pelos usuários, e não da necessidade de possuir produtos da maneira que tradicionalmente é feita, ou seja, há o estímulo pela desmaterialização. Neste caso, os produtos devem ser mais robustos e duráveis, o que inevitavelmente terá um impacto para as atividades de projeto de produtos, pois como serão usados com mais frequência e intensidade por um longo período de tempo e por diferentes usuários em vários ciclos, será necessário que as atividades de projeto já prevejam uma maior durabilidade e facilidade de manutenção desses produtos.

7.5. Exemplos de aplicações práticas do *design* circular

Com o objetivo de ilustrar os conceitos abordados no capítulo, o Quadro 7.1 apresenta exemplos de empresas que estão colocando em prática o *design* para a circularidade, adotando diferentes estratégias alinhadas a seus modelos de negócio[3]. Incentivamos o leitor a também buscar na *internet* outros casos reais de empresas, identificando as abordagens empregadas.

[3] Os sites apresentados no quadro 7.1 foram acessados em setembro de 2022.

Quadro 7.1. Aplicações práticas do *design* circular

Narrowing	No setor da moda, o grupo Malwee vem se mostrando bastante engajado com iniciativas para o *design* com foco em melhorias no processo produtivo, visando a melhoria do desempenho sustentável. A fabricação de peças *jeans*, por exemplo, utiliza 98% menos água, e há a prática do reuso da água nos processos industriais. Mais informações disponíveis em: https://www.malwee.com.br/sustentabilidade – Acesso em 22 set. 2022
Slowing	A Dobra, que atua no setor da moda, possui um amplo portfólio de produtos, incluindo carteiras, camisetas, tênis e itens de decoração. Atuando de forma colaborativa com *designers*, a empresa faz uso do *design* para a durabilidade emocional, por meio da identificação dos usuários com as estampas dos produtos. Mais informações disponíveis em: https://querodobra.com.br/collab/ – Acesso em 22 set. 2022
Closing	Como exemplo do ciclo biológico, e com inspiração na abordagem da biomimética, a OKA produz embalagens biodegradáveis, feitas a partir da fécula de mandioca, que são destinadas a diferentes mercados. Uma vez que as embalagens são 100% compostáveis, após o uso, é possível obter o fechamento do ciclo. Mais informações disponíveis em: https://www.okabioembalagens.com.br/ – Acesso em 22 set. 2022
Regenerating	Considerando todo o ciclo de vida dos produtos, a Dinâmica Bicicletas produz bicicletas artesanais personalizadas, utilizando materiais atóxicos e biodegradáveis. Além disso, a empresa possui metas para ser autossuficiente em relação à energia, utilizando fontes renováveis. Mais informações disponíveis em: https://dinamicabicicletas.com.br/economia-circular.html – Acesso em 22 set. 2022
Informing	A Nespresso, grande pioneira no mercado de café em cápsulas, anunciou um novo sistema para suas cafeteiras inteligentes, feitas com 50% de plásticos reciclados. Funcionando como um exemplo prático de uso da *Internet of Things (IoT)*, ao ser conectada via *Bluetooth* e *Wi-fi* ao aplicativo de celular, a cafeteira detecta novas versões de *software* para atualização automática. Mais informações disponíveis em: https://www.nespresso.com/br/pt/maquina-cafe-expert – Acesso em 22 set. 2022

7.6. Principais barreiras

Apesar de sua relevância, a literatura tem mostrado alguns desafios e barreiras para a adoção do *design* circular. Entre as principais barreiras, destacam-se as limitações tecnológicas e os altos custos e investimentos necessários para a adoção de um novo modelo de negócio (Urbinati *et al.*, 2019; Kaddoura *et al.*, 2019). O custo de entrada no mercado pode ser uma barreira, pois em algumas indústrias os produtos desenvolvidos a partir de estratégias circulares podem ser até 30% mais caros. Assim, a viabilidade econômica da reciclagem também se configura como uma barreira a ser superada, uma vez que o baixo retorno econômico da recuperação de valor afeta as decisões determinadas durante o projeto do produto.

Ainda, implementar novas tecnologias ao *design* para circularidade significa superar desafios relacionados a novos produtos (como pesquisa de novos materiais) ou processos (como a adoção de energia renovável) e, também, desafios das emergentes tecnologias da Indústria 4.0. A imaturidade ou falta de acesso a essas tecnologias também pode representar uma ameaça às empresas que visam adotar projetos de produtos alinhados à economia circular. Um outro aspecto relevante pode ser o alinhamento da cadeia de suprimentos, pois demanda que atores desde os primeiros níveis a montante da cadeia trabalhem e tenham estrutura para fornecer insumos alinhados aos princípios da economia circular, até as preferências dos consumidores por produtos com essas características (Holtström *et al.*, 2019).

O papel do mercado consumidor é, portanto, um dos pontos sensíveis ao *design* para circularidade. Neste caso, clientes podem não estar prontos para a ideia de comprar produtos apoiando a logística reversa, ou alguns consumidores podem ter uma crença comum de que peças remanufaturadas e materiais reciclados possuem menor qualidade (Kane *et al.*, 2018). Assim, além de estarem atentas ao comportamento de consumo de seus clientes, as empresas podem também tomar uma posição de mudança cultural e quebra de paradigmas sociais relacionados ao consumo. Podem atuar, em conjunto com outros atores de determinado ecossistema (governos, universidades, entidades ambientais, associações empresariais, dentre outros) como disseminadoras de um novo estilo de aquisição de bens alinhados aos princípios da economia circular, a fim de mostrar o valor adicional de seus produtos em um cenário de recursos limitados e finitos.

7.7. Conclusões

Ao mesmo tempo em que a economia circular é tida como uma das principais abordagens para se promover o desenvolvimento sustentável, sabe-se que a sua adoção depende do desenvolvimento de produtos alinhados aos seus princípios. Isso fica claro quando se analisa os modelos de negócios circulares e percebe-se que o desenvolvimento de produtos faz parte de uma de suas principais dimensões, que é a geração de valor. Neste contexto, o *design* para circularidade ainda é um conceito emergente e que tem sido altamente discutido entre pesquisadores e profissionais envolvidos nas áreas de sustentabilidade, economia circular e PDP. Desta forma, este capítulo teve como objetivo aprofundar a compreensão do *design* circular, abordando suas tendências e principais estratégias de *design* adotadas nas firmas. Este capítulo também sistematiza as principais estratégias adotadas para o desenvolvimento de produtos para a economia circular e fornece direções práticas para sua aplicação, tais como:

- *Análise de impacto ambiental:*

  Os *designers*, gestores e diferentes especialistas envolvidos com o PDP devem compreender as consequências de selecionar materiais e projetar em termos de consumo de energia, emissões de gases, pegada de carbono e consumo de água, entre outros, durante todo o ciclo de vida do produto.

- *Conhecimento sobre como desacelerar e fechar os ciclos de recursos:*

  Profissionais envolvidos com o PDP precisam entender a dinâmica do ciclo de vida e qual estratégia pode ser aplicada a cada produto ou componente (por exemplo, reutilizar, remanufaturar, reparar e reciclar). É importante que esses profissionais possuam uma visão holística de todas as etapas do PDP e que considerem atributos que atendam aos princípios da economia circular desde o pré-desenvolvimento, continuando a empregá-los nas fases de projeto conceitual e detalhado. Além disso, há a necessidade de que considerem também as possibilidades de integração de tecnologias digitais e a possibilidade de uso de energias renováveis nas etapas de produção, uso, compartilhamento e novo ciclo para os projetos de novos produtos em análise.

- *Conhecimento de tecnologias que permitem a aplicação de compartilhamento de produtos e informações:*

É relevante que os *designers* avancem no conhecimento de tecnologias de Indústria 4.0 e como elas podem ser integradas ao *design* circular, principalmente o uso da manufatura aditiva, realidade aumentada, virtual e digitalização. Essa recomendação pode ser útil também para gerentes interessados em melhorar o desempenho da empresa e desenvolver produtos circulares. Atualmente, existe uma tendência de aumento do uso da economia compartilhada e do PSS, as quais são positivas na adoção da economia circular. Desta forma, empresas podem se concentrar em estratégias mais tecnológicas e organizacionais para impulsionar os modelos de economia colaborativa e o desenvolvimento de "*smart products*" desde os estágios iniciais do PDP. A cocriação entre empresa e diferentes *stakeholders*, como usuários, fornecedores, universidades, por exemplo, pode facilitar o processo criativo e o desenvolvimento técnico de produtos para a economia circular. Conceitos de inovação aberta (*open innovation*) podem ser utilizados para impulsionar esta mesma finalidade.

- *Design persuasivo e design emocional:*

Torna-se cada vez mais relevante entender como criar ligações fortes entre usuários e produtos, a fim de reduzir a rápida substituição e obsolescência, mesmo quando novas versões forem lançadas. Nesta linha, também é importante despertar a autoconsciência do cliente sobre os impactos ambientais e questões de sustentabilidade global. Neste caso, o *design* emocional e a ergonomia mostraram-se como relevantes para assegurar as emoções do cliente, sendo que um dos desafios pode ser como incluir uma mensagem de sustentabilidade no *design* de produto.

As práticas aqui apresentadas também podem apoiar as decisões de gestão, mostrando que a adoção do *design* circular melhora o desempenho ambiental e de mercado, e não deve haver um desequilíbrio ou compensação entre essas duas dimensões. Além disso, em termos de implicações de projeto, as práticos da área também podem considerar certos conceitos e habilidades para garantir esforços em direção ao DPC.

Questões para Discussão

1. Explique o conceito de integridade do produto e identifique de que forma ele está relacionado ao Princípio da Inércia.
2. Leia a seguinte afirmação: "O *design* de produtos para a economia circular é mais complexo que o tradicional processo de desenvolvimento de produtos, enfatizando ainda mais a relevância dos *early stages*". Você concorda com essa afirmação? Justifique sua resposta.
3. Conforme apresentado neste capítulo, a circularidade a nível de produto é composta por três principais elementos: a recirculação de materiais, a utilização e a resistência. Defina cada um destes elementos e esboce um esquema para associá-los com as cinco estratégias de *design* circular.
4. Apresente e discuta as principais diferenças entre o *ecodesign* e o *design* circular.
5. Dê um exemplo de produto que foi desenvolvido a partir de materiais ou componentes reciclados ou remanufaturados.
6. Dê um exemplo de produto desenvolvido a partir do conceito de *upcycling*. Em sua opinião, quais os principais desafios que gestores podem se defrontar ao optarem por esta estratégia?

7. Apresente um exemplo de produto que pode ser compartilhado. Mostre a(s) tecnologia(s) que este produto utiliza. Mostre como esse produto pode contribuir com os princípios da economia circular.
8. Discorra sobre como a manufatura aditiva pode contribuir com o *design* de produtos para a economia circular.

Referências

AGUIAR, M.; JUGEND, D. "Circular product design maturity matrix: A guideline to evaluate new product development in light of the circular economy transition". *Journal of Cleaner Production*, v. 365 (2022), p. 132732.

BOCKEN, N. *et al*. "Product design and business model strategies for a circular economy". *Journal of Industrial and Production Engineering*, 33, 5 (2016), pp. 308-320.

BOULOS, S. et al. "The durability of products: standard assessment for the circular economy under the Eco-Innovation Action Plan". Report for European Commission, DG Environment, (2015).

BOYER, R. *et al*. "Three-dimensional product circularity". *Journal of Industrial Ecology*, v. 25 (2021), pp. 824–833.

BRAUNGART, M. et al. Specific public goods for economic development: With a focus on environment. Public goods for economic development, v. 139, (2008).

BRESSANELLI, G. *et al*. "Exploring How Usage-Focused Business Models Enable Circular Economy through Digital Technologies", *Sustainability*, Vol.10, No.3 (2018).

CAMPBELL-JOHNSTON, K. *et al*. "The circular economy and cascading: towards a framework". *Resources, Conservation & Recycling: X*, 7 (2020)., 100038.

CONNER, B. P. *et al*. "Making sense of 3-D printing: Creating a map of additive manufacturing products and services". *Additive Manufacturing*, 1 (2014)., pp. 64-76.

CORDELLA, M., AL, F., CLEMM, C. AND BERWALD, A. "Durability of smartphones : A technical analysis of reliability and repairability aspects". *Journal of Cleaner Production*, 286 (2021), 125388

DEN HOLLANDER, M. C., BAKKER, C. A. and HULTINK, E. J. "Product design in a circular economy: Development of a typology of key concepts and terms". *Journal of Industrial Ecology*. 21, 3 (2017), pp. 517-525.

DOKTER, G., THUVANDER, L. AND RAHE, U. "How circular is current design practice? Investigating perspectives across industrial design and architecture in the transition towards a circular economy". *Sustainable Production and Consumption.* 26 (2021), pp. 692-708.

EPPINGER, S. AND ULRICH, K. *Product design and development.* Nova Iorque: McGraw-Hill Higher Education, 2015.

GHISELLINI, P., RIPA, M., ULGIATI, S. "Exploring environmental and economic costs and benefits of a circular economy approach to the construction and demolition sector. A literature review". *Journal of Cleaner Production*, 178 (2018), pp. 618-643.

HOLTSTRÖM, J., BJELLERUP, C., ERIKSSON, J. "Business model development for sustainable apparel consumption: The case of Houdini Sportswear". *Journal of Strategy and Management*, 12 (2019), pp. 481-504.

JABBOUR, A. B. L. *et al.* "Industry 4.0 and the circular economy: a proposed research agenda and original roadmap for sustainable operations". *Annals of Operations Research*, 270, 1-2 (2018), pp. 273-286.

KADDOURA, M. "Is prolonging the lifetime of passive durable products a low-hanging fruit of a circular economy? A multiple case study". *Sustainability*, 11, 18(2019), 4819.

KANE, G., BAKKER, C., BALKENENDE, A. R. "Towards *Design* strategies for circular medical products". *Resources, Conservation and Recycling*, v. 135 (2018), pp. 38-47.

KONIETZKO, J., BOCKEN, N. HULTINK, E. "A tool to analyze, ideate and develop circular innovation ecosystems". *Sustainability*, v. 12, n. 1 (2020), pp. 417.

LIEDER, M. et al. "Towards circular economy implementation in manufacturing systems using a multi-method simulation approach to link design and business strategy". The International Journal of Advanced Manufacturing Technology, v. 93, n. 5, p. 1953-1970, (2017).

MALLICK, P. K. Designing lightweight vehicle body. In: Mallick, P. K (Ed.), *Materials, Design and Manufacturing for Lightweight Vehicles*, 2nd ed., Woodhead Publishing, 2021, pp. 405-432.

MCALOONE T., PIGOSSO D. From Ecodesign to Sustainable Product/Service-Systems: A Journey Through Research Contributions over Recent Decades. In: Stark R., Seliger G., Bonvoisin J. (Eds), *Sustainable Manufacturing. Sustainable Production, Life Cycle Engineering and Management*. Springer, Cham, 2017.

MORENO, M. *et al.* "A conceptual framework for circular Design". *Sustainability*, v. 8, n. 9 (2016), pp. 937.

RAMANI, K. *et al.*, "Integrated Sustainable Life Cycle Design: A Review". *Journal of Mechanical Design*. 132, 9 (2010), 091004.

ROZENFELD, H. *et al. Gestão de Desenvolvimento de Produtos: Uma referência para a melhoria do processo*. 1. ed. São Paulo: Saraiva, 2006.

SARKIS, J., DOU, Y. *Green Supply Chain Management: A Concise Introduction*, 1st ed. Nova Iorque: Routledge, 2017.

SAUVÉ, S., BERNARD, S., SLOAN, P. "Environmental sciences, sustainable development and circular economy: Alternative concepts for trans-disciplinary research". *Environmental Development*, v. 17 (2106), pp. 48-56.

SAUERWEIN, M. *et al.* "Exploring the potential of additive manufacturing for product design in a circular economy". *Journal of Cleaner Production*, 226 (2019), pp. 1138-1149.

SHAHBAZI, S., JÖNBRINK, A. K."Design Guidelines to Develop Circular Products: Action Research on Nordic Industry". *Sustainability*, v. 12, n. 9 (2020), pp. 3679.

SUBRAMANIAN, N. *et al.* "Role of traditional Chinese philosophies and new product development under circular economy in private manufacturing enterprise performance". *International Journal of Production Research*, v. 57, n. 23 (2019), pp. 7219-7234.

SUMTER, D. *et al.* "Key competencies for *design* in a circular economy: exploring gaps in *Design* knowledge and skills for a circular economy". *Sustainability*, v. 13, n. 2 (2021), pp. 776.

TUCK, C., HAGUE, R., BURNS, N. "Rapid manufacturing: impact on supply chain methodologies and practice". *International journal of services and operations management*, 3, 1 (2007), pp. 1-22.

URBINATI, A., CHIARONI, D., TOLETTI, G. "Managing the Introduction of Circular Products: Evidence from the Beverage Industry". *Sustainability*, 11 (2019), 3650.

CAPÍTULO 8

O Papel do Consumidor na Economia Circular

Hermes Moretti Ribeiro da Silva
Camila Raymundi Ortiz
Talles Silva do Nascimento

Objetivos

- Trazer uma reflexão sobre os efeitos do consumo no meio ambiente e na sociedade;
- Esclarecer a evolução dos papéis e desafios do consumidor rumo a uma Economia Circular;
- Apresentar o comportamento de consumo sustentável como um imperativo para a Economia Circular;
- Expor exemplos de boas práticas de consumo alinhadas à Economia Circular.

8.1. Consumo, meio ambiente e sociedade

O consumo é algo inseparável da sobrevivência, não só humana, mas de todo o ciclo da natureza, visto que assim que algum bem (material ou natural) é consumido, ele se destrói, se esvai, ou se transforma (Sobrosa, 2010). O consumo pode ser analisado a partir de três lentes teóricas, que utilizam o comportamento humano para a compreensão da prática de consumo, sendo elas: a escolha individual, a social e a cultural (Wilk, 2002).

Na escolha individual os consumidores são motivados a satisfazer suas necessidades, as quais são geradas por processos cognitivos e psicológicos, levando a uma hierarquia de escolhas. De um lado, as necessidades são associadas pelos consumidores como a busca do seu bem-estar. Por outro, os consumidores satisfazem suas necessidades por meio de uma escolha racional, buscando a maximização da utilidade dos próprios bens e serviços (Wilk, 2002).

Na lente teórico-social, os consumidores são influenciados por padrões sociais, delimitando-os em grupos específicos. Esses grupos podem ser definidos por nações, classes, gêneros e grupos étnicos que adotam estilos de vida que reforçam identidades e referências para seus integrantes. Nessa lente teórica, os consumidores consomem seus produtos para se adequar ao grupo que tem maior afinidade. Por outro lado, pode levar a uma competição social, ou seja, alguns indivíduos são levados a consumir determinados produtos para tentar alcançar um *status* mais elevado na estrutura social (Wilk, 2002).

Na lente cultural, os consumidores são atraídos por aspectos subjetivos do consumo, gerando um processo simbólico. Formas de discurso, expressão, criatividade e atividades lúdicas são evidenciadas na perspectiva cultural, sendo estabelecidas historicamente entre os indivíduos, que utilizam os bens e serviços para se comunicarem entre si. Contudo, a expansão acelerada do consumo desloca expressões culturais locais por nacionais ou globais, levando a um esvaziamento e desenraizamento, visto que a cultura é adaptada à inserção da novidade (Wilk, 2002).

A cultura do consumo pode ser compreendida a partir de três perspectivas. A primeira é referente a expansão da produção capitalista de mercadorias, originando um amplo acúmulo de cultura material na forma de bens e locais de compra e consumo. A segunda perspectiva parte do pressuposto sociológico, no qual o consumo é uma forma de gerar *status* e consequentes relações de poder, implicando em distinções sociais. Por fim, a terceira perspectiva é caracterizada pelos aspectos hedônicos, referentes ao prazer e as significações geradas pelo consumo (Featherstone, 1995).

Independente da lente teórica, os consumidores irão de alguma forma consumir algum produto que posteriormente será descartado no curto ou longo prazo. Entretanto, o aumento constante da oferta de novos produtos induz uma parte dos consumidores a descartar seus produtos que ainda têm utilidade, antes do final do seu ciclo de vida. Além disso, observa se em alguns casos a obsolescência programada, caracterizada pelo *design* proposital de um produto que perde a funcionalidade ou torna-se obsoleto em um prazo programado, obrigando os consumidores a adquirir uma versão atualizada do mesmo (Malinauskaite e Erdem, 2021).

Uma parte significativa dos produtos são descartados diariamente, integrando os resíduos sólidos domiciliares, os quais compreendem os resíduos orgânicos, secos e rejeitos. Os resíduos orgânicos são aqueles de origem vegetal ou animal (por exemplo, restos de alimentos), já os secos são os que têm potencial de reciclagem (por exemplo, embalagens) e os rejeitos não são recicláveis (por exemplo, produtos utilizados para higiene pessoal).

O gerenciamento de resíduos sólidos no Brasil é uma temática de extrema importância para o estabelecimento das metas do desenvolvimento sustentável. Segundo o relatório divulgado pelo Sistema Nacional de Informações sobre Saneamento (SNIS), intitulado Diagnóstico do Manejo de Resíduos Sólidos Urbanos, referente ao período de 2019, cerca de 38,10% dos municípios (considerando uma amostra de 3.712 municípios) realizam coleta seletiva. Portanto, a maioria dos municípios brasileiros não realiza coleta seletiva (Brasil, 2020).

Outro dado que chama atenção no relatório é a estimativa da quantidade de material reciclável "seco" recuperado, representando apenas 1,6% (1,04 milhões de toneladas) do total de 65,1 milhões de toneladas de resíduos domiciliares e públicos "potencialmente" coletados em 2019. Conforme o próprio relatório aponta, os dados mostram o estágio primário da reciclagem de resíduos "secos" no Brasil.

Nota-se que, além dos problemas ambientais ligados ao gerenciamento inadequado dos resíduos, surge um problema social, visto que a cadeia de reciclagem é constituída por uma assimetria social e de poderes, onde é evidenciada uma significativa desigualdade entre os atores que compõe essa rede (catadores individuais, cooperativas de materiais recicláveis, intermediários e indústria recicladora) (Carvalho *et al.*, 2020).

Atualmente, o gerenciamento de resíduos sólidos é seguido pela Política Nacional dos Resíduos Sólidos (PNRS), firmada pela Lei Nº 12.305. Um dos princípios da PNRS, estabelecido no Art. 6ª da Lei 12.305, é o da **responsabilidade compartilhada pelo ciclo de vida dos produtos**, que é definido nos termos desta lei como o

> "conjunto de atribuições individualizadas e encadeadas dos fabricantes, importadores, distribuidores e comerciantes, dos consumidores e dos titulares dos serviços públicos de limpeza urbana e de manejo dos resíduos sólidos, para minimizar o volume de resíduos sólidos e rejeitos gerados, bem como para reduzir os impactos causados à saúde humana e à qualidade ambiental decorrentes do ciclo de vida dos produtos" (Brasil, 2010).

Os consumidores são um elo importante não só para a redução dos resíduos gerados e dos materiais reciclados descartados incorretamente, mas também com o envolvimento em atividades práticas que buscam aproveitar ao máximo os produtos, alinhando essa atitude com os princípios da economia circular. Essas atitudes podem contribuir para a redução de impactos ambientais negativos, no sentido de otimizar os recursos disponíveis e evitar a extração de matéria-prima virgem, além de colaborar com a redução de danos mais visíveis como poluição de rios, oceanos e costa litorânea. Além disso, a separação e destinação correta dos resíduos podem melhorar as condições de trabalho das pessoas envolvidas no processo de reciclagem (de Oliveira Silva *et al.*, 2021).

Vale ressaltar que ações como a criação de uma lei, como a que determinou a PNRS, é resultado de um amplo debate global. Em 1968, foi realizado um encontro entre pesquisadores e membros da indústria, talvez, o marco inicial dos inúmeros debates subsequentes em torno da sustentabilidade, o qual ficou conhecido como o Clube de Roma.

Temas como crescimento populacional/econômico e pressão exercida no meio ambiente estavam no centro das discussões (Schmelzer, 2017).

No início dos anos 1970 foi realizada a primeira conferência mundial da Organização das Nações Unidas (ONU) para debater temas para um desenvolvimento sustentável, conhecida como a Conferência de Estocolmo. Alguns questionamentos foram lançados, sendo que um dos que mais gerou controvérsia foi a suposta proposta de imposição dos países desenvolvidos aos países em desenvolvimento do "crescimento zero", ou seja, que as reservas de recursos deveriam permanecer intactas, o que limitaria o desenvolvimento de tais países (Paglia, 2021).

Na década de 1980, as discussões avançaram e nesse período foi construído o Relatório de Brundtland (1987), que estabeleceu a primeira definição do desenvolvimento sustentável: "o desenvolvimento sustentável é aquele que atende às necessidades do presente sem comprometer a possibilidade de as gerações futuras atenderem suas próprias necessidades" (Hajian e Kashani, 2021).

Posteriormente, no ano de 1992, foi realizada no Rio de Janeiro uma conferência que ficou conhecida como ECO-92 ou Rio-92, a partir dela foi definida a Agenda 21, que propôs uma série de metas para os países atingirem o desenvolvimento sustentável. Nas décadas seguintes foram realizadas outras conferências para discutir os desafios para implementação das metas [Rio+5 (1997), Rio+10 (2002), Rio+20 (2012)], chegando até a atual Agenda 2030 (2015), que definiu os Objetivos de Desenvolvimento Sustentável (ODS) (Grubb *et al.*, 2019; Sachs *et al.*, 2019; Araújo *et al.*, 2018). A Figura 8.1 apresenta a evolução das discussões a nível macro sobre o desenvolvimento sustentável.

Na Agenda 2030 foram definidos 17 objetivos para alcançar o desenvolvimento sustentável, totalizando 169 metas de ação global. Vale ressaltar que a definição desses objetivos foi um processo global, envolvendo diversos atores, contemplando governo, sociedade civil, iniciativa privada e instituições de pesquisa.

Tendo em vista o objetivo deste capítulo, destaca-se o ODS número 12, intitulado *Consumo e Produção Responsáveis* , visto que envolve diretamente todo o processo que resulta no consumo, desde extração até

Figura 8.1. Evolução das discussões a nível macro sobre o desenvolvimento sustentável

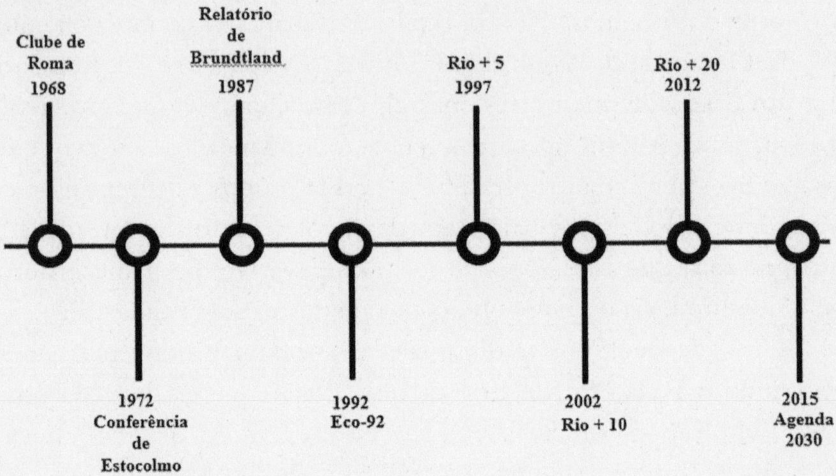

Fonte: Elaborada pelos autores.

o descarte, envolvendo a sociedade como um todo. A Figura 8.2 apresenta algumas das metas que envolvem diretamente o consumidor no ODS 12.

Figura 8.2. Metas do ODS 12 relacionadas com os consumidores

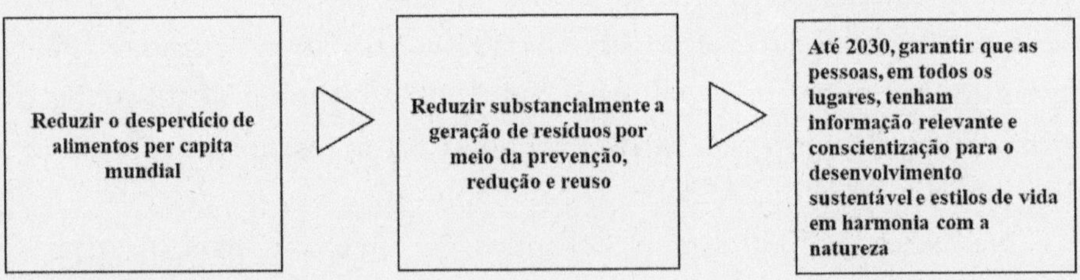

Fonte: Elaborada pelos autores.

Neste contexto, faz-se importante revelar aspectos da evolução do consumidor num contexto de transição da Economia Linear para a Circular, de maneira a garantir a sobrevivência das gerações futuras e o desenvolvimento sustentável.

8.2. Evolução do consumidor de uma Economia Linear para Circular

A transição de uma Economia Linear para Circular tem sido discutida a partir de princípios básicos, de maneira geral englobando as práticas dos Rs e níveis de sistemas. Os princípios que envolvem as práticas dos Rs buscam contribuir com novas perspectivas relacionadas à produção e consumo sustentável, já os que envolvem os níveis de sistemas incorporam atores no nível macro (nação, região e cidades), meso (parques eco-industriais) e micro (produtos, empresas e consumidores) para a implementação da economia circular (Kirchherr *et al.*, 2017).

Nesse sentido, os princípios dos Rs são determinados por metas que buscam incentivar ações mais circulares, conforme apresentado na Figura 8.3. O consumidor, ator do nível micro do modelo econômico circular, pode seguir o referencial dos Rs para adotar práticas circulares. Essas práticas englobam ações que buscam minimizar os impactos negativos do modelo linear, que é guiado por um processo

Figura 8.3. Princípio dos Rs

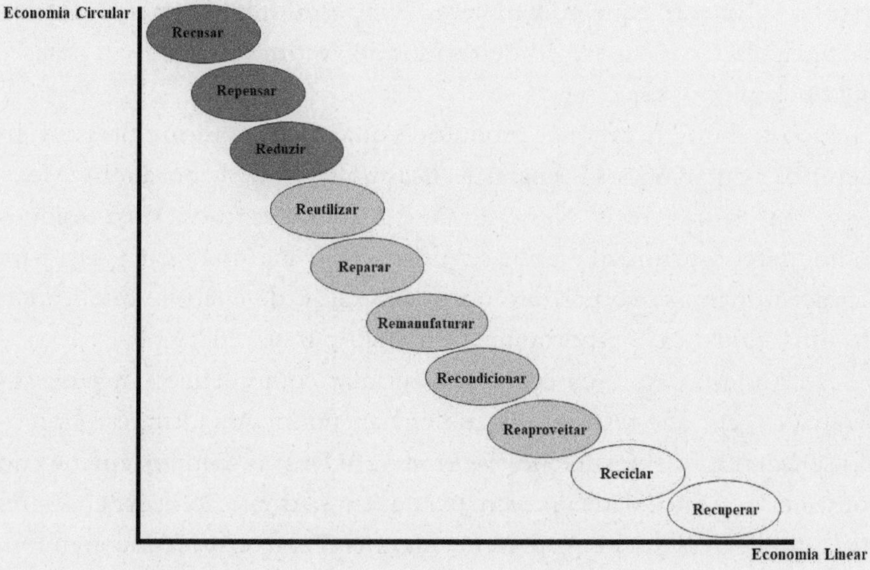

Fonte: Elaborada pelos autores.

de extração de matéria-prima, produção, consumo e descarte de produtos que poderiam atender algum dos princípios dos Rs (Sarja *et al.*, 2021; Kristensen e Mosgaard, 2020; Geissdoerfer *et al.*, 2017).

Na Figura 8.3 foram distribuídos os Rs levando em consideração o seu grau de circularidade. Dessa forma, quanto mais próximo ao eixo vertical (economia circular) maior a circularidade do princípio, já quanto mais próximo ao eixo horizontal (economia linear) menos circular é o princípio.

As práticas em cinza escuro (Recusar, Repensar e Reduzir) são as mais circulares e englobam ações como recusar produtos desnecessários, repensar se um produto que será descartado realmente encerrou a sua utilidade e reduzir o consumo em si. As práticas em cinza claro (Reutilizar, Reparar, Remanufaturar, Recondicionar e Reaproveitar) são medidas que buscam estender a vida útil dos produtos, desde a reutilização de produtos de outros consumidores até ações que visam a melhoria de produtos que apresentam algum defeito. Por fim, as práticas em branco (Reciclar e Recuperar) são menos circulares, pois o produto não tem mais a utilidade desejada pelo consumidor, contudo pode ser utilizado com outras finalidades, por exemplo a reciclagem de restos de alimentos que podem gerar composto orgânico para a produção agrícola e a recuperação de tecidos de vestimentas que são descartadas pela população.

No nível micro, tanto os produtores quanto os consumidores devem seguir os princípios dos Rs para alcançar uma forma de produção e consumo mais sustentáveis. Nesse sentido, ambos devem tratar os resíduos como matéria-prima que pode ser utilizada de alguma forma, seja para a criação de um novo produto ou para geração de energia, implicando em uma mudança comportamental (Parajuly *et al.*, 2020).

A transição para uma economia circular compreende um processo desafiador, em que restrições tecnológicas, políticas, culturais e humanas se fazem presentes (Genovese *et al.*, 2017). E o comportamento do consumidor é fator determinante para que essa transição ocorra (Gomes *et al.*, 2022). A Figura 8.4 apresenta algumas características do comportamento do consumidor na transição da economia linear para a circular.

Figura 8.4. Características do comportamento do consumidor na transição da economia linear para a circular

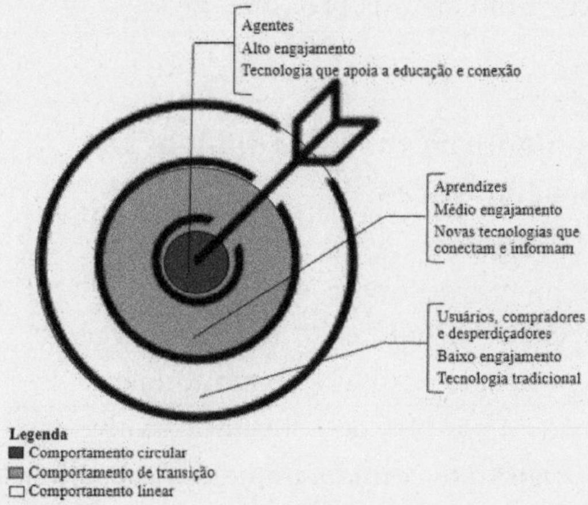

Fonte: Elaborada pelos autores.

Na economia linear, o consumidor é o usuário que compra e desperdiça. Seu objetivo de consumo visa o curto prazo e o desembolso econômico. Seu engajamento é baixo, uma vez que não se considera protagonista. As tecnologias empregadas são tradicionais, de baixa complexidade e seguem um fluxo tradicional de produção (do Canto *et al.*, 2021).

Na fase de transição, o consumir transcende a visão de linearidade e ocupa o papel de um aprendiz, que objetiva um consumo de médio prazo com traços de sustentabilidade. Seu engajamento é médio e há consciência do impacto daquilo que consome. As tecnologias empregadas, de relativa complexidade, que conectam e informam consumidores (do Canto *et al.*, 2021).

Na economia circular, o consumidor possui uma visão sistêmica e integrada. Seu objetivo de consumo é também produzir para consumir, a longo prazo e visando aspectos sustentáveis. Seu engajamento é alto e seu senso de autorresponsabilidade é grande. As tecnologias empregadas, de alta complexidade, fornecem suporte ao fomento da conexão entre as partes envolvidas (do Canto *et al.*, 2021).

Por fim, os desafios que o consumidor enfrenta rumo à Economia Circular dependem das mudanças e adequações do seu comportamento de consumo, conteúdo alvo da próxima seção.

8.3. Comportamento de consumo sustentável e suas características

O consumo sustentável, por vezes chamado de verde, consciente ou responsável é aquele que acontece de forma inteligente, por necessidade, visando o menor impacto possível ao meio ambiente (Pacheco *et al.*, 2019). O comportamento desse tipo de consumo envolve questões ambientais, econômicas e sociais, que consideram compras ecologicamente corretas, conservação de recursos energéticos, redução de perdas e desperdícios e demais ações que promovam o bem-estar no processo de produção do bem ou serviço e em sua fase de consumo (Wang e Xiaoqing, 2021).

Com a finalidade de entender as motivações que levam o consumidor a desenvolver um comportamento sustentável, algumas teorias têm sido aplicadas: modelo de escolha racional (baseado na teoria econômica), modelo de ação racional (teoria do comportamento planejado, teoria da cadeia meios-fim e teoria simples da expectativa-valor), modelo de abordagem cultural (incluindo teorias da cultura de consumo) e modelos de abordagem sociomaterial (foco em práticas e não em comportamentos) (Jackson, 2005; Camacho-Otero e Pettersen, 2018).

O comportamento de consumo sustentável abrange dimensões relacionadas à consciência ecológica, economia de recursos, reciclagem e frugalidade, que buscam verificar como a prática desse consumo acontece, por meio de escalas de mensuração que quantificam as representatividades dos atributos de cada dimensão (Ribeiro e Veiga, 2011; Pacheco *et al.*, 2019). Todas essas dimensões consideram as três fases de um bem ou serviço e as atitudes que permeiam o consumidor durante o processo de consumo: seu pré-uso, que envolve o momento de aquisição, seu uso e pós-uso, que equivale ao momento do descarte final (Ribeiro e Veiga, 2011), conforme mostra o Quadro 8.1.

Quadro 8.1. Dimensões, Fases e Atitudes do consumo sustentável

Dimensão	Fase	Atitude
Consciência ecológica	Pré-uso	Preferência por bens/serviços ecologicamente corretos
Economia de recursos	Uso	Não desperdício/ /esgotamento dos recursos
Reciclagem	Pós-uso	Cuidado com o meio ambiente visando o ciclo de vida dos produtos
Frugalidade	Mista	Compra e reutilização de produtos objetivando simplicidade e menos consumismo

Fonte: Elaborado pelos autores.

O desenvolvimento do comportamento de consumo sustentável pode ser entendido por meio de fatores que explicam sua ocorrência, estratificados em grupos sociodemográficos, situacionais, conjunturais, custos, personalidade e conhecimento (Corsini *et al.*, 2020). De forma exemplificada, ser sensível a emoções, praticar o altruísmo, conviver em locais com altas taxas de urbanização, que sofram com poluição ambiental, integrar redes sociais, sofrer influências de sugestões de amigos e familiares, planejar-se para realizar as compras, ter atividade política e idealista, expor-se a produtos verdes e ter atitudes ambientalmente conscientes, visando condições favoráveis de mercado e compromisso social por parte dos fornecedores são os principais fatores envolvidos, compondo assim, o perfil de comportamento de um consumidor sustentável (da Silva *et al.*, 2021), conforme Figura 8.5.

Embora tenham sido levantados tipos de comportamento sustentáveis aplicados a produtos eletrônicos, tais comportamentos podem ser entendidos como boas práticas sustentáveis de consumo, quais sejam (Corsini *et al.*, 2020):

- comportamento de compra evitando-se comprar produtos desnecessários. Há seleção de produtos que possam ser mais

Figura 8.5. Comportamento de consumidor sustentável

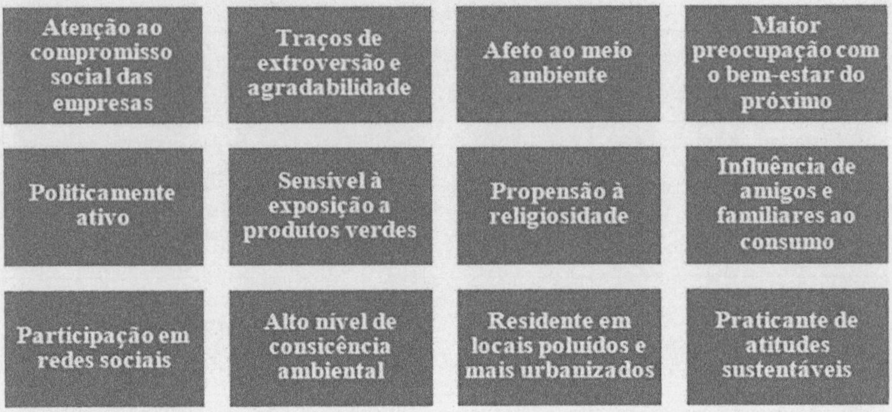

Fonte: Elaborado pelos autores.

duráveis, mais recicláveis e energeticamente eficientes, por exemplo;

- comportamento de extensão de vida buscando-se a venda e/ou a doação de produtos ainda em funcionamento, a reutilização e atividades de reparo;
- comportamento de reciclagem como o próprio nome diz, buscando-se a reciclagem dos produtos;
- comportamento de participação de retorno buscando-se a devolução de produtos em fim de vida através de iniciativas de reforma oferecidas por empresas.

Levando-se em consideração que o consumo no campo de conhecimento da economia circular também pode ser considerado uma forma de consumo sustentável (Camacho-Otero e Pettersen, 2018), e que a falta de conscientização e preocupação com questões ambientais, falta de incentivos ao consumo de produtos sustentáveis bem como seus preços mais altos podem influenciar para que um consumo insustentável ocorra (Sheoran e Kumar, 2020), faz-se imprescindível compreender o papel da circularidade nesse contexto e possíveis práticas de consumo.

8.4. Práticas de consumo no contexto da economia circular

A responsabilidade atribuída ao consumidor para o desenvolvimento de uma economia circular é entendida como crucial dentre os demais *stakeholders* envolvidos, uma vez que impulsiona as empresas às práticas circulares (Govindan e Hasanagic, 2018). Para tanto, o desenvolvimento de modelos circulares de negócio se faz necessário, pois agrega valor às organizações e aos consumidores, ao estabelecer fluxos reversos de produtos e materiais em cadeias de suprimentos, havendo necessidade de que os consumidores sejam vistos como agentes ativos de demanda (Elzinga *et al.*, 2020).

Estratégias que constituem modelos clássicos de negócios circulares englobam (Gomes *et al.*, 2022):

- durabilidade, em que os novos produtos são pensados de tal forma que tenham vida útil estendida ao consumidor;
- reutilização facilitada, que como o próprio nome diz, considera ao consumidor fazer o uso do produto novamente, com ou sem algum tipo de reparo ou atualização;
- *design* modular, em que o produto é projetado para que as peças que o compõem possam ser substituídas sem gerar a necessidade de substituição total do produto ao consumidor;
- reforma, reparação, remanufatura e recondicionamento para permitirem uma configuração ao produto, de forma que ele se torne novo e tenha sua funcionalidade restaurada ao consumidor.

Três dimensões se fazem presentes em tais modelos:

- propriedade do produto;
- responsabilidade pelo produto;
- estrutura de pagamento.

No *modelo de gerenciamento de devolução*, a propriedade e a responsabilidade afetam a intenção de compra do consumidor, que gosta da ideia de devolver o produto após o uso. A propriedade do produto é passada à empresa por meio de pontos de coleta e taxas de devolução. O consumidor é responsável pelo uso do produto. O pagamento é realizado assim que a propriedade é vendida. No *modelo de aluguel de produtos*, a propriedade do produto é da empresa, que fica responsável pela funcionalidade do produto. O pagamento é realizado de forma mensal e estruturada, com base nas horas locadas. Já no *modelo de pagamento*, a propriedade do produto é da empresa, sendo responsável pela funcionalidade do produto. O pagamento é realizado à medida com que o uso é efetivado (Elzinga *et al.*, 2020).

Compreender quais as atitudes comportamentais em relação a determinados comportamentos pró-circulares ajuda a prever comportamentos e formar intervenções (Muranko *et al.*, 2019). O comportamento pró-circular nomeado por Muranko *et al.* (2018) é definido como uma ação que prioriza a eficiência de recursos por meio da reutilização, da reparação, da reforma, da remanufatura, da reciclagem, do empréstimo ou da locação, podendo ajudar a mudar comportamentos de consumidores e organizações em direção à EC. Um modelo de comportamento pró-circular foi apresentado como aquele composto por valores pró-circulares, pela intenção comportamental e pelas intervenções para a mudança comportamental.

Os valores pró-circulares correspondem aos valores sociais, econômicos e ambientais individuais, representando a construção da motivação individual. As intervenções para a mudança comportamental utilizam a comunicação persuasiva para fornecer a informação necessária que irá provocar a mudança. A intenção comportamental, por sua vez, mede a probabilidade de ocorrência de um comportamento pró-circular, utilizando a teoria do comportamento planejado, conforme Figura 8.6 (Muranko *et al.*, 2018).

A aceitação de práticas circulares de consumo depende de fatores psicológicos, de características pessoais, relacionadas à personalidade, ideologias e valores capazes de influenciar o consumidor, bem como da oferta de produtos e serviços, da experiência de uso, da interação com outros consumidores e do conhecimento acerca dos benefícios ofertados (Camacho-Otero e Pettersen, 2018).

Figura 8.6. Modelo de comportamento pró-circular

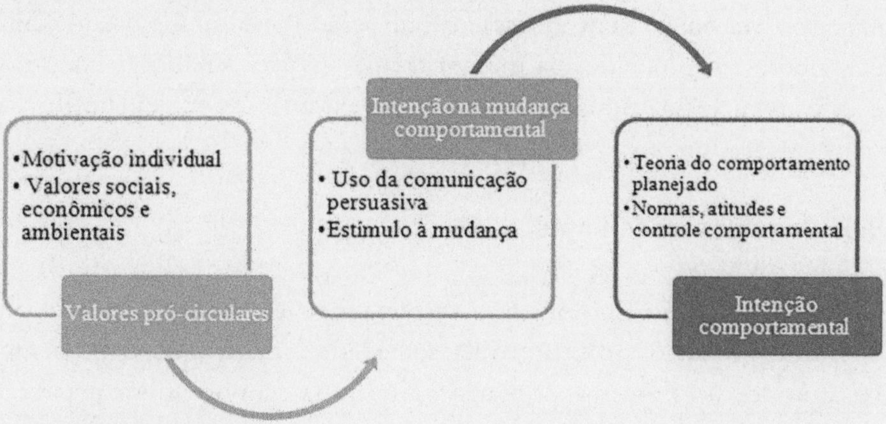

Fonte: Elaborado pelos autores.

Na Economia Circular, o consumo conecta fornecedor, produtor e consumidor, que atuam em diferentes fases da vida de um bem ou serviço. Os valores dessas relações são múltiplos, pois envolvem necessidade, funcionalidade, bem-estar e fuga daquilo que é convencional, rumo a uma proposta de consumo engajada (Camacho-Otero e Pettersen, 2018).

Com base nisso, são nomeadas práticas de consumo circular, tais como: economia colaborativa, práticas de descarte de resíduos, elaboração de produtos reciclados e remanufaturados e, por fim, conscientização por parte dos consumidores (Smol *et al.*, 2018), conforme ilustrado pelo Quadro 8.2.

Quadro 8.2. Práticas e exemplos de ações circulares

Práticas	Ações
Economia colaborativa	Compartilhamento de bens e serviços
Descarte de resíduos	Prevenção na geração de resíduos, preparação de resíduos para reutilização, reciclagem, recuperação e eliminação de resíduos
Produtos reciclados e remanufaturados	Reciclagem, remanufatura e reutilização
Conscientização dos consumidores	Acesso a informações sobre uso e consumo

Fonte: Elaborado pelos autores.

Tais práticas buscam repensar o desenvolvimento, a produção e comercialização de bens e serviços que serão consumidos de maneira consciente e regenerados da melhor forma possível, visando a conexão com os recursos naturais do ambiente e a extensão de sua vida útil.

8.5. Considerações finais

Este capítulo teve como objetivo apresentar reflexões sobre o efeito do consumo no meio ambiente e na sociedade, enfatizando o papel do consumidor no processo de transição de uma economia linear para a circular. Buscou-se desvelar de maneira geral o comportamento de consumo sustentável e oferecer exemplos práticos de consumo alinhados com a Economia Circular. Desta forma, espera-se que tenha despertado o engajamento dos atores envolvidos no processo de Produção e Consumo, em especial, dos consumidores, de modo a contribuir para o desenvolvimento de uma sociedade mais sustentável.

Buscou-se nortear o consumo a partir de três lentes teóricas que caracterizam as formas de consumo, sendo elas a escolha individual, a social e a cultural. Nesse sentido, o consumo ocorre desde uma escolha individual dos consumidores para satisfazer suas necessidades até processos mais subjetivos como uma adequação social e cultural dos indivíduos. Esse processo estabeleceu uma cultura do consumo, construída pela expansão da produção capitalista de mercadorias, que originou um amplo acúmulo de cultura material na forma bens e locais de compra e consumo.

Por outro lado, esse processo não gerou apenas bem-estar social, pelo contrário, contribuiu para o avanço de problemas sociais e ambientais. Isso despertou a atenção de atores que passaram a discutir sobre formas de produção e consumo que minimizassem os danos ambientais e sociais emergentes. Inúmeros debates no nível macro foram realizados desde os anos 1960, contribuindo para o estabelecimento de metas e objetivos com o intuito de alcançar o desenvolvimento sustentável, as quais demandam uma mudança comportamental dos indivíduos.

No nível micro, o comportamento de consumo sustentável começou a ser um campo de pesquisa explorado, entendido como o resultado de fatores psicológicos, sociais, ambientais e econômicos que agem sobre o indivíduo, estimulando o desenvolvimento de práticas que considerem o pré-uso, o uso e o pós-uso de bens e serviços. Nesse sentido, no contexto circular, o comportamento de consumo prioriza aspectos voltados à eficiência de recursos por meio da a reutilização, da reparação, da reforma, da remanufatura, da reciclagem, do empréstimo ou da locação.

Um dos problemas levantados no capítulo, derivado do modelo linear, foi o desafio do gerenciamento do volume de resíduos sólidos que são descartados diariamente, acarretando problemas sociais e ambientais. Observa-se que a economia circular trata grande parte destes resíduos como matéria-prima para a produção de um novo produto ou até mesmo para ser reutilizado por outros consumidores quando apresentam bom estado de conservação. Contudo, essas práticas demandam mudanças comportamentais da sociedade como um todo.

Em conclusão, os consumidores são atores importantes neste processo de transição do modelo linear para o circular, visto que podem atuar ativamente em práticas como as dos princípios dos Rs e comportamentos pró-circulares. Entretanto, a transição depende de uma maior sinergia entre os produtores e consumidores, o primeiro fornecendo informações necessárias (por exemplo, como os produtos podem ser devolvidos) e o segundo atuando como agentes que buscam informações e novas formas de consumo que minimizem os impactos sociais e ambientais.

Estudo de Caso: Natura

Para a Natura, a parceria com *startups*, o investimento em educação para disseminação de conhecimento, a conscientização e o engajamento de empresas e governos para gerar condições para gestão de recursos naturais, além da comunicação, para proliferar benefícios, podem ser mecanismos que estimulam nas pessoas, práticas voltadas à circularidade.

E a sustentabilidade, nesse contexto, é entendida como um elemento impulsionador por meio da utilização da inovação, que permite a criação de um portfólio de produtos que atenda a constante mudança na demanda dos consumidores (Sehnem *et al.*, 2019).

O olhar para o produto assegura a responsabilidade da organização para com seu consumidor e se traduz em um constante investimento em embalagens, que vai desde o lançamento de refis, passa pela logística reversa e chega à redução dos resíduos gerados por elas. Em operação, há um modelo de inovação aberta em que redes de consultores e consumidores discutem pautas importantes e ajudam a cocriar produtos. Na sequência, os produtos da Natura são comunicados de tal forma que os consumidores se orientam a fazer escolhas conscientes e sustentáveis (Sehnem *et al.*, 2019).

Segundo seu relatório de sustentabilidade de 2021, práticas circulares estiveram presentes nas embalagens, nas fórmulas e em soluções regenerativas da Natura. Em 2020, houve redução de consumo de material nas embalagens na ordem de 7,3%. Em 2021, esse número passou para 8% e espera atingir mais 20% de redução em 2030.

Em 2020, 88,8% dos ingredientes utilizados nas fórmulas de seus produtos foram naturais ou renováveis. Em 2021, esse número subiu para 89,6%, pretendendo ultrapassar 95% em 2030. Já em termos de soluções regenerativas, R$ 4,6 milhões foram investidos, passando para R$ 8,8 milhões em 2021 e estimando chegar a R$ 100 milhões em 2030, conforme Figura 8.7.

Figura 8.7. Práticas circulares para estimular o comportamento do consumidor

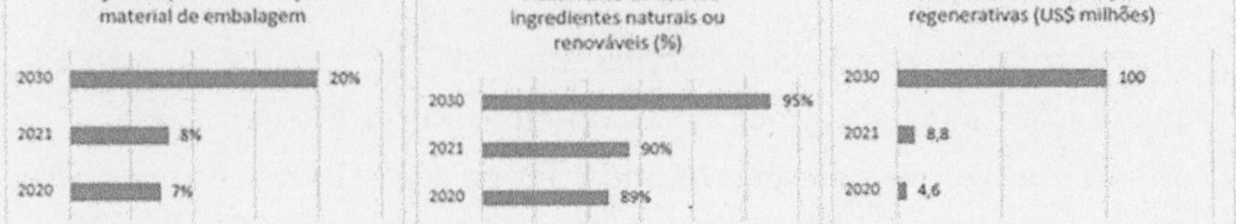

Fonte: Natura, 2021.

A marca de produtos Biõme é um exemplo disso, com seus primeiros shampoos em barra para corpo e cabelo, baseados em soluções regenerativas. "O óleo de palma utilizado em sua formulação é cultivado em um sistema agroflorestal sustentável pioneiro no Brasil. Na embalagem é empregado papel reciclável e é livre de plástico e o consumidor também pode adquirir uma placa reutilizável para manter as barras, feita com tecnologia pioneira que capta o gás metano e o transforma em bioresina" (Natura, 2021).

A trajetória para se chegar até esse cenário foi longa. Em 2000, a linha Ekos foi lançada, estimulando um modelo de negócio visando uma economia baseada na conservação da biodiversidade. Em 2007, implantou uma tabela ambiental, informando a origem das matérias-primas e embalagens. Em 2009, a Natura estruturou um processo para estimular empresa e sociedade, em que reuniões presenciais e virtuais envolveram mais de 3 mil pessoas na cocriação de projetos e temas estratégicos que engajem o consumidor a estimular comportamentos mais sustentáveis. Em 2013, ao lançar a linha SOU, buscou-se estimular um consumo mais inteligente, reduzindo ao máximo o uso de materiais e recursos com base em ecoeficiência e *ecodesign* (Natura, 2014).

Desafio: colocando-se como *Chief Executive Officer* (CEO) da Natura diante do cenário atual e dos movimentos estratégicos adotados pela empresa ao longo da sua trajetória, planeje ações alinhadas ao fortalecimento das práticas de consumo sustentável e economia circular junto aos seus clientes para serem apresentadas na próxima reunião do Conselho de Administração.

Lista de Termos

Consciência Ecológica: Compreensão dos impactos das ações sobre o meio ambiente

Consumo Sustentável: consumo que visa o menor impacto ao meio ambiente

Economia Colaborativa: faz uso do compartilhamento de bens e serviços

Frugalidade: Simplicidade de hábitos e sem desperdícios

Princípio dos Rs: Medidas para melhorar as práticas de produção e consumo, minimizando o impacto no meio ambiente

Teoria do Comportamento Planejado: Teoria que pressupõe a tomada de decisão do indivíduo com base em variáveis

Valores Pró-Circulares: Valores sociais, econômicos e ambientais individuais

Questões para Discussão

1. Explique as três lentes teóricas para a compreensão da prática de consumo e exemplifique com situações reais cada uma delas.
2. Escolha três produtos e exemplifique quais as práticas que os consumidores devem realizar para atender cada um dos Rs apresentados na Figura 8.3.
3. Explique como se dá a transição do comportamento linear para o comportamento circular dos consumidores.
4. Quais são as dimensões, fases e atitudes para o desenvolvimento de um consumo sustentável?
5. Exemplifique como os comportamentos pró-circulares podem ser estimulados nos consumidores.
6. Cite exemplos de práticas e ações voltadas ao comportamento circular do consumidor.

Referências

ARAÚJO, C. L., FRAGA, R. G., DE MELO RESENDE, V. "Participação social nos resultados da Rio+ 20: a inclusão dos interesses dos grupos sociais no texto 'o futuro que queremos'." *O Social em Questão*, 21, nº 40 (2018), pp. 79-101. Disponível em: <http://osocialemquestao.ser.puc-rio.

br/media/OSQ_40_art_4_Araujo_Fraga_Resende.pdf> Acesso em: 12 set. 2022.

BRASIL. Lei N° 12.305, de 02 de agosto de 2010 - Política Nacional de Resíduos Sólidos (PNRS). Disponível em: <http://www.planalto.gov.br/ccivil_03/_ato2007-2010/2010/lei/l12305.htm> Acesso em: 29 jul. 2022.

BRASIL. Ministério do Desenvolvimento Regional. Secretaria Nacional de Saneamento – SNS. Sistema Nacional de Informações sobre Saneamento: Diagnóstico do Manejo de Resíduos Sólidos Urbanos – 2019. Brasília: SNS/MDR, 2020. 244 p.: il. Disponível em: <http://www.snis.gov.br/downloads/diagnosticos/rs/2019/Diagnostico_RS2019.pdf> Acesso em: 29 jul. 2022.

CAMACHO-OTERO, J.; BOKS, C., PETTERSEN, I. N. "Consumption in the circular economy: A literature review", *Sustainability*, Basel: MDPI, 10, nº 8 (2018), p. 2758. Disponível em: <https://doi.org/10.3390/su10082758> Acesso em: 12 set. 2022.

CARVALHO, I. F., MACIEL, L. B. AND GOMES, A. V. M. "Direito à moradia: uma utopia para os catadores de resíduos sólidos na cidade de Fortaleza-Ceará", *Revista de Estudos Empíricos em Direito*, Fortaleza, 7, nº 1 (2020), pp. 28-49. Disponível em: <https://doi.org/10.19092/reed.v7i1.356> Acesso em: 12 set. 2022.

CORSINI, F., GUSMEROTTI, N. M., FREY, M. "Consumer's circular behaviors in relation to the purchase, extension of life, and end of life management of electrical and electronic products: A review", *Sustainability*, Basel: MDPI, 12, nº 4 (2020), p. 10043. Disponível em: <https://doi.org/10.3390/su122410443> Acesso em: 12 set. 2022.

DA SILVA, A. W. P. *et al.* "Quem é o Consumidor Sustentável? Uma Revisão Sistemática da Literatura Internacional sobre os Fatores Influenciadores do Consumo Sustentável", *Desenvolvimento em Questão*, 19, nº 54 (2021), pp. 104-122. Disponível em: <https://doi.org/10.21527/2237-6453.2021.54.104-122> Acesso em: 12 set. 2022.

DE OLIVEIRA SILVA, I., TAGLIAFERRO, E. R., DE OLIVEIRA, A. J. "Gerenciamento dos resíduos sólidos domiciliares no município de Jales–SP e sua relação para com a política nacional de resíduos sólidos (PNRS)", *Brazilian Journal of Development*, 7, nº 1 (2021), pp. 11475-11499. Disponível em: <https://doi.org/10.34117/bjdv7n1-782> Acesso em: 12 set. 2022.

DO CANTO, N. R., GRUNERT, K. G. DE BARCELLOS, M. D. "Circular food behaviors: a literature review", *Sustainability*, Basel: MDPI, 13, nº 4 (2021), p. 1872. Disponível em: <https://doi.org/10.3390/su13041872> Acesso em: 12 set. 2022.

ELZINGA, R., REIKE, D., NEGRO, S. O., BOON, W. P. "Consumer acceptance of circular business models", *Journal of Cleaner Production*, Elsevier, 254 (2020), p. 119988. Disponível em: <https://doi.org/10.1016/j.jclepro.2020.119988> Acesso em: 12 set. 2022.

FEATHERSTONE, M. *Cultura de consumo e pós-modernismo*. São Paulo: Studio Nobel, 1995.

GEISSDOERFER, M. *et al*. "The Circular Economy – A new sustainability paradigm?", *Journal of Cleaner Production*, Elsevier, 143 (2017), pp. 757-768. Disponível em: <https://doi.org/10.1016/j.jclepro.2016.12.048> Acesso em: 12 set. 2022.

GENOVESE, A. *et al*. "Sustainable supply chain management and the transition towards a circular economy: Evidence and some applications", *Omega*, Elsevier, 66 (2017), pp. 344-357. Disponível em: <https://doi.org/10.1016/j.omega.2015.05.015> Acesso em: 12 set. 2022.

GOMES, G. M. *et al*. "Towards Circular Economy for More Sustainable Apparel Consumption: Testing the Value-Belief-Norm Theory in Brazil and in The Netherlands", *Sustainability*, Basel: MDPI, 14, nº 2 (2022), p. 618. Disponível em: <https://doi.org/10.3390/su14020618> Acesso em: 12 set. 2022.

GOVINDAN, K., HASANAGIC, M. "A systematic review on drivers, barriers, and practices towards circular economy: a supply chain perspective", *International Journal of Production Research,* Taylor & Francis Online, 56, nº 1-2 (2018), pp. 278-311. Disponível em: <https://doi.org/10.1080/00207543.2017.1402141> Acesso em: 12 set. 2022.

GRUBB, M. *et al*. "The'Earth Summit'Agreements: A Guide and Assessment: An Analysis of the Rio'92", *UN Conference on Environment and Development*, 9, 2019, Routledge. Disponível em: <https://doi.org/10.4324/9780429273964> Acesso em: 12 set. 2022.

HAJIAN, M., KASHANI, S. J. "Evolution of the concept of sustainability. From Brundtland Report to sustainable development goals", *Sustainable Resource Management*, Elsevier, (2021), pp. 1-24. Disponível em: <https://doi.org/10.1016/B978-0-12-824342-8.00018-3> Acesso em: 12 set. 2022.

JACKSON, T. "Motivating sustainable consumption", *Sustainable Development Research Network*, 29, nº 1 (2005), pp. 30-40. Disponível em: <https://timjackson.org.uk/wp-content/uploads/2018/04/Jackson.-2005.-Motivating-Sustainable-Consumption.pdf> Acesso em: 12 set. 2022.

KIRCHHERR, J., REIKE, D., HEKKERT, M. "Conceptualizing the circular economy: An analysis of 114 definitions", *Resources, conservation and recycling*, 127, (2017), pp. 221-232. Disponível em: <https://doi.org/10.1016/j.resconrec.2017.09.005> Acesso em: 12 set. 2022.

KRISTENSEN, H. S., MOSGAARD, M. A. "A review of micro level indicators for a circular economy–moving away from the three dimensions of sustainability?", *Journal of Cleaner Production*, Elsevier, 243, (2020), p. 118531. Disponível em: <https://doi.org/10.1016/j.jclepro.2019.118531> Acesso em: 12 set. 2022.

MALINAUSKAITE, J., ERDEM, F. B. "Planned obsolescence in the context of a holistic legal sphere and the circular economy", *Oxford Journal of Legal Studies*, 41, nº 3 (2021), pp. 719-749. Disponível em: <https://doi.org/10.1093/ojls/gqaa061> Acesso em: 12 set. 2022.

MURANKO, Z. *et al.* "Circular economy and behaviour change: Using persuasive communication to encourage pro-circular behaviours towards the purchase of remanufactured refrigeration equipment", *Journal of cleaner production*, Elsevier, 222, (2019), pp. 499-510. Disponível em: <https://doi.org/10.1016/j.jclepro.2019.02.219> Acesso em: 12 set. 2022.

MURANKO, Z. *et al.* "The pro-circular change model (P-CCM): proposing a framework facilitating behavioural change towards a circular economy", *Resources, Conservation and Recycling*, 135, (2018), pp. 132-140. Disponível em: <https://doi.org/10.1016/j.resconrec.2017.12.017> Acesso em: 12 set. 2022.

NATURA (2021). *Relatório de Sustentabilidade Natura*, Disponível em: <https://ri.naturaeco.com/esg/relatorios-anuais/> Acesso em: 29 jul. 2022.

NATURA (2014). *Visão de Sustentabilidade 2050*, Disponível em: <https://www.natura.com.br/sustentabilidade/visao-2050> Acesso em: 29 jul. 2022.

PACHECO, P. H. B. *et al.* "As Vertentes Do Consumo Sustentável: Um Estudo Comparativo Entre Consumidores Com Formação Ambiental E Consumidores Em Geral", *Revista Gestão e Desenvolvimento*, 16, nº 1 (2019), pp. 177-200. Disponível em: <https://doi.org/10.25112/rgd.v16i1.1296> Acesso em: 12 set. 2022.

PAGLIA, E. "The Swedish initiative and the 1972 Stockholm Conference: the decisive role of science diplomacy in the emergence of global environmental governance", *Humanities and Social Sciences Communications*, 8, nº 2 (2021), pp. 1-10. Disponível em: <https://doi.org/10.1057/s41599-020-00681-x> Acesso em: 12 set. 2022.

PARAJULY, K. *et al.* "Behavioral change for the circular economy: A review with focus on electronic waste management in the EU", *Resources, Conservation & Recycling: X*, Elsevier, 6, (2020), p. 100035. Disponível em: <https://doi.org/10.1016/j.rcrx.2020.100035> Acesso em: 12 set. 2022.

RIBEIRO, J. A., VEIGA, R. T. "Proposição de uma escala de consumo sustentável". *Revista de Administração*, 46, nº 1 (2011), pp. 45-60. Disponível em: <https://doi.org/10.1590/S0080-21072011000100005>. Acesso em: 12 set. 2022.

SACHS, J. D. *et al.* "Six transformations to achieve the sustainable development goals", *Nature Sustainability*, 2, (2019), pp. 805-814. Disponível em: <https://doi.org/10.1038/s41893-019-0352-9>. Acesso em: 12 set. 2022.

SARJA, M., ONKILA, T., MÄKELÄ, M. "A systematic literature review of the transition to the circular economy in business organizations: Obstacles, catalysts and ambivalences", *Journal of Cleaner Production*, Elsevier, 286, (2021), p. 125492. Disponível em: <https://doi.org/10.1016/j.jclepro.2020.125492>. Acesso em: 12 set. 2022.

SCHMELZER, M. "Born in the corridors of the OECD': the forgotten origins of the Club of Rome, transnational networks, and the 1970s in global history", *Journal of Global History*, 12, nº 1 (2017), pp. 26-48. Disponível em: <https://doi.org/10.1017/S1740022816000322>. Acesso em: 12 set. 2022.

SEHNEM, S. PANDOLFI, A. GOMES, C. "Is sustainability a driver of the circular economy?", *Social Responsibility Journal*, Emerald, 16, nº 3 (2020), pp. 329-347. Disponível em: <https://doi.org/10.1108/SRJ-06-2018-0146>. Acesso em: 12 set. 2022.

SHEORAN, M., KUMAR, D. "Modelling the enablers of sustainable consumer behaviour towards electronic products", *Journal of Modelling in Management*, Emerald, 15, nº 4 (2020), pp. 1543-1565. Disponível em: <https://doi.org/10.1108/JM2-12-2018-0205>. Acesso em: 12 set. 2022.

SMOL, M. *et al.* "Public awareness of circular economy in southern Poland: Case of the Malopolska region", *Journal of Cleaner Production*, Elsevier, 197, nº 1 (2018), pp. 1035-1045. Disponível em: <https://doi.org/10.1016/j.jclepro.2018.06.100>. Acesso em: 12 set. 2022.

SOBROSA, C. "Consumo cultural, possibilidades de análise-alguns tópicos para reflexão", *Encontro de Estudos Multidisciplinares em Cultura*, 3, 2010, pp. 132-153.

WANG, J., YU, X. "The Driving Path of Customer Sustainable Consumption Behaviors in the Context of the Sharing Economy — Based on the Interaction Effect of Customer Signal, Service Provider Signal, and Platform Signal", *Sustainability*, Basel: MDPI, 13, nº 7 (2021), p. 3826. Disponível em: <https://doi.org/10.3390/su13073826>. Acesso em: 12 set. 2022.

WILK, R. "Consumption, human needs, and global environmental change", *Global Environmental Change*, Elsevier, 12, nº 1 (2022), pp. 5-13. Disponível em: <https://doi.org/10.1016/S0959-3780(01)00028-0>. Acesso em: 12 set. 2022.